CARREIRAS DE ALTO IMPACTO

Uranio Bonoldi

AUTOR DE *DECISÕES DE ALTO IMPACTO*

CARREIRAS DE ALTO IMPACTO

COMO ALAVANCAR SUA VIDA PROFISSIONAL NO SÉCULO XXI

ALTA BOOKS
GRUPO EDITORIAL
Rio de Janeiro, 2025

Carreiras de Alto Impacto

ISBN:978-85-508-2637-0

Impresso no Brasil — 1ª Edição, 2025 — Edição revisada conforme o Acordo Ortográfico da Língua Portuguesa de 2009.

Dados Internacionais de Catalogação na Publicação (CIP)

B641c
1.ed. Bonoldi Junior, Uranio
Carreiras de alto impacto : como alavancar sua vida profissional no século XXI / Uranio Bonoldi Junior. - 1. ed. - Rio de Janeiro : Alta Books, 2025.
384 p. ; 15,7 x 23 cm.

ISBN 978-85-508-2637-0

1. Inovação. 2. Investimentos. 3. Networking. 4. Liderança. 5. Governança. I. Título.

CDD 650.1

Índice para catálogo sistemático:
1. Liderança e carreiras no século XXI - 650.1

Grupo Editorial Alta Books

Produção Editorial: Grupo Editorial Alta Books
Diretor Editorial: Anderson Vieira
Editor da Obra: J. A. Ruggeri
Vendas Governamentais: Cristiane Mutüs
Gerência Comercial: Claudio Lima

Produtora Editorial: Ana Clara Tambasco
Revisão: João Paulo Guterres
Diagramação: Rita Motta
Capa: Rita Motta

ALTA BOOKS
GRUPO EDITORIAL

Rua Viúva Cláudio, 291 — Bairro Industrial do Jacaré
CEP: 20.970-031 — Rio de Janeiro (RJ)
Tels.: (21) 3278-8069 / 3278-8419
www.altabooks.com.br — altabooks@altabooks.com.br
Ouvidoria: ouvidoria@altabooks.com.br

Editora
afiliada à:

Dedicatória

Dedico este livro à minha família, que sempre me apoiou ao longo de minha carreira profissional, fosse empreendedora ou executiva. Começo pelos meus pais, *in memoriam*, Uranio e Tita Bonoldi, e aos meus irmãos Fabio e Ana.

À minha esposa Paola, que também construiu uma carreira brilhante, e a meus filhos Roberta e Aurelio, à minha nora Mariela e ao meu querido neto Valentin.

E, sem dúvida, ao leitor. Que este livro possa proporcionar a construção de sua carreira e o desenvolvimento pessoal com qualidade e equilíbrio entre trabalho, lazer e descanso merecido.

Agradecimentos

Ao leitor, pelo simples fato de, ao buscar este título, ter manifestado o desejo de construir uma carreira profissional mais equilibrada e de sucesso sustentável. Isso é muito bom, pois sinaliza o interesse para que busquemos um ambiente corporativo e de negócios em alto nível ético e de governança, uma vez que proponho a construção da carreira baseada em autoconhecimento, clareza de valores e a prática de virtudes que são do homem. Agradeço imensamente o seu interesse e espero poder corresponder, contribuindo para melhorar o seu desenvolvimento ao longo de sua jornada nesta aventura chamada vida.

Como sempre, recebi apoio de muitas pessoas e de forma incondicional, o que me faz testemunhar que existem pessoas especiais neste Universo, que nos estimulam às realizações de projetos, ou seja, nos impulsionam ao saber, ao desenvolvimento, às carreiras de sucesso. Que pessoas assim nos sejam sempre fontes de inspiração. Sinto-me na obrigação de agradecê-las, de dividir o mérito deste livro e apresentá-las a você. São eles: Alfredo Passos, Arão Sapiro, Arnaldo Farias, Edilson Ramos, Eduardo Villela, Eliane Terrataca, Gui Peixoto Neto, Leonardo Mourão e Xavier de Lima.

E, claro, ao time Alta Books, por me acolher e desenvolver um primoroso trabalho de edição e distribuição desta obra.

A todos, meu muito obrigado.

Uranio Bonoldi

Sumário

PARTE III
Planejamento de carreira

PARTE IV
Atitudes e comportamentos para prosperar em sua carreira

PARTE V
Execução premium

PARTE VI
Para ser um líder melhor

PARTE VII
Medir resultados na carreira

PARTE VIII
Para mudar (recomeçar) a sua carreira

Mensagem ao leitor

Assegurar uma carreira de sucesso e tomar decisões consistentes com este propósito, num mercado de trabalho atual, de natureza acelerada e em constante evolução, caracterizado pela globalização, pela transformação digital e pela ascensão da economia "gig", que se diferencia do modelo tradicional de emprego em tempo integral, que está perdendo espaço para formas de trabalho mais flexíveis e descentralizadas, tem sido cada vez mais desafiador.

Pelo menos até agora. Até o lançamento deste precioso trabalho de Uranio Bonoldi, "Decisões de Alto Impacto – Como decidir com sabedoria e segurança na carreira e nos negócios", num contexto em que as expectativas de carreira mudam e seu sucesso é definido com mais fluidez.

Bonoldi nos ensina a sermos senhores e senhoras de nossos destinos e nos conscientizando de que emprego é diferente de carreira. Um emprego é a ocupação que alguém tem em um determinado momento. Uma carreira refere-se à sua vida profissional ao longo do tempo, e pode incluir um único emprego no qual se permanece por muitos anos ou uma série de empregos sucessivos no mesmo campo, ou ainda transitando para outros campos ou outras iniciativas.

Bonoldi também nos esclarece que, para muitas pessoas, o sucesso profissional está diretamente ligado à quantidade de dinheiro; ao prestígio; à posição de poder que se atinge em uma determinada hierarquia ou à inveja que tal posição social pode provocar nos demais. Mas, conforme ele, a verdade é que todos estes quesitos são enganosos, porque acreditar que só usufruir de posses materiais seja suficiente para proporcionar felicidade e sucesso pode nos levar a escolhas incorretas ou corta-caminhos que poderão, ao contrário, ser fontes de frustrações e tristezas.

Enfim, eu tive a felicidade oportuna de ler o livro antes de sua publicação e reconheço que não há conteúdo tão completo, com toda fundamentação conceitual e prática, fazendo os leitores e leitoras entenderem que carreira de sucesso sempre será fruto de um criterioso planejamento profissional e de vida

Reconheço que Uranio Bonoldi, profundo conhecedor do ambiente organizacional, estudioso, mentor e estrategista, articulando o conhecimento e a sabedoria adquirida em mais de três décadas de liderança empresarial, é a pessoa certa, no lugar e no momento certos para nos oferecer tão rico material, há muito necessário e demandado.

Arão Sapiro, Consultor e mentor organizacional,
autor – FGV EAESP – Escola de Administração de
Empresas de São Paulo da Fundação Getulio Vargas.

Prefácio

Em um mundo em constante evolução, onde as dinâmicas do mercado de trabalho mudam rapidamente, "Carreiras de Alto Impacto" se apresenta como uma publicação fundamental para aqueles que desejam não apenas sobreviver, mas prosperar em suas jornadas profissionais. Este livro é uma reflexão profunda sobre como construir uma carreira significativa e impactante.

A obra é alicerçada em três elementos fundamentais, organizados em oito partes, compostas por capítulos que exploram diferentes aspectos da construção de uma carreira de sucesso. O primeiro elemento é a importância do autoconhecimento e de entender nossas próprias motivações e aspirações. O segundo aborda o planejamento estratégico e as habilidades necessárias para se destacar no mercado. Por fim, o terceiro elemento discute a execução e a adaptação às mudanças que inevitavelmente surgirão ao longo do caminho.

Um dos capítulos que destaco se chama "O poder do autoconhecimento", onde o autor afirma: "Conhecer a si mesmo é o primeiro passo para construir uma carreira que ressoe com suas verdadeiras paixões e valores." Esta frase resume a essência do que significa ter uma carreira de alto impacto, pois nos lembra que a base de qualquer sucesso profissional começa com a compreensão de quem somos.

O livro oferece um resumo detalhado e prático de como cada um pode moldar sua trajetória profissional. Através de histórias inspiradoras e exemplos práticos, o autor ilustra como o autoconhecimento não é apenas uma ferramenta de desenvolvimento pessoal, mas uma estratégia vital para o sucesso no mundo competitivo de hoje. Cada parte e capítulos são interligados, criando um fluxo que facilita a compreensão e a aplicação dos conceitos apresentados.

O autor nos convida a refletir sobre nossas experiências passadas, nossos sucessos e fracassos, e como eles moldam nossa identidade profissional. Ele argumenta que o autoconhecimento é essencial para identificar nossas paixões e habilidades únicas, permitindo-nos direcionar nossos esforços de forma mais eficaz. O leitor é incentivado a explorar suas próprias histórias e a descobrir o que realmente o motiva.

No que tange ao planejamento estratégico, o autor apresenta técnicas que ajudam o leitor a definir metas claras e alcançáveis. Ele aborda a importância de um plano de carreira e como adaptá-lo conforme as circunstâncias mudam. Uma das seções mais impactantes aborda a necessidade de desenvolver habilidades que são cada vez mais valorizadas no mercado, como a adaptabilidade, a inteligência emocional e a capacidade de trabalhar em equipe. O autor enfatiza que, em um mundo em rápida transformação, essas habilidades são essenciais para se manter relevante e competitivo.

No que diz respeito à execução e adaptação, Uranio compartilha estratégias para enfrentar desafios e incertezas, destacando que a resiliência é uma qualidade fundamental para qualquer profissional, bem como a importância de manter uma mentalidade de aprendizado contínuo, sugerindo que os leitores busquem constantemente novas oportunidades de desenvolvimento pessoal e profissional. Este segmento é particularmente valioso, pois oferece insights sobre como lidar com mudanças inesperadas e como transformar desafios em oportunidades.

Os benefícios de ler “Carreiras de Alto Impacto” são numerosos. Primeiramente, o livro fornece uma estrutura clara e prática para quem deseja construir uma carreira significativa. Os leitores aprenderão a se conhecer melhor, a planejar suas trajetórias e a se adaptar às mudanças do mercado. Além disso, a obra oferece uma perspectiva otimista e encorajadora, lembrando-nos que, independentemente dos desafios que enfrentamos, sempre há espaço para crescimento e transformação.

Outro aspecto importante é a ênfase na ética e na responsabilidade social. Uranio argumenta que uma carreira de alto impacto não diz respeito apenas ao sucesso individual, mas também à contribuição para o bem-estar da sociedade. Ele incentiva os leitores a considerarem como suas escolhas profissionais podem impactar positivamente o mundo ao seu redor, promovendo uma abordagem mais consciente e sustentável na construção de suas carreiras.

Em suma, “Carreiras de Alto Impacto” é uma leitura essencial para qualquer pessoa que deseje não apenas avançar em sua carreira, mas também fazê-lo de maneira que seja alinhada com seus valores e aspirações. O livro oferece ferramentas práticas, reflexões profundas e histórias inspiradoras, que guiarão os leitores em sua jornada profissional. Ao final da leitura, os leitores estarão equipados não apenas com conhecimento, mas também com a motivação e a clareza necessárias para moldar suas próprias trajetórias de forma impactante.

Convido você a mergulhar nas páginas seguintes e a explorar as ideias e estratégias apresentadas. Que este livro inspire você a se tornar o arquiteto de sua própria carreira, criando um legado que não apenas atenda às suas expectativas, mas que também faça a diferença no mundo.

Uma boa leitura!

Alfredo Passos, Partner da Atelier Brasil, Advisor pelo Advisory Council Team – ACT, especialista em Estratégia e Inteligência de Marketing, Top Voice LinkedIn e autor de 15 livros, entre os quais: "A Virada – Programa de Aceleração de Vendas".

Apresentação

No mundo de hoje, muitas pessoas dedicam grande parte de seu tempo ao trabalho, mas poucas investem de forma estratégica em suas próprias carreiras. Essa dedicação frenética ao trabalho não é, por si, algo negativo. No entanto, a falta de planejamento profissional pode levar a um comportamento de "deixa a vida me levar", o que pode gerar resultados negativos e irreversíveis para o desenvolvimento pessoal e profissional.

O livro *Carreiras de Alto Impacto* oferece orientações valiosas para um equilíbrio necessário. Ele apresenta ferramentas práticas para tomar decisões estratégicas sobre sua trajetória profissional, impactando positivamente tanto a vida pessoal quanto os negócios. Afinal, profissionais com carreiras bem estruturadas fortalecem e valorizam suas equipes. O mesmo vale para os empresários.

Ao longo de seus capítulos, *Carreiras de Alto Impacto* orienta sobre como você deve gerir sua carreira de maneira eficiente e estratégica. Desde a introdução, a obra destaca a importância de acompanhar as grandes mudanças do mercado, especialmente as transformações tecnológicas que moldam o ambiente de negócios atual. Cada capítulo conclui com recomendações para mitigar riscos e enfrentar desafios de forma assertiva, complementadas por uma palavra-chave comportamental e uma ilustração, que ajudam a fixar conceitos essenciais para o sucesso profissional.

O livro aborda também temas contemporâneos, que desafiam profissionais e empresas, como a prática de ESG (Environmental, Social and Corporate Governance) e a crescente presença da inteligência artificial (IA) no ambiente de trabalho, destacando a necessidade de respostas claras e estratégicas ao mercado.

Recomendo *Carreiras de Alto Impacto* como leitura essencial para orientar não apenas a sua carreira, mas também a sua vida e negócios, sob a perspectiva de um autor que, com mais de 30 anos de experiência como executivo, empreendedor e mentor, trilhou uma trajetória de sucesso.

Por fim, gostaria de traçar um paralelo entre a filosofia do bonsai e a gestão de nossas carreiras, uma conexão que também se reflete na abordagem deste livro. Cultivar uma carreira requer paciência, atenção plena e equilíbrio, reconhecendo que não podemos controlar tudo e precisamos estar abertos ao que o futuro nos reserva.

Carreiras de Alto Impacto é uma obra relevante e inspiradora, que certamente contribuirá para o seu desenvolvimento pessoal e profissional.

Boa leitura!

Edilson Ramos, headhunter, conselheiro de empresas e presidente da Associação dos ex-Alunos da FGV

Introdução

Se, ao ler as chamadas de capa deste livro, você se deu ao trabalho de pegá-lo em suas mãos, em seguida folheou as primeiras páginas até chegar a este texto, é bem provável que esteja passando por um momento de desafio na sua vida profissional. Afinal, desde o começo desta obra, venho propondo a quem se dispuser a ler este livro que volte os seus olhos e atenção para algo tão relevante, mas lamentavelmente tão subestimado, como é o planejamento de carreira.

Responda para si mesmo com sinceridade: qual foi a última vez que você refletiu sobre como e onde trabalhará daqui a dez, cinco ou dois anos que seja? Qual é a posição profissional que gostaria de ter no futuro próximo? Já sabe que passos dar para atingir esse objetivo? Quanto quer ter como rendimento financeiro daqui a cinco anos e o que você fez hoje para tornar essa meta realidade? Você certamente ouviu falar da ameaça da Inteligência Artificial aos empregos, não é? Qual é o seu plano para driblar este perigo?

Eu o previno de que você não encontrará respostas diretas às perguntas acima. O que eu me proponho é convencê-lo sobre as inegáveis vantagens que planejar e elaborar um roteiro para os seus passos profissionais são capazes de trazer. Faço isso nos capítulos que se seguem, contando as experiências marcantes que vivi como gestor, e acrescentando a elas o auxílio precioso de vários exemplos de personagens dos mais diversos campos do conhecimento. São pessoas que triunfaram e tornaram-se fontes de inspiração por terem sido exímios no planejamento de suas carreiras ou, ao contrário, fracassaram ao agir de maneira impulsiva e descuidada em suas vidas.

Voltemos, no entanto, ao que está escrito nas primeiras linhas desta introdução. Eu dizia ali que talvez você estivesse diante de um desafio em sua trajetória profissional. É possível que você discorde e tenha respostas positivas e posturas proativas diante de todas aquelas dúvidas que apresentei no segundo parágrafo. Isso é ótimo! Você é uma exceção entre os que estão no mercado de trabalho. Mesmo assim, eu insistiria que a leitura deste livro poderá contribuir para o aprimoramento das decisões e escolhas que estarão registradas em seu planejamento de carreira.

Por que digo isso? Porque acredito ter recolhido exemplos de circunstâncias e ambientes diversificados que poderão oferecer um repertório mais robusto para os que me lerem. Isso será útil para quando situações inesperadas, externas a si, o obrigarem a ajustar o roteiro que você traçou para a sua vida profissional. Além disso, ofereço, ao final de cada um dos capítulos deste livro, várias sugestões práticas, baseadas em experiências reais vividas por pessoas de carne e osso, que poderão inspirar soluções para os desafios com os quais você está lidando.

Um exemplo de uma dessas externalidades a que me referi acima é o impacto dos avanços tecnológicos sobre o ambiente de trabalho, assunto que é tratado na primeira parte deste livro. Novos softwares e equipamentos surgem de repente, com forte impacto sobre alguns profissionais. E não só isso, como também comento neste primeiro bloco, a dinâmica da economia brasileira está mudando, colocando em xeque as tradicionais relações de trabalho. Isso faz multiplicar o número de profissionais autônomos, que têm agora uma personalidade jurídica. Não há como escapar de tais mudanças. Mas elas terão menor potencial de nos ferir, se tivermos planejadas de antemão alternativas de carreira.

Você não será capaz de desenhar um planejamento vitorioso, caso não saiba exatamente o que pretende ser e para onde deseja ir. O autoconhecimento, portanto, é um movimento fundamental para uma vida profissional e pessoal significativa, tema que é desenvolvido na segunda parte deste livro. Tratamos de questões como estas: Aonde você quer chegar na sua vida profissional? Quais são as razões que o movem adiante? Para você, o que é ser feliz? Quais são os valores grafados em letras de ouro na sua Constituição interna? Que medos o deixam acordado à noite? Que sonhos despertam a sua energia?

Esse mergulho, que poucos costumam fazer nas profundezas do seu próprio eu, é um pré-requisito para traçar o roteiro dos seus passos futuros. O desconhecimento do que somos e queremos faz surgir visões incorretas sobre o que é, afinal, o planejamento de carreira, conforme tratamos na terceira parte desta obra. Há um argumento que se repete com constância: o receio de que uma carreira planejada transforme-se em uma camisa de força e, assim, estorve os nossos movimentos diante das guinadas da vida. Tenho a convicção de que o que acontece é o contrário. Podemos ter planejamento de carreira para diferentes prazos e cenários: para um, três, cinco anos. Não são para a vida toda, nem apenas para a próxima semana. Planejamentos devem ser vivos, maleáveis, e capazes de serem moldados de acordo com as circunstâncias. Cito, neste bloco, algumas técnicas que ensinam a fazer isso.

Dei o nome *Atitudes e comportamentos para prosperar em sua carreira* à quarta parte que compõe esta obra. O que ela traz são sugestões de temas para reflexão, como nos perguntarmos qual é o nosso grau de entusiasmo e energia no trabalho. Acrescentei a advertência de que mesmo quando estamos felizes com o que fazemos, não devemos cair na tentação de nos acomodarmos. Os capítulos que compõem esse bloco incentivam o leitor a planejar a sua rotina; estabelecer hábitos saudáveis, no trabalho e fora dele; ser accountable, ou seja, responsabilizar-se pelas consequências do que faz e a rever seu planejamento, quando ele não trouxer os resultados desejados. E, algo que julgo de insubstituível importância no desenvolvimento de uma carreira: cultivar um networking competente.

Os três blocos que se seguem, o quinto, o sexto e o sétimo, são dedicados à performance do dia a dia do gestor. Trato, no primeiro deles, de como a boa execução é decorrente da disciplina na realização e no acompanhamento de metas pontuais para, finalmente, alcançar o objetivo maior da organização. Como nunca escaparemos da possibilidade de algum projeto não dar certo, insisto na necessidade de sermos flexíveis em nossos planejamentos e que não nos esqueçamos de que bons resultados não são apenas os financeiros. Há vitórias que parecerão derrotas, se o preço a pagar por elas for o burnout ou o desrespeito às pessoas e à ética.

Esses temas nos remetem imediatamente à questão de como sermos um líder melhor. No sexto bloco, listamos as más qualidades que comprometem a liderança. Preconceitos, formalismos, hierarquização exagerada e abuso de poder estão nesta lista do que não fazer. Do lado contrário, a transparência, a confiança, a empatia, a capacidade de liderar à distância, a boa comunicação e o cuidado na gestão da saúde física e mental dos colaboradores são qualidades cada vez mais requisitadas. O bloco seguinte, o de número sete, é dedicado a medir os resultados de carreira. Está aí algo que deve ser feito regularmente. Ele irá mensurar não só o desempenho financeiro, mas também o seu progresso individual e, importante, a quantas anda o seu prestígio, leitor, junto ao mercado de trabalho.

Finalmente, os capítulos que compõem o oitavo bloco deste livro tratam de medos, ou melhor, trazem propostas de como enfrentar os temores que estão presentes na mente de todos os gestores, não fazendo diferença o porte do empreendimento em que estejam inseridos. Não é pecado errar, se a decisão que foi tomada mirava no bem-estar e no benefício de outras pessoas, ensina um dos capítulos. Também não se deve recear os desafios que surgirão no momento em que decidimos romper o status quo e fugimos da estagnação profissional e da má energia de fazermos o que não gostamos. Para sair dessa situação, é preciso fazer, mais uma vez, um exercício de autoconhecimento e de reflexão sobre nossos múltiplos interesses e habilidades.

Eu ficaria feliz se, a partir da leitura desta obra, os meus leitores se vissem como empresários de si mesmos. Eles são o seu próprio negócio, donos de seu destino e os únicos responsáveis pelas escolhas que irão fazer e pelas consequências de seus atos. Como acontece com os negócios de sucesso, é preciso que esses caminhos e ações sejam planejados. Não é necessário um extremo rigor, uma trajetória rígida. O planejamento é uma forte sinalização do que queremos, do que somos, sobre o que entendemos como importante cultivar e praticar e, ainda, um sinalizador do que consideramos nocivo e não nos submeteremos a fazer.

Foi com a intenção de ajudar nesse entendimento que escrevi este livro. Espero que esta obra lhe seja relevante.

Uma boa leitura!

PARTE I

Sua carreira no século XXI

1 A sua carreira em tempos de grandes mudanças

Em março de 2022, uma reportagem publicada pela Bloomberg[1], a influente agência americana de notícias sobre economia, citava um estudo realizado pela Universidade de Michigan, que previa uma transformação profunda na dinâmica do transporte rodoviário dos Estados Unidos. De acordo com o levantamento, a introdução de caminhões conduzidos por robôs, ou seja, caminhões-autônomos, poderia riscar do mapa, em um prazo relativamente curto, cerca de 500 mil empregos ligados à área do transporte rodoviário de cargas naquele país.

Embora o artigo tenha sido replicado por publicações em todo o mundo, a notícia, em sua essência, já não era exatamente uma novidade. Não é de hoje que assistimos o encolhimento, e até mesmo à extinção, de ocupações que exigem tarefas repetitivas, operacionais, previsíveis, entediantes e até arriscadas. Enfim, aquelas atividades profissionais que não requeiram criatividade, capacidade de decisão e raciocínios subjetivos, como são as profissões artísticas, dos psicólogos, advogados, escritores, religiosos, empreendedores, diretores, CEOs e políticos, entre outros.

Uma mostra de que esta questão já há algum tempo chama a atenção de pesquisadores, autoridades públicas e, claro, de todos aqueles que precisam de um emprego é um levantamento, feito por dois pesquisadores da Universidade de Oxford, no Reino Unido, Carl Benedict Frey e Michael Osborne[2], em 2013. O estudo, que cerca de uma década depois ainda é considerado um dos melhores trabalhos sobre o tema, examinou em minúcias 702 grupos de trabalhadores de diferentes áreas e funções, para avaliar o possível impacto da "computadorização" na sua atuação profissional. Sua conclusão foi a de que esse choque poderia colocar em risco 47% dos empregos nos Estados Unidos, país para o qual era apontado o foco da pesquisa de Frey e Osborne.

---

1 STOCK, Kyle, *Robot Truckers Could Replace 500K U.S. Jobs*. Disponível em: https://www.bloombergquint.com/business/self-driving-trucks-could-replace-90-of-long-haul-jobs.

2 FREY, Carl Benedikt, OSBORNE, Michael, *The Future of Employment: How Susceptible Are Jobs to Computerisation?* Disponível em: https://www.oxfordmartin.ox.ac.uk/downloads/academic/The_Future_of_Employment.pdf.

Utilizando equações e gráficos, a dupla de pesquisadores calculou quais as áreas de trabalho de maior ou menor risco de serem fortemente afetadas pelo avanço do processo de informatização da sociedade. Do lado das profissões que, à época, corriam menor risco de serem substituídas por sistemas automatizados estavam ocupações ligadas à administração de negócios e de finanças; atividades ligadas à medicina e saúde, artes, comunicação, serviços comunitários e educação, e ciências, engenharia e TI. Já do lado em que a ameaça de perder o emprego para um software era bem maior estavam as atividades relacionadas ao transporte e mudanças, à produção industrial, à construção civil, serviços de escritório e vendas.

QUARTA REVOLUÇÃO

Se, por sua abrangência e profundidade, o estudo realizado em Oxford ainda é de grande relevância, por outro lado, uma década é um tempo muito longo diante da velocidade com que se movimenta o nosso mundo empurrado pela atual Quarta Revolução Industrial[3]. Nesta, estão presentes instrumentos como a inteligência artificial (IA), a robótica, a internet das coisas e a capacidade quase infinita dos sistemas computacionais, com os dados armazenados em nuvem. E, como aconteceu em todos os momentos de transformação anteriores, esses poderosos agentes da Quarta Revolução fazem com que a sombra ameaçadora do desemprego gerada pelas inovações se amplie ainda mais.

Agora não são apenas os trabalhadores de pouca qualificação que correm o risco de não ter quem os empregue. Também correm perigo as ocupações que exigem um maior número de habilidades. Por exemplo, cuidadores de idosos ou

---

3 A humanidade passou por inúmeros momentos de mudanças impactantes em relação ao seu domínio sobre a natureza, como a descoberta de como utilizar o fogo, o desenvolvimento da agricultura, a fundição de minerais para produzir armas e ferramentas. Mas houve momentos em que a disrupção foi mais profunda. São períodos chamados de "revoluções". A Primeira se deu com o desenvolvimento do vapor como força motriz, iniciada em meados do século XVIII; a Segunda, da metade do século XIX à metade do século XX, com o surgimento de invenções como eletricidade, motor de combustão, aviões, automóveis, rádios, televisores. A Terceira, após a Segunda Guerra Mundial (1939-1945), caracterizou-se pelo lançamento de produtos cada vez mais sofisticados e pelo desenvolvimento da informática e robôs. BRANCO, Anselmo Lázaro, *Revoluções Industriais – Primeira, Segunda e Terceira Revoluções*. Disponível em: https://educacao.uol.com.br/disciplinas/geografia/revolucoes-industriais-primeira-segunda-e-terceira-revolucoes.htm.

de pessoas enfermas já veem robôs de telepresença capazes, nas suas formas humanoides, de fazer companhia às pessoas e monitorar com eficiência seus sinais vitais.

Médicos que examinam raios-X, ultrassons e ressonâncias magnéticas à procura de anomalias, como cânceres, já começam a perder suas posições para equipamentos e tecnologias que utilizam IA e *Machine Learning*[4] para cruzar e analisar uma base de dados gigantesca de casos clínicos, estudos científicos e artigos especializados, e são capazes de detectar problemas em uma velocidade e precisão muitas vezes maior que a capacidade humana. Arquitetos, advogados, contadores, costureiras e tantos outros profissionais que fazem projetos ou tenham atuações em que não lidem com criatividade, interdisciplinaridade e as complexidades de um mundo altamente conectado também poderão dar lugar a softwares especializados.

Ter o seu trabalho tornado inútil pelo avanço da tecnologia já seria algo bem ruim, mas a velocidade com que isso acontece torna a situação ainda mais dramática, pois os profissionais afetados quase não têm tempo de se reciclar. Por exemplo, vendedores de imóveis. Podemos nos dar ao luxo de alugar ou comprar um imóvel percorrendo os seus cômodos pelo celular. Condutores de metrô e cobradores se tornarão cada vez mais raros, pois já são muitos os trens automatizados ou ônibus conduzidos apenas pelo motorista. E, com a perspectiva dos veículos autônomos se disseminarem nos próximos anos, os taxistas e diferentes tipos de motoristas tendem a desaparecer. Quem precisa de um vendedor, se é possível comprar tudo por aplicativo? Um caixa de banco ou um gerente... hoje representam uma quantidade ínfima do que já foram no passado. O famoso desenho *Os Jetsons*, do começo dos anos 60, que parecia pura ficção científica ou quase loucura, virou realidade no contexto atual.

---

4 Machine Learning, Aprendizado de Máquina, em português, é uma tecnologia que permite que os computadores antecipem decisões a partir de padrões de comportamentos ou repetições de ações, uma forma de ação que é chamada, com alguma liberdade, de "aprendizagem". *Machine Learning e Ciência de Dados com IBM Watson*. Disponível em: https://www.ibm.com/br-pt/analytics/machine-learning?p1=Search&p4=43700052629709184&p5=e&gclid=CjwKCAiA4rGCBhAQEiwAelVti8E3jOwU5IX8z3IN38Bws-rhyDaUeUzHWFv4-HCCuxuigqPFUzaqXUxoCeSwQAvD_BwE&gclsrc=aw.ds.

PROCURA-SE INTELIGÊNCIA

Na Quarta Revolução, não existirá espaço para as profissões que não usem a inteligência no dia a dia. E que inteligência seria esta? Em primeiro lugar, a inteligência criativa. Não haverá um robô ou aplicativo capaz de roubar o seu trabalho, caso você tenha uma atividade na qual a sua função é criar conteúdos. Pensar "fora da caixa", conceber soluções para novos desafios e problemas que surgem com frequência são as habilidades que irão garantir um lugar no mundo do trabalho. Computadores, mesmo quando turbinados pela IA, são imbatíveis na identificação de padrões, na velocidade com que resolvem rotinas e tarefas que se repetem sem grandes mudanças, mas são ainda limitados quando a solução exige uma postura incomum, ousadia, bom-senso e espírito crítico.

Da mesma maneira, dispositivos digitais não têm curiosidade. Eles não são capazes de inovar, quebrar paradigmas, pensar por conta própria, ter empatia e compaixão por pessoas. Também não podem abrir exceções, ter intuição, inspiração ou o desejo de ajudar ao próximo. Estes não são atributos que alguma máquina será capaz de desenvolver e talvez nunca será. Embora, a realidade vem nos mostrando seguidamente, o mais recomendável é evitar utilizar a palavra "nunca" no contexto da TI. Com as possibilidades abertas pelo Machine Learning e pelo Deep Learning[5], é impossível saber o que poderá vir pela frente.

Também parece ainda estar distante o momento em que um computador será capaz de desenvolver uma performance interdisciplinar. Ou seja, a capacidade de criar nexos, juntar duas informações distintas e combiná-las em uma terceira ideia, diferente dos dois ingredientes utilizados anteriormente. Peripécias como essas exigem passar por uma estrada formada por neurônios que os chips não possuem.

---

5 Quando o Aprendizado de Máquina torna-se autônomo, o que acontece quando os próprios algoritmos do sistema computacional acrescentam informações e padrões aos seus dados sem intervenção humana, surge o Deep Learning, ou Aprendizagem Profunda. Algo similar quando o sistema digital "aprende" novas funções sozinho. *Deep Learning, o que É e qual sua Importância.* Disponível em: https://www.sas.com/pt_br/insights/analytics/deep-learning.html.

O QUE FAZER?

Revoluções são momentos na história em que o mundo tende a ficar de cabeça para baixo. Antigos valores e comportamentos passam a não funcionar, porque a nova ordem se guia por novos padrões, linguagens, comportamentos e necessidades que não existiam no momento anterior. Felizmente, não estamos em meio a uma revolução clássica, em que o passado é negado com violência e desprezo, mas a velocidade com que as mudanças estão acontecendo também pode fazer vítimas entre aqueles que não se adaptarem.

O que fazer, portanto, para que você continue atraente para o mercado de trabalho, possa oferecer as suas habilidades, competências e esforço e ser recompensado por isso?

Olhe em volta – Na sua área de atuação ou na empresa para a qual trabalha como colaborador ou presta serviços, examine quais são as novidades que a tecnologia está trazendo. Além da providência óbvia de procurar se informar a respeito do que há de novo pelas redes sociais, publicações e notícias, observe o que as empresas concorrentes vêm adotando de novas práticas, técnicas, equipamentos e softwares. O conselho também serve para o caso de você trabalhar de forma autônoma: verifique, espione, fuce atentamente o que aqueles que prestam serviços similares ao seu vêm oferecendo aos clientes deles. Caso eles ofereçam algo melhor do que está no seu cardápio, inspire-se neles e faça similar (se possível, de forma melhor).

Vá para o lado bom da Força – Caso a sua organização não seja das mais inovadoras e pareça que está dormindo no ponto, sem se preocupar em se atualizar, considere seriamente a possibilidade de trocar de empregador. Afinal, todos nós precisamos atuar em um ambiente de negócios que seja receptivo a novas ideias, soluções e práticas.

Frequente hubs – Uma tendência em curso entre as melhores empresas é a de estabelecer comunidades nas quais é possível acompanhar o desenvolvimento de startups e de toda a movimentação que gira em torno delas, como palestras com especialistas, seminários e lançamento de tecnologias e soluções diversas. É possível frequentar esses ambientes, mesmo que você não seja, ainda, um empreendedor com projeto ou negócio à procura de investidores. Exemplos desses hubs são o Cubo, do Itaú, Distrito e InovaBra, do Bradesco.

Seja receptivo!

2

O modelo da relação empresa-profissional mudou

Honduras, país localizado na América Central, com uma área e população semelhantes às do estado de Pernambuco, é uma nação amaldiçoada pelos deuses das chuvas e das tempestades. O país é uma vítima constante de fortes furacões. Muitos deles custaram a vida de dezenas de milhares de pessoas.

Para tentar minorar os danos gravíssimos que os ventos devastadores sempre impuseram à precária infraestrutura do país, o governo hondurenho decidiu, quando houve a necessidade de construir uma nova ponte sobre o rio Choluteca, contratar uma empresa japonesa. Experientes em edificações que são castigadas por terremotos, tufões e tsunamis, os engenheiros do Japão pareciam ser a mais adequada mão de obra para a tarefa.

Em 1998, a ponte, com uma extensão de 484 metros, foi entregue aos hondurenhos. Imponente e moderna, tornou-se uma das mais notáveis obras da engenharia civil no país. Mas quase não houve tempo para comemorações. Neste mesmo ano, Honduras foi atingida pelo Furacão Mitch, um dos maiores já registrados no Hemisfério Norte[6], que provocou a morte de 10 mil pessoas na América Central e danos catastróficos à infraestrutura de toda a região.

Em Honduras, 94 pontes foram destruídas[7], mas aquela, construída pelos japoneses sobre o Choluteca resistiu sem qualquer dano. No entanto, algo terrivelmente inusitado aconteceu. A força monumental do furacão levou água abaixo os quase dois quilômetros de estradas que davam acesso aos dois lados da ponte. E, ainda mais surpreendente, a correnteza fez com que o rio abandonasse o seu leito original e passasse a correr em um novo curso, a dezenas de metros distante da ponte.

---

6 GUINEY, John L., LAWRENCE, Miles B., *Preliminary Report – Hurricane Mitch – 22 October - 05 November 1998*. Disponível em: https://www.nhc.noaa.gov/data/tcr/AL131998_Mitch.pdf.

7 MUELLO, Peter, *Bridge Damage Hampers Mitch Relief.* Disponível em: https://apnews.com/article/75cbf7e4ea38d19a6e9ff03aa321dbb8.

MONUMENTO À INCERTEZA

Sem estradas conectadas às suas duas pontas e nenhum curso d'água passando por debaixo da sua estrutura, a recém-construída ponte perdeu a sua razão de ser e esvaziou-se do seu significado e utilidade. Passou a ser conhecida no país, em um misto de humor e amarga consternação, como a "ponte para lugar nenhum". Para o resto do mundo, a construção tornou-se a melhor metáfora para indicar como é frágil a visão que acredita que controlamos o nosso destino. Já não havia ali uma ponte, mas um monumento às incertezas desta vida. Quando menos esperarmos e contra todas as nossas melhores previsões, tudo pode escapar do nosso controle.

O escritor e empreendedor gaúcho Maurício Benvenutti foi um dos que relembrou a curiosa história da ponte sobre o Choluteca, na coluna que assina no jornal *O Estado de São Paulo*. Publicado em 23 de março de 2022[8], o texto de Benvenutti afirma que acreditarmos de que haverá um momento em que a nossa formação profissional da época da faculdade não precisará mais ser desenvolvida pode tornar-se algo tão inapropriado e irrelevante como uma ponte que não liga nada a lugar nenhum. "Não existe mais ex-aluno no mundo. Ou você estuda e se requalifica durante a vida toda, ou ficará para trás", escreve Benvenutti[9].

Eu concordo com essa visão e acrescentaria que atualmente, mais do que no passado, essa busca por uma constante atualização, em tornar-se um eterno aprendiz, é uma atitude que você, e só você, poderá tomar. Está cada vez menor o número de empresas que investem na qualificação de sua mão de obra. E acredito que, num futuro próximo, não veremos as organizações aplicando recursos no desenvolvimento de seus colaboradores.

CLTS DIMINUEM

Aliás, "empregados", já é um termo que cada vez faz menos sentido na atual dinâmica do mercado. Há uma nova relação de trabalho entre as empresas e os profissionais. Nela, diminui de maneira acelerada o número dos profissionais

---

8 BENVENUTTI, Maurício, *A Metáfora da Ponte Choluteca*. Disponível em: https://link.estadao.com.br/noticias/inovacao,a-metafora-da-ponte-choluteca-nos-ensina-a-ser-eternos-aprendizes,70004016382.

9 Idem.

chamados "CLTs", ou seja, os que têm carteira assinada e cujas relações de trabalho com empregadores são regidas pela Consolidação das Leis do Trabalho que lhes dá o direito a férias, 13º salário, horas extras pagas e outros benefícios.

Os vínculos entre as organizações e aqueles que para elas prestam serviços hoje são mais variados e fluídos. Há profissionais autônomos que prestam serviços em momentos e projetos determinados e são remunerados pelos resultados entregues. Outros trabalham nas empresas com dedicação exclusiva, mas se constituíram como empresas: são os colaboradores PJs, iniciais de Pessoa Jurídica. Recebem seus salários mensalmente, sem direito aos benefícios determinados pela CLT. Por outro lado, há uma tendência de muitas companhias oferecerem bônus por performance cada vez mais atraentes para os colaboradores PJs que se destacam pela qualidade de seu trabalho e entregas.

Este tema é sempre polêmico. Claro, todos ficariam felizes em receber um salário a mais por ano ou poder ficar na praia todo um mês sem trabalhar, com sua remuneração assegurada. Mas as relações de trabalho estão se afastando cada vez mais desse modelo, tanto empurradas por um movimento empresarial focado em diminuir seus custos trabalhistas como também pelos próprios profissionais, que prezam sua liberdade de escolher os projetos nos quais querem trabalhar.

Essa "liberdade de escolher" é um ponto importante ao qual devemos prestar atenção. Sem estar preso por contrato a uma empresa, você terá a possibilidade de optar entre as várias oportunidades que o mercado tem a oferecer. A abundância das ofertas, contudo, acontecerá na razão direta da sua competência profissional. E isso poderá, no final das contas, ser muito mais rentável do que estar ligado por contrato a uma organização específica.

ATITUDE DE EMPREENDEDOR

E temos aqui mais uma questão de grande relevância. Ser desejado pelo mercado não é mais exibir um currículo cheio de títulos acadêmicos e passagens por empresas conceituadas e, sim, apresentar resultados. Essa é a nova moeda de troca: bons resultados significam uma maior oferta de projetos, bônus financeiros gordos, como recompensa e, por último, mas não menos importante, reconhecimento no mercado.

Tornar-se um profissional cobiçado pelo mercado é uma possibilidade que está nas suas mãos (e, repita-se, exclusivamente nas suas mãos). O que você precisa fazer é pensar e desenvolver a sua carreira com atitude empreendedora. Isso significa qualificar-se profissionalmente de maneira contínua, e por toda a vida, para manter-se atualizado com o que há de mais recente e eficiente na sua área de atuação, assim como cuidar com bastante atenção da construção de sua rede de relacionamentos, já que uma sólida rede é vital para você se manter presente na mente das pessoas e para a realização de diferentes formas de parcerias de negócios.

Aqueles que têm essa postura empreendedora apresentam duas capacidades de grande valor para o mercado. A primeira é saber resolver problemas. Progridem na vida profissional aqueles que têm capacidade de resolver desafios e entregar soluções, de preferência aqueles mais complicados e complexos. A segunda capacidade é, como já foi dito, gerar resultados para os negócios nos quais você trabalha.

As duas habilidades estão entrelaçadas. Quem resolve problemas, traz resultados. Quem carrega essas duas qualidades terá uma vida profissional longa e próspera. Aqueles que não desenvolverem esse comportamento empreendedor se manterão, no máximo, em empregos com remunerações medianas em empresas medianas, que não se preocupam em inovar ou atingir resultados sólidos e crescentes e fadadas a sumir. Companhias e colaboradores assim já vêm se tornando irrelevantes no mercado.

Comportando-se como um empreendedor, você se transformará em um parceiro das organizações. Sua postura será a de um consultor que, contratado para desenvolver um projeto que irá demandar um certo período, ao término da tarefa estará livre e ansioso para começar novos projetos na mesma empresa ou prospectar e obter outros clientes.

O IMORTAL BOCA A BOCA

Como você irá conquistar novas oportunidades? Pesquisas revelam que, quando uma organização pretende contratar os serviços de alguém, em 80% dos casos ou mais, a indicação vem de colaboradores e parceiros dessa empresa. Ou seja, quando você produz um trabalho de qualidade, a possibilidade de ser convidado para uma nova oportunidade se multiplica, graças às indicações daqueles que, estando ao seu lado, constataram que você, de fato, entrega bons resultados.

O espírito empreendedor não deve ser apenas daqueles que trabalham como autônomos. Também deve ser desenvolvido e praticado por aqueles que mantêm vínculos formais, sem tempo definido de permanência, com organizações. Se este é o seu caso, não é aconselhável permanecer exclusivamente voltado para as demandas do seu empregador: esteja sempre atento às melhores práticas na sua área de atuação e, caso possível, tenha uma atuação profissional paralela, realizando projetos para outras empresas que não sejam concorrentes e de forma que não prejudique o trabalho que desenvolve na empresa que mantém contrato formal com você.

O mercado de trabalho está cada vez mais volátil, sentir-se protegido por estar empregado por uma organização pode ser uma sensação ilusória. A possibilidade de ser convidado a tornar-se PJ, prestador de serviços ou mesmo a de ser demitido já se mostra muito mais real do que a perspectiva de uma longa e estável carreira num único empregador, como acontecia na época dos nossos pais. Aqueles que têm um mindset empreendedor sempre poderão responder com mais assertividade e tranquilidade a qualquer mudança nas relações de trabalho que lhes for imposta ou mesmo poderão criar novas oportunidades profissionais para si.

O QUE FAZER?

Certa vez, conheci um especialista na área de TI, cujo posicionamento profissional era exemplar como o de alguém que desenvolveu com sucesso uma atitude empreendedora. Embora a descrição formal do trabalho de um profissional de Tecnologia da Informação seja o de distribuir as informações de uma empresa em uma rede de computadores e se responsabilizar pelo processamento dessas informações utilizando-se de hardwares e de softwares[10], essa pessoa que eu conheci ia além disso.

Ele entendia de gestão de negócios, ampliara os seus conhecimentos, se preparara e, dessa maneira, conseguia não só compreender as necessidades da organização em que estávamos, como era capaz de atendê-las, encontrando bons profissionais no mercado para suprir gaps importantes de competências e habilidades, graças ao networking que havia desenvolvido. O caminho percorrido por esse especialista em TI também pode ser seguido por você.

---

10 Blog Universidade Católica de Pelotas (RS), *O que é TI? Curso, Profissão e Mercado de Trabalho*. Disponível em: https://ead.ucpel.edu.br/blog/o-que-e-ti.

Nunca pare de estudar – Como bem lembrou Maurício Benvenutti em seu artigo no jornal *O Estado de São Paulo*, "não existe mais ex-aluno no mundo", você terá de procurar eventos (como feiras de negócios, palestras, seminários etc.), livros, cursos e mentores na sua área de atuação, ou fora dela, para estar constantemente atualizado sobre novas possibilidades profissionais nela, se inteirando de novidades tecnológicas e novos modelos de negócios.

Aumente a sua turma – Formar, manter e ampliar a sua rede de contatos é de importância fundamental para ser lembrado e conquistar bons projetos. De novo, feiras de negócios, palestras e cursos são ótimos ambientes para conhecer gente empreendedora. É ali que eles estão, já que, apenas pelo fato de essas pessoas participarem desses eventos, já é uma indicação que elas também querem evoluir, conhecer novas práticas de negócios e aprender com o conhecimento e a vivência de outras pessoas. Não somos autossuficientes nem capazes de dominar tudo, mesmo na nossa área de atuação. Os colegas que você irá encontrar nesses ambientes sempre terão um desejo, uma inspiração, uma expertise que você não tem. É só manter a mente e os olhos abertos para trocar experiências.

Navegue por mares desconhecidos – Empreendedores gostam de desafios, são curiosos e estão dispostos a encontrar oportunidades em lugares e situações em que os outros não enxergam nada de valor. Se isso não faz parte da sua natureza, é possível treinar a você mesmo para ampliar o seu olhar e adquirir habilidades que talvez você não saiba que existam.

É possível fazer isso engajando-se em grupos e atividades diferentes daqueles que você costuma participar. Se você é engenheiro, faça um curso de culinária. Médicos deveriam frequentar academias de dança ou escolas de música. Advogados se divertirão e encontrarão pessoas com uma mente distinta das suas se aprenderem a fazer cerâmica ou cerveja artesanal. O mundo é muito mais diverso e rico do que costumamos imaginar. E as novas habilidades que você ganhará ao passar por essas novas experiências serão valiosas para você pensar e agir diferente e crescer em seu próprio mercado.

Ative sua criatividade!

3 Invista em habilidades que somente humanos podem desenvolver

O francês Jean-Paul Sartre (1905-1980), um dos maiores expoentes da vertente filosófica do Existencialismo no século XX, levou uma vida intensa. Foi à guerra, tornou-se prisioneiro, escreveu livros, participou de debates e manifestações políticas, influenciou governos e intelectuais. Sartre trouxe uma contribuição profunda ao pensamento mundial. Porém, como costuma acontecer com teorias e reflexões complexas sobre a realidade, sua colaboração de mais de 50 anos à reflexão humana[11] costuma ser sintetizada em uma curta frase: "O inferno são os outros!"

De maneira muito resumida, Sartre dizia que nós, humanos, somos seres que gozam de grande liberdade, até o ponto em que os nossos projetos e desejos esbarram nos projetos e desejos dos outros. E é aqui que está o "inferno" ao qual ele se referia: os outros, como se fossem demônios, roubam a nossa liberdade e autonomia[12].

Aos 24 anos de idade, Jean-Paul Sartre conheceu a também francesa Simone de Beauvoir (1908-1986), à época com 21 anos. Ambos frequentavam o curso de Filosofia na Escola Normal Superior de Paris[13]. A união dos dois duraria 51 anos (um relacionamento aberto, no qual entraram e saíram amantes de ambos os lados), até a morte de Sartre.

Simone alcançou a mesma estatura intelectual que o seu companheiro. Foi escritora, filósofa existencialista, ativista política e uma influente feminista[14]. Com tal currículo, certamente não foi por uma mera implicância de casal que ela

---

11 BRAGA, Rafael, *Jean-Paul Sartre – Biografia, Ideias e Principais Obras*. Disponível em: https://conhecimentocientifico.com/jean-paul-sartre-biografia/.

12 *Jean-Paul Sartre: "O Inferno São os Outros"*. Disponível em: https://super.abril.com.br/ideias/o-inferno-sao-os-outros-sartre/.

13 BRAGA, Rafael, *Jean-Paul Sartre – Biografia, Ideias e Principais Obras*. Disponível em: https://conhecimentocientifico.com/jean-paul-sartre-biografia/.

14 BERGOFFEN, Debra, *Simone de Beauvoir*. Stanford Encyclopedia of Philosophy. Disponível em: https://plato.stanford.edu/archives/fall2010/entries/beauvoir/.

corrigiu Jean-Paul Sartre sobre a exata localização do inferno: "O inferno somos nós mesmos, quando nos afastamos dos outros", explicou[15].

GENTE FINA, ELEGANTE E SINCERA

É neste ponto, que se inclui no debate o cantor e compositor, Lulu Santos, trazendo também uma perspectiva diferente de Sartre. Nascido em 1953, no Rio de Janeiro[16], o músico faz sucesso com as suas composições, arranjos e apresentações de pop rock, cujas letras costumam trazer um tom otimista, esperançoso e incentivam a proximidade e a união entre as pessoas. Percebe-se isso na letra da canção Tempos Modernos, lançada em 1982, seu primeiro sucesso nacional[17]: *"Eu vejo um novo começo de era/ De gente fina, elegante e sincera/ Com habilidade pra dizer mais sim do que não".*

Morto em 1980, Jean-Paul Sartre certamente não ouviu *Tempos Modernos* e as longas notas, em estilo havaiano, que o músico produzia na sua guitarra. Também não há registros de que Simone de Beauvoir tenha acompanhado aquele início de carreira de Lulu Santos. No entanto, filósofos, cantores pop e, de resto, quase toda a humanidade, concordariam que nos tempos atuais, muito mais modernos do que aqueles dos anos 1980, atributos como colaboração, estarmos juntos, liderança, empatia, criações coletivas e relações humanizadas, entre outras, são cada vez mais fundamentais.

Tais habilidades, junto com a inteligência emocional[18] e o domínio de outras qualidades ligadas à essência do que significa ser humano é que irão nos diferenciar das atividades feitas pelas máquinas e sistemas de tecnologia e nos garantir

---

15 LARMAGNAC-MATHERON, Octave *L'Enfer, C'Est les Autres": Quand Beauvoir Contredit Sartre.* Disponível em: https://www.philomag.com/articles/lenfer-cest-les-autres-quand-beauvoir-contredit-sartre.

16 MIGUEL, Antônio Carlos, *Lulu Santos, Biografia.* Disponível em: https://www.vagalume.com.br/lulu-santos/biografia/.

17 SANTOS, Lulu. *Tempos Modernos,* WEA, 1982, disponível em: https://lulusantos.com.br/biografia/.

18 Inteligência Emocional é um conceito difundido pelo psicólogo norte-americano, Daniel Goleman, que trata da capacidade de entender o espaço em que vivemos por meio de estímulos que estão ligados, principalmente, às regiões do cérebro que se relacionam emocionalmente com o ambiente que nos cerca. Ela é associada a cinco "pilares", ou habilidades: Conhecer as próprias emoções; Controlar as emoções; Automotivação; Empatia e Relacionar-se interpessoalmente. *Quais São os Cinco Pilares da Inteligência Emocional.* Disponível em: https://blog-online.pucrs.br/public/pilares-inteligencia-emocional/.

espaço para desenvolver nossa criatividade, pensamento crítico e capacidade de tomar decisões complexas. O inferno será, na verdade, a preguiça mental, o conservadorismo e o equívoco de acreditarmos que não temos mais nada a aprender, nos enganando com a ideia de que os conhecimentos e habilidades que acumulamos até agora são suficientes para termos uma carreira bem-sucedida no futuro. E, como alertou Simone de Beauvoir, o pecado mortal será agirmos sem nos relacionar com aqueles que nos cercam, em casa ou fora dela, em ambientes profissionais.

O COMBUSTÍVEL DA EMOÇÃO

Chamo essas necessárias habilidades de competências socioemocionais, capacidades que são necessárias para melhorar nossas relações e lidar com as nossas emoções. E por que emoções? A resposta imediata é a de que elas são, exatamente, o combustível que nos movimenta. Essa é uma característica absolutamente humana. Mesmo quando lidamos com as necessidades mais básicas da existência, como termos um lugar para morar, garantir nossa alimentação, formar uma família, tomamos decisões movidos por uma grande parcela de emoção. E a compreensão de como as nossas emoções funcionam, manifestam-se em nosso dia a dia e a escolha ou não de como fazemos uso delas podem nos ajudar ou atrapalhar no desenvolvimento de nossa carreira.

É a partir dessa familiaridade e facilidade que temos de perceber e gerenciar nossas próprias emoções e de detectá-las nos outros que estaremos protegidos contra as ameaças que hoje estão presentes no mercado de trabalho, no qual as tarefas burocráticas, operacionais e repetitivas são rapidamente substituídas por máquinas e softwares.

Máquinas, robôs e outras tecnologias não têm emoções. Funcionam, no final das contas, com a mesma lógica dos liquidificadores. Nunca faremos um milkshake tão perfeito como eles, mas esses equipamentos, por mais sofisticados que sejam, obviamente são incapazes de construir relacionamentos, algo indispensável para o nosso crescimento pessoal e profissional.

Em artigo que publiquei em meu site[19], reproduzo cinco habilidades que foram apontadas em uma pesquisa – *Série Global Stakeholder – O Futuro do*

---

19 BONOLDI, Uranio, Competências socioemocionais: as Cinco Habilidades mais Importantes para os Próximos Seis Meses. Disponível em: https://influenciaepoder.com.br/blog/competencias-socioemocionais-as-cinco-habilidades-mais-importantes-para-os-proximos-seis-meses/.

Trabalho, Agora –, na qual foram ouvidos cerca de dois mil brasileiros, que tinha como objetivo relacionar as características necessárias que as pessoas deveriam desenvolver nos tempos atuais. **Adaptabilidade**, **colaboração**, **resiliência**, **criatividade** e **empatia** foram consideradas qualidades indispensáveis para quem desejasse ter uma vida significativa, produtiva e recompensadora.

A capacidade de se **adaptar** é relevante na medida em que o mercado de trabalho se movimenta de maneira cada vez mais rápida. E esta nova dinâmica exige uma crescente multidisciplinaridade, produtividade e resultados melhores, que podem ser alcançados de maneira muito mais sólida, quando temos em nós o senso de **colaboração** e saber trabalhar em equipe. Essa proximidade com os outros traz, como bônus, a possibilidade de aprendermos novas técnicas, adquirirmos conhecimentos inéditos e desenvolvermos habilidades com muito mais facilidade.

CONVÍVIO HARMÔNICO

Outra qualidade é a **resiliência**, que é você saber superar as adversidades do dia a dia sem deixar de lado sua confiança. Foco e disciplina no que é correto, se harmoniza com a **empatia**, talvez a mais humana entre todas aquelas cinco habilidades apontadas na pesquisa. Comparados com as máquinas e outras tecnologias, sempre seremos imbatíveis no quesito sermos capazes de compreender a dor do outro, nos colocarmos no lugar dele e estabelecer uma conexão que sempre será essencial para termos um convívio harmônico com as pessoas, sobretudo aquelas com quem trabalhamos. Todos importam e, como tal, devemos dar atenção aos outros como gostaríamos que tivéssemos atenção dos demais.

De maneira mais profunda, a empatia vai além da boa e afetuosa relação com os demais. Na medida em que você é capaz de compreender as dificuldades e os pontos fortes e fracos das pessoas da sua equipe ou as de seus clientes, o trabalho que você desenvolve irá fluir de uma maneira mais ágil e apresentar resultados melhores e mais consistentes.

Por fim, a **criatividade**. Se estivermos inseridos em um ambiente profissional onde se criam ideias e soluções para problemas e dores a partir da combinação do repertório individual com o coletivo; que valorize os erros e falhas como fonte de aprendizado; que dê importância à intuição e outros insights de natureza menos racional; e que é aberto a diferentes visões de como fazer as coisas, seremos, como canta Lulu Santos, aquela gente fina, elegante e sincera que estará, definitivamente, protegida contra o "ataque" dos robôs e dos computadores com a sua imensa capacidade cognitiva, de processamento e tratamento de dados. A empresa que tiver a boa fortuna de contar com uma equipe criativa, que transforma suas ideias e aprendizados na melhoria de processos, produtos e serviços, terá uma vida longa e próspera no mercado.

Uma habilidade que não recebeu votos suficientes para ser relacionada pela pesquisa da *Série Global Stakeholder*, mas cuja importância a faz merecer ser citada neste capítulo é a de ser *accountable*, palavra originada do inglês que significa alguém que se coloca plenamente como responsável pelos seus resultados, sejam eles positivos ou negativos[20]. Da mesma maneira, como acontece com todas as outras qualidades aqui descritas, é inútil culpar, ou parabenizar, uma máquina pelos resultados por ela alcançados. Ter accountability é ter atitude empreendedora, para fazer acontecer o que deve ser feito; é assumir uma responsabilidade moral pelas suas ações e perante terceiros.

O QUE FAZER?

No período em que trabalhei no Instituto Butantan, em São Paulo, vivi um episódio que me mostrou de maneira clara o que as habilidades socioemocionais são capazes de produzir. Na ocasião, há pouco tempo se juntara ao staff um colaborador que, rapidamente, demonstrou que era comprometido, responsável, simpático e colaborativo. Mesmo com pouco tempo de casa, ele me telefonou em uma tarde de sábado.

No primeiro segundo, estranhei aquela chamada. Nós nos dávamos bem, mas mal nos conhecíamos e não tínhamos intimidade, até por conta de ele ser novo no Butantan. Contudo, ele logo explicou a razão do telefonema. O seu pai havia acabado de falecer. Ele perguntou se eu entenderia caso ele não fosse trabalhar na segunda-feira, pois teria de resolver uma série de questões práticas.

"Claro que entenderia!", respondi. Disse a ele que não se preocupasse e que sentia muito pela sua perda. Conversei um pouco mais, busquei consolá-lo. Ouvi ele falando do pai, como era uma pessoa que ele considerava preciosa e insubstituível. Falou da sua família, de como estavam todos profundamente tristes.

---

20 https://www.dictionary.com/browse/accountable.

Era um sábado à tarde, dia de descansar. Quem já passou por essa experiência sabe como é forte essa dor. Peguei o meu carro e fui até o velório. Foi algo espontâneo, não pensei em nenhuma outra razão para estar lá além de me solidarizar neste momento tão difícil.

Quando ele me viu, ficou surpreso. Emocionou-se. Conversamos um pouco mais e, depois de uma hora, uma hora e meia, me despedi. Esse gesto teve uma enorme repercussão para ele. Não parava de dizer como era inacreditável que eu pegasse o meu carro e fosse até lá prestar condolências em nome do Butantan. Ele, que trabalhava ali há tão pouco tempo... Ficamos amigos. Até hoje nos falamos.

Treine sentimentos – A empatia, considerar a humanidade de todos com quem nos relacionamos, ter iniciativa, saber compreender e aceitar são posturas mentais que, se não surgem espontaneamente, devem ser treinadas de maneira ativa. Olhe sempre no seu entorno. Há algum colega que parece angustiado, triste? Pergunte como estão as coisas, se ele precisa de alguma ajuda. Caso a sua tendência, o seu default, seja querer manter-se distante de situações como essa, desafie a sua natureza. Claro, tudo deve ser feito com elegância e discrição. Há aqueles que preferem guardar para si o que os perturba, aceite isso sem insistência. Mas não há quem não aprecie gestos de solidariedade e atenção.

Saia da sua bolha – Este é um exercício precioso, que poucas pessoas se dispõem a fazer. Qualquer que seja a sua atividade profissional, há sempre outros colaboradores envolvidos que assumem tarefas diferentes da sua. Se você trabalha no escritório de uma indústria de equipamentos eletrônicos, por exemplo, há os colaboradores do chão de fábrica, a área de logística ou o pessoal da copa, que prepara e serve o seu café. Conhecer as especificidades do trabalho, a dor e os sonhos desses colegas irá desenvolver não apenas a sua empatia, como também o espírito de colaboração. Você entenderá melhor a dinâmica da organização para a qual trabalha, o que também lhe dará elementos para desenvolver sua criatividade, em momentos em que novas ideias e soluções forem necessárias.

Voluntarie-se – Todos nós sempre temos de prestar contas das nossas ações. Mesmo se ocuparmos o mais alto cargo em uma empresa, os investidores, o conselho de administração e, em última análise, o mercado nos cobrarão resultados. No entanto, conforme a nossa posição na hierarquia do mercado de trabalho, podemos estar mais habituados a dar diretrizes aos outros do que em receber ordens. Uma maneira de conhecer o que há do outro lado da sua mesa é se candidatar a voluntário em alguma iniciativa. A essência do voluntariado é você emprestar as suas capacidades físicas e/ou intelectuais para auxiliar um trabalho a ser feito.

Quase sempre as funções já estão definidas e subordinadas a alguma diretriz, quando você se apresenta como voluntário. Talvez você tenha de carregar cadeiras, pintar muros, auxiliar na contabilidade, ou transformar em realidade o que foi planejado por outros. Você receberá orientações e ordens e, talvez, até críticas. Seu poder de se adaptar a uma realidade inédita e de resiliência diante de desafios serão colocadas à prova. Ninguém vai lhe pagar pelo seu trabalho, mas você enriquecerá enormemente o seu capital de habilidades.

Desenvolva-se!

4 Incorpore o ESG à sua carreira

Pouca gente irá admitir isso em voz alta, mas a verdade é que a maioria de nós, no silêncio da nossa mente, ainda considera surpreendente que aviões sejam capazes de voar. E quando essas aeronaves, monstros de 75 metros, que pesam quase 250 toneladas, levantam voo, atravessam um oceano e pousam sem qualquer dificuldade do outro lado da Terra, essa proeza parece beirar a impossibilidade.

Da mesma forma, também soa quase inacreditável, do ponto de vista do mundo corporativo, que o CEO de uma empresa aérea privada, cujos principais objetivos está fazer seus ganhos voarem cada vez mais alto, entre outros, ofereça gratuitamente serviços aos seus concorrentes, ou recomende a seus potenciais passageiros que, quando a viagem for curta, tomem um trem, ao invés de irem de avião.

Voos comerciais cruzam os céus já há mais de um século, mas atitudes altruístas como esta, tomada por Pieters Elbers, presidente e CEO da empresa aérea holandesa KLM por oito anos, até janeiro de 2022[21], só muito recentemente passaram a ser vistas no cenário dos negócios. O que a KLM ofereceu aos seus concorrentes e clientes foi uma iniciativa – *Voe com Responsabilidade*[22] –, a qual traz informações e alternativas para passageiros e empresas diminuírem a sua pegada de carbono[23].

Além de oferecer conselhos aos seus clientes, como o de optar por outros meios de transporte menos impactantes à natureza do que os aviões, o programa da KLM incentiva companhias aéreas concorrentes a adotarem combustíveis

---

21 FERNANDES, Victor, *Peter Elbers Deixará Cargo de CEO da KLM após 8 Anos*. Disponível em: https://www.panrotas.com.br/aviacao/empresas/2022/01/pieter-elbers-deixara--cargo-de-ceo-da-klm-apos-8-anos_186863.html--+*

22 DUÉK, Ana. *KLM Lança Programa Voe com Responsabilidade e Convida Aéreas a Compensarem Emissões de Carbono*. Disponível em: https://viajarverde.com.br/klm-lanca--programa-voe-com-responsabilidade/.

23 Pegada de Carbono é o cálculo da quantidade de gases de efeito estufa emitidos na atmosfera por qualquer atividade humana, inclusive no descarte de produtos e serviços. THOMAS, Jennifer *O que é Pegada de Carbono?* Disponível em: https://umsoplaneta.globo.com/clima/noticia/2021/04/04/o-que-e-a-pegada-de-carbono.ghtml

menos poluentes e oferece aos passageiros a oportunidade de fazerem doações para iniciativas voltadas ao reflorestamento[24].

Há dados que indicam que a indústria da aviação civil é responsável por até 5% do aquecimento global[25], o que não é pouca coisa. Por saberem disso, outras empresas de aviação também têm suas próprias iniciativas voltadas a diminuir a sua participação nessa ameaça à natureza. Muitas delas, como a Air France[26], a American Airlines[27] e a Gol[28], entre outras, também investem em iniciativas semelhantes à da KLM.

É TUDO MARKETING?

Mas o que faz com que empresas que disputam entre si um mercado tão competitivo como o da aviação, no qual cada centavo faz diferença, arrisquem o seu tempo e dinheiro em um assunto como esse? O que há por trás dessas ações? Um compromisso sincero com a preservação do meio ambiente? Uma ação preventiva para evitar possíveis multas dos órgãos governamentais? Ou isso tudo não passa de marketing?

Certamente, todas essas razões estão presentes. E é bom que assim seja. Empresas bem-sucedidas, de qualquer segmento da economia, não focam exclusivamente no lucro; elas têm um propósito e ética. Também sabem dos riscos de desrespeitar a lei e querem parecer, aos olhos de todos, proativas e seriamente empenhadas em tratar bem o ambiente, assunto que está na ordem do dia e mobiliza cada vez mais as pessoas em diversas partes do planeta.

O que este exemplo das companhias aéreas oferece de mais relevante, no entanto, é comprovar como o tema da preservação ambiental tornou-se indissociável de toda a prática corporativa. E mais: não é só o conhecimento e as boas práticas de como lidar com as atuais e graves ameaças à qualidade do ar, da água

---

24 *Fly Responsibly.*. Disponível em: https://flyresponsibly.klm.com/gb_en#home.

25 *Que tal Viajar a Bordo de uma Aeronave "Carbono Zero"?* Disponível em: https://exame.com/inovacao/aeronave-carbono-zero/.

26 *Comprometidos por Viagens mais Responsáveis.* Disponível em: https://wwws.airfrance.com.br/information/developement-durable/voyage-responsable.

27 *A world worth traveling is a world worth protecting.* Disponível em: https://www.aa.com/i18n/customer-service/about-us/sustainability.jsp

28 *#Meu voo compensa.* Disponível em: https://www.voegol.com.br/sobre-a-gol/sustentabilidade.

e do solo, dos quais dependemos para a continuidade de nossa existência, que passaram a ser obrigatórios.

Também se exige das organizações, e daqueles que com elas trabalham, o compromisso, a expertise e a sensibilidade adequados para lidar com as questões sociais que envolvem o negócio. E para cuidar de tudo isso, torna-se cada vez mais prioritário que os gestores e líderes de negócios sejam capazes de administrar suas empresas tendo como base uma governança competente, que traga bem-estar e progresso para os colaboradores, parceiros, fornecedores e para as comunidades em que estão inseridas.

Essas práticas passaram a nortear negócios em todo o mundo. São conhecidas pela sigla ESG[29], iniciais de *Environmental, Social and Governance – Ambiental, Social* e *Governança*, em português[30]. É necessário ser bem compreendido que o ESG é muito mais amplo do que um esforço para preservar o meio ambiente.

DIMENSÕES INDISPENSÁVEIS

Por ter se tornado um tema recorrente na mídia, não há quem ignore a relevância da atenção que deve ser dada à preservação ambiental, em todas as suas possibilidades. O mesmo, no entanto, não costuma acontecer em relação ao Social e à Governança, dimensões indispensáveis no formato dessa abordagem administrativa.

Na vertente do Social se encontra a atitude ativa de uma organização no seu relacionamento com as pessoas que compõem o universo no qual essa empresa se movimenta. Quando estão afinadas com o conceito ESG, as instituições investem e se comprometem com a satisfação dos seus clientes e stakeholders; são capazes de manter seus integrantes engajados na visão e missão da organização, zelam pela proteção dos dados e informações de todos envolvidos e respeitam a legislação do país em que estão instaladas e os direitos humanos[31].

---

29 A sigla ESG surgiu pela primeira vez em 2004, em um relatório das Nações Unidas, que teve entre seus apoiadores, o Banco do Brasil. *Who Cares Wins – Connecting Financial Markets to a Changing World.* Disponível em: https://d306pr3pise04h.cloudfront.net/docs/issues_doc%2FFinancial_markets%2Fwho_cares_who_wins.pdf.

30 LEITE, Vitor, *O que a Sigla ESG quer Dizer sobre uma Empresa?* Disponível em: https://blog.nubank.com.br/esg-o-que-e/.

31 Idem.

Elas são, ainda, capazes de acolher a diversidade de pessoas em todos os seus aspectos. Trata-se de um tópico delicado e propenso a visões conflituosas, sobretudo porque vem tomando corpo em um momento em que coexistem nas sociedades conceitos intergeracionais e culturais distintos sobre questões que envolvem, por exemplo, diversidade de gênero, orientação sexual, raça, convicções religiosas, etarismo (discriminação contra pessoas de idades maduras).

Quando nos referimos à Governança, estamos tratando de um estilo de gestão com o qual as organizações determinam a forma como se dará o relacionamento entre os controladores e demais sócios, as diversas diretorias, o Conselho de Administração e seus órgãos próprios de controle[32]. Na Governança Corporativa, têm importância temas como a composição do Conselho de Administração; a estrutura do comitê de auditoria, dentre outros; a razoabilidade da remuneração dos executivos; a ética na relação com entidades governamentais e políticas; a possibilidade de a empresa ser questionada a partir de um canal de denúncias e, enfim, a sua conduta corporativa em geral[33].

Empresas geridas por uma Governança Corporativa eficiente seguem alguns princípios comuns[34], como a Transparência, ou seja, colocar à disposição de seus parceiros informações que possam ser de seu interesse, como informes financeiros, documentos relativos a projetos corporativos e divulgação das decisões empresariais. Deve-se diferenciar a necessidade da transparência dos segredos estratégicos que, divulgados, possam prejudicar a performance empresarial diante da concorrência.

Há outras três características usuais da Governança Corporativa. A Prestação de Contas, a qual tornar acessível aos acionistas e demais envolvidos às entradas e gastos da organização é uma dessas características. A Equidade, a partir da qual todos os grupos minoritários, seja do capital ou colaboradores e parceiros são tratados de maneira justa e igualitária. E a Responsabilidade Corporativa, a partir da qual o compromisso com o bem-estar e o progresso das comunidades afetadas pelos negócios daquela organização é mantido[35].

---

32 *O que é Governança Corporativa.* Disponível em: https://www.ibgc.org.br/quemsomos.

33 LEITE, Vitor, *O que a Sigla ESG quer Dizer sobre uma Empresa?* Disponível em: https://blog.nubank.com.br/esg-o-que-e/.

34 CHEBANTE, João, *Os 4 Pilares da Governança Corporativa nas Organizações.* Disponível em: https://sinergis.com.br/blog/.

35 Idem.

Tanto você, que está no início de sua carreira, como você, que já tem anos de experiência profissional, devem não só entender o que é o ESG, suas boas práticas e metodologias, mas também saberem como aplicá-lo no dia a dia de trabalho de sua equipe e área. Dominar o ESG será imprescindível para a sobrevivência das empresas no médio e longo prazo, assim como se tornará um dos principais requisitos para o crescimento na carreira daqui em diante.

FUJA DE EMPRESAS TÓXICAS

Ao contrário do que era praticado há até pouco tempo, cada vez se aceita menos empresas que apresentem bons resultados financeiros, mas são tóxicas em relação àqueles que para elas trabalham. Ou que sejam descuidadas com a natureza e se envolvam em acidentes ambientais, que podem ter um altíssimo valor de mercado, mas, por outro lado, podem produzir enormes tragédias. Gerar grandes dividendos e que se dane tudo o mais, é algo inadmissível e devemos fugir de organizações que ajam assim.

Há uma outra boa razão para que as empresas que sigam a pauta ESG sejam colocadas definitivamente no nosso radar. Elas costumam ser empoderadas por uma espiral virtuosa: por um lado, ao adotarem práticas que contemplam boas políticas ambientais, sociais e de governança, elas se fortalecem estruturalmente e passam a oferecer produtos ou serviços de melhor qualidade. Isso é percebido pelo mercado que, além de adquirir os seus bens e serviços, adiciona um valor a mais ao desempenho delas, por identificá-las como organizações que se conduzem por uma pauta amplamente reconhecida como positiva.

"Os ratings, ou classificações de risco, ESG possuem um papel fundamental para as análises (...) do potencial de riscos financeiros para os investidores", afirmou ao jornal *O Estado de São Paulo,* a superintendente de Sustentabilidade da B3, a Bolsa de Valores do Brasil, Gleice Donini[36]. A boa vontade do mercado em relação às organizações ESG esteve especialmente manifesta durante o período em que se desenrolou a pandemia. "Os investidores perceberam que as empresas com boas práticas de ESG perderam menos valor durante a pandemia", afirmou

---

36 LAVAL, Luísa, *O que é ESG e por que esse Conceito Ganhou Importância no Mundo dos Negócios.* Disponível em: https://economia.estadao.com.br/noticias/governanca,o-que-e-esg-e-por-que-esse-conceito-ganhou-importancia-no-mundo-dos-negocios,70003399787.

na mesma reportagem, Ricardo Zibas, sócio-diretor de consultoria em ESG da KPMG[37].

MERCADO PARALELO

Se você deseja trabalhar diretamente no enfrentamento de problemas e desafios sociais e ambientais, há uma alternativa muito interessante. As oportunidades de trabalho em organizações que têm uma preocupação social têm crescido de forma consistente em um mercado de características bem particulares. Trata-se do segmento ocupado pelas Organizações da Sociedade Civil (OSC), denominação genérica que abarca iniciativas como ONGs, organizações religiosas, institutos e fundações empresariais de portes diversos. Estas organizações somavam, em 2020, quase 816 mil entidades. E elas continuam crescendo. Surgiram novas 34 mil organizações naquele ano, em comparação com 2018. E esse universo era ocupado por 2,3 milhões de pessoas com vínculos formais de trabalho, em 2020[38].

O que talvez possa surpreender é que essas OSCs são uma opção de trabalho relevante, que atuam de maneira bastante diversa daquela praticada pelas empresas nos segmentos tradicionais do mercado. Quem explica isso é Marcelo Sette-Mosaner, autor do livro *Carreiras de Impacto*[39]: "Há organizações bem estruturadas, com descrições de cargo definidas, possibilidade de ascensão profissional e nas quais são pagas remunerações recompensadoras, cada vez mais próximas daquelas que são oferecidas nas empresas convencionais, voltadas para o lucro".

Aqueles que não dominam, ou mesmo não vejam com interesse, o tema ESG, ainda podem conseguir, no presente, oportunidades no mercado. Mas, dentro de pouco tempo, essa realidade tende a mudar. A diversidade de empresas que atuam com esses parâmetros e os estados de degradação ambiental, que já ameaça a continuidade de nossa espécie, e de desigualdade social são evidências claras que já se está atingindo um ponto de não mais retorno dessa abordagem. Três

---

37 Idem.

38 LIMA, Mariana; *Mapa das OSCs: Brasil tem 815 Mil Organizações da Sociedade Civil.* Disponível em: https://observatorio3setor.org.br/noticias/mapa-das-oscs-brasil-815-mil-organizacoes-sociedade-civil/.

39 SETTE-MOSANER, Marcelo, *Carreiras de Impacto: Como Unir Sentido, Propósito, Realização Financeira em sua Carreira*, Alta Books, 2022.

exemplos – o de uma usina sucroalcooleira, uma indústria cervejeira e uma mostra anual de arquitetura, design de interiores e decoração – mostram isso.

BIONERGIA, ELETRICIDADE E RECICLAGEM

O Grupo São Martinho, um dos maiores produtores de açúcar e álcool do país, eliminou as queimadas nos canaviais na época das colheitas, abandonou o emprego de boias-frias, como eram conhecidos trabalhadores braçais mal pagos e tratados em condições precárias. A usina passou a desenvolver os chamados "projetos verdes": um deles, por exemplo, produzirá bioenergia, evitando a emissão de 85 mil toneladas de Gases de Efeito Estufa por ano, além de criar 1.400 empregos[40].

A cervejaria Ambev fechou uma parceria com vários parques solares em Minas Gerais, para entregar energia elétrica gerada por células fotovoltaicas, o que diminuirá em até 15% o consumo de eletricidade em bares e restaurantes que revendem os seus produtos[41]. O projeto pretende beneficiar 30 mil estabelecimentos que têm, na conta de energia, um dos seus principais gastos, principalmente pelo consumo em seus freezers. A cervejeira vai ainda além e tem investido em startups envolvidas com a produção de energia de fontes limpas[42].

Por sua vez, a CASACOR, considerada o maior organizador de eventos de arquitetura das Américas e presente em vários estados brasileiros e em países da América do Sul e em Miami recicla 99,8% de todo o lixo que é gerado, na sua maior mostra, em São Paulo. Entre os resíduos estão cimento, painéis, material elétrico e outros produtos, que são enviados gratuitamente para empresas que os reciclam. O lixo orgânico gerado pelos restaurantes e bares, que funcionam durante as exposições, transformam-se em compostagem e também são doados.

---

40 **São Martinho Anuncia R$ 1 Bilhão em Captação de Recursos Destinados a Projetos Verdes.** Disponível em: https://www.saomartinho.com.br/show.aspx?idMateria=uKSobGL/wvo2gHIWFiNGow==.

41 CAETANO, Rodrigo, *Ambev vai fornecer energia solar para bares e restaurantes*. Disponível em: https://exame.com/esg/ambev-vai-fornecer-energia-solar-para-bares-e-restaurantes/.

42 OLIVIERI, Giuliana, *Ambev investe em startup brasileira de geração de energia limpa*. Disponível em: https://canalsolar.com.br/ambev-investe-em-startup-brasileira-de-geracao-de-energia-limpa/.

E, após a desmontagem dos ambientes arquitetônicos, são entregues pias, vasos sanitários, tinta, chuveiros, entre outros, para comunidades carentes. Toda essa movimentação exige o envolvimento de um grande número de trabalhadores, o que gera renda para os que se engajam nas mostras. Várias empresas especializadas na gestão de resíduos e na definição de políticas de sustentabilidade deslancharam graças à visibilidade que os eventos da CASACOR lhes proporcionou.

Na direção contrária, os investimentos em ESG também geraram frutos para a própria CASACOR[43], conforme garante a presidente do Conselho Curador, Lívia Pedreira: "A marca, certamente, sofreria caso não agíssemos dessa forma, pois seria vista como descompromissada com os problemas enfrentados pelo planeta."

O QUE FAZER?

Siga o caminho do meio... – Ninguém minimamente informado ignora que o planeta vem enfrentando um gigantesco desafio imposto pelas mudanças climáticas, principalmente provocadas pela ação humana descontrolada. No entanto, o tema costuma ser abordado de maneira muitas vezes emocional. E é comum termos contato com informações enviesadas e deformadas por agendas políticas e ideológicas das mais diversas procedências. A não ser que você seja um especialista no tema, não será fácil separar as fake news e as especulações infundadas das visões corretas. O melhor caminho fica no meio. Tente se informar em publicações científicas ou por meio de fontes que não estejam flagrantemente ligadas a interesses pessoais ou de grupos.

... mas vá até o fim da estrada – Tenha sempre em mente que o tema ESG não se restringe à sua primeira letra, o *E* de *Environmental*, que, em português significa, *Ambiental*. Uma definição acurada de ESG é a de que ela está presente quando uma organização busca estratégias para minimizar seus impactos no meio ambiente, preocupa-se em se engajar na construção de um mundo mais justo para os que se relacionam com ela e desenvolve e mantém os melhores processos de gestão para tornar tudo isso possível[44]. Portanto, aqueles que acreditam ser

43 *CASACOR e o Espírito do Tempo*, Disponível em: https://www.youtube.com/watch?v=Q-qD2VINTQOg.

44 LEITE, Vitor, *O que a Sigla ESG quer Dizer sobre uma Empresa?* Disponível em: https://blog.nubank.com.br/esg-o-que-e/.

necessário manterem-se atualizados sobre a tendência ESG devem procurar se informar e aperfeiçoar-se nessas três vertentes do conhecimento.

Escolha o lado iluminado da Força – Transformar a governança, contratar especialistas em questões ambientais e mudar a maneira de lidar com os stakeholders é algo que costuma custar caro e, muitas vezes, vira ao avesso comportamentos já cristalizados. Por essa razão, nem todas as organizações, mesmo que sejam de porte, desejam se adaptar às novas posturas empresariais que o mundo vem exigindo. Você deve estar atento a isso. Se a empresa para a qual trabalha como funcionário ou presta serviços despreza o tema ESG e não oferece oportunidades para você colaborar para uma transformação interna, talvez seja o momento de olhar para o mercado à procura de novas oportunidades. Para aqueles que estão iniciando a sua vida profissional, nada é mais estratégico do que pesquisar como as organizações nas quais há interesse se posicionam diante do tema.

O ESG veio para ficar e simboliza uma postura muito importante para ter em sua carreira: adquira conhecimento, know-how e experiência em habilidades que já são ou serão estratégicas para a sua evolução profissional.

Engaje-se!

5 Cuide de suas finanças para ter tranquilidade profissional

Poucas nações do mundo experimentaram, na história recente, um avanço econômico tão espetacular e rápido como o alcançado pela China. A partir de 1978, uma série de reformas de base bem-sucedidas fizeram com que o país saltasse da era dos riquixás, aqueles veículos de transporte puxados por seres humanos, para a das estações espaciais[45]. Neste período, a explosão econômica chinesa permitiu que 800 milhões dos seus habitantes saíssem da linha da pobreza extrema, segundo levantamento do Banco Mundial[46], que considera "extremamente pobres" aqueles que têm uma renda diária inferior a 1,90 dólar.

É um feito e tanto. Embora a China pareça estar longe de ser um paraíso sobre a Terra[47], o aumento da renda dos mais pobres do país atingiu um número de pessoas significativo o suficiente para reduzir em 75% a pobreza absoluta em todo o planeta![48]

Foram muitas as variáveis que permitiram ao país alcançar um resultado econômico tão exuberante assim. Mas, ao seu favor, ele pode contar com uma tradição milenar: os chineses são ávidos poupadores de dinheiro e chegam a guardar

---

45 Em abril de 2021, a China lançou ao espaço o primeiro segmento da sua futura estação especial, capaz de ser permanentemente ocupada por astronautas, igual ao que acontece na Estação Espacial Internacional que, em um esforço conjunto dos Estados Unidos e da Rússia, recebe astronautas desde 2000. CLARK, Stephen, *Assembly of Chinese Space Station Begins with Successful Core Module Launch*. Disponível em: https://spaceflightnow.com/2021/04/29/assembly-of-chinese-space-station-begins-with-successful-core-module-launch/.

46 *Lifting 800 Million People Out of Poverty – New Report Looks at Lessons from China's Experience*, Disponível em: https://www.worldbank.org/en/news/press-release/2022/04/01/lifting-800-million-people-out-of-poverty-new-report-looks-at-lessons-from-china-s-experience.

47 Segundo denúncias, há no país uma severa censura à informação, perseguições a dissidentes e minorias étnicas e religiosas e proibição de manifestações contrárias ao regime. ROTH, Kenneth. *A Ameaça Global da China aos Direitos Humanos*. Disponível em: https://www.hrw.org/pt/world-report/2020/country-chapters/337324.

48 *Lifting 800 Million People Out of Poverty – New Report Looks at Lessons from China's Experience*. Disponível em: https://www.worldbank.org/en/news/press-release/2022/04/01/lifting-800-million-people-out-of-poverty-new-report-looks-at-lessons-from-china-s-experience.

até metade de tudo o que ganham[49], como uma garantia para enfrentar tempos difíceis ou formar um capital para desenvolver negócios.

A poupança pessoal, quando é depositada em instituições financeiras, fornece o capital necessário às empresas para fazerem seus investimentos e gerar riquezas, por meio dos financiamentos que tomam. O governo também se beneficia no gerenciamento das suas contas públicas e no desenvolvimento da infraestrutura necessária para o crescimento econômico da nação[50]. No caso chinês, a sua taxa de poupança interna, uma das maiores do mundo, segundo aponta o Fundo Monetário Internacional[51], garante os elevados resultados de sua economia.

OS BRASILEIROS NÃO POUPAM

Estou convencido de que, em nossa vida pessoal e profissional, devemos agir da mesma forma que faz uma empresa ou um país. Ambos só são capazes de obter sucesso nos seus empreendimentos ou de atravessar períodos conturbados de queda de receita caso se empenhem em construir uma reserva financeira, o que exige organização, disciplina e determinação. Essas características devem ser cultivadas especialmente por nós, brasileiros. Digo isso, porque, no que diz respeito ao hábito de poupar, estamos nas últimas posições no ranking global, conforme mostrou um levantamento produzido pelo Banco Mundial em 2018[52].

O estudo ouviu 150 mil pessoas em 144 países, mil delas no Brasil, para verificar com que intensidade elas cultivavam o hábito de reservar parte de seus ganhos para garantir recursos para os anos de velhice. O país em que estavam os que mais poupavam dinheiro foi a Malásia, no qual 53,98% da população guardava dinheiro pensando na aposentadoria. O Brasil, onde apenas 11% poupam algum dinheiro, ficou na desconcertante 101ª posição, perdendo de países que são

---

49 V. Adithya. *Why the Chinese are Brilliant at Saving Money?* Disponível em: https://vadithya.com/why-the-chinese-are-brilliant-at-saving-money/.

50 Poupança (Conceito Macroeconômico) Disponível em: http://www.igf.com.br/aprende/glossario/glo_Resp.aspx?id=2359.

51 DEMIRGÜÇ-KUNT, Asli; KLAPPER, Leora; SINGER, Dorothe; ANSAR, Saniya; HESS, Jake. *The Global Findex Database 2017 Measuring Financial Inclusion and the Fintech Revolution. Washington, DC: World Bank*. Disponível em: https://globalfindex.worldbank.org/.

52 PINTO, Ana Estela de Sousa, *Mais Brasileiros Poupam para a Velhice, mas País é 101º em Ranking Global*. Disponível em: https://www1.folha.uol.com.br/mercado/2018/07/mais-brasileiros-poupam-para-a-velhice-mas-pais-e-101o-em-ranking-global.shtml.

considerados mais pobres, a exemplo da Bolívia e do Mali[53]. O índice brasileiro ficou abaixo da média mundial, que é de 20%, e também atrás dos 15% da média dos países em desenvolvimento[54].

Não há uma razão clara para sermos tão avessos a poupar o nosso dinheiro. Um outro levantamento, este feito em 2017 pelo Instituto Datafolha[55], mostrou que o brasileiro sofre de um "imediatismo exacerbado" (sim, existem parâmetros para medir o grau de paciência das pessoas), o que, agravado pela falta de educação financeira da grande maioria da população, não o deixa compreender a importância vital de poupar seus recursos financeiros.

A ânsia de gastar rapidamente o dinheiro que se ganha teria, ainda, raízes na memória histórica dos anos de hiperinflação no Brasil – entre o final da década de 1980 e início dos anos 1990 –, quando a moeda perdia parte significativa do seu valor até mesmo de um dia para o outro. Naquele cenário, guardar dinheiro equivalia a jogar dinheiro no lixo.

TER SONHOS, EVITAR PESADELOS

Já não vivemos tempos duros assim. Poupar – e aqui não nos referimos a colocar dinheiro na Caderneta de Poupança, uma aplicação que costuma render menos do que os índices da inflação – é, portanto, uma decisão altamente estratégica para nos defendermos nas emergências e conquistarmos a liberdade necessária para bem gerenciar a nossa vida profissional.

Quando perdemos nosso emprego ou, se formos autônomos, ficarmos doentes sem conseguir trabalhar, nós conseguimos entender o quanto ter reservas é valioso. Mas nem todos nós compreendemos que ter dinheiro guardado é essencial para darmos uma reviravolta na nossa vida e fazer a transição para uma área profissional que nos fascina ou que nos dê tempo para uma necessária reciclagem, caso a nossa especialidade comece a perder terreno para os avanços tecnológicos.

---

53 Idem.

54 ZHANG, Longmei; BROOKS, Ray; DING, Ding; DING. Haiyan; HE, Hui; LU, Jing; MANO, Rui, *China's High Savings: Drivers, Prospects, and Policies*, PDF Disponível em: https://www.imf.org.

55 PINTO, Ana Estela de Sousa, *Levantamento Revela Imediatismo e Baixa Tendência a Poupança do Brasileiro.* Disponível em: https://www1.folha.uol.com.br/mercado/2017/12/1942232-levantamento-revela-imediatismo-e-baixa-tendencia-a-poupanca-do-brasileiro.shtml.

Ou seja, manter uma reserva financeira é algo que nos permite levar adiante os nossos sonhos, preservar valores e nos proteger de pesadelos. Sem um dinheiro guardado que garanta o pagamento da nossa alimentação, moradia e outras obrigações, de que maneira poderíamos treinar uma nova expertise? Sem ele, não teríamos tempo para nos adaptarmos a uma área completamente diferente daquela em que atuávamos; cursar uma universidade no exterior ou, por que não, desfrutarmos de um ano sabático, para nos recarregarmos mental ou emocionalmente.

Construir uma reserva irá facilitar de maneira significativa a nossa autonomia de carreira e financeira. Uma não existe sem a outra. Aqueles que têm uma reserva adequada, um montante em dinheiro que, de acordo com especialistas, o mínimo deveria ser de 6 a 12 vezes as suas despesas mensais atuais, terão a capacidade de suportar turbulências, bem como de realizar os movimentos necessários para as transições de carreira ou de área que forem necessárias.

Um argumento a mais que poderia ser acrescentado é o de que, da mesma maneira que uma empresa que não tem caixa não é capaz de decidir o seu destino, quando você não tem qualquer reserva e o inesperado acontece, serão os outros que tomarão as decisões por você. Quando estamos vulneráveis, não temos muita capacidade de escolha e somos obrigados a acatar o que nos é oferecido, mesmo que as opções não sejam do nosso agrado ou obedeçam a nossos valores.

TEMPO E CONSTÂNCIA

Não precisamos ganhar muito dinheiro para montarmos uma reserva financeira adequada. Não há dúvida de que o montante que formos capazes de reservar periodicamente terá um impacto sobre o resultado final da nossa poupança. Mas há outros dois fatores que são também importantes: a constância das nossas aplicações e o tempo.

Este último item, o tempo, é crucial, já que é uma variável que está diminuindo a cada dia e, uma vez perdida, não pode ser recuperada. Portanto, quanto mais cedo começarmos a poupar e aplicar o nosso dinheiro em produtos financeiros de qualidade, melhores resultados colheremos. Isso acontece porque, caso sejamos disciplinados e deixemos nosso capital aplicado por alguns anos ou até mesmo décadas, os juros que receberemos farão com que o capital poupado cresça em um ritmo exponencial. São os juros compostos que fazem com que o seu capital cresça sempre, incorporando cada rendimento mensal ao principal, ou seja, em cada novo mês acontece o rendimento sobre o principal mais os juros de meses anteriores. É o efeito bola de neve, com juros rendendo sobre juros.

O QUE FAZER?

Tenha outras fontes geradoras de renda – Desde os primeiros anos da minha trajetória profissional, mantive um comportamento que o tempo provou ser acertado. Mesmo quando estava contratado formalmente em alguma organização, algo que aconteceu por longos períodos, sempre me envolvi em outras atividades fora da minha ocupação principal, que também me traziam recursos.

Ao lado dos cargos das diretorias executiva, financeira, de produção e outros postos que ocupei, sempre me dediquei a outras frentes de trabalho, como incorporador, dono de franquias, professor, palestrante... Com isso, nunca fui totalmente dependente de apenas uma fonte de renda. Isso me proporcionava a garantia de que, caso a organização em que eu estivesse à época fechasse as portas ou eu fosse dispensado das minhas funções, eu não ficaria a zero, sem ter qualquer entrada de dinheiro para manter a minha família e preservar minhas reservas. Devemos, portanto, diversificar nossas atividades profissionais, mesmo que elas gerem apenas uma fração do nosso salário. Se o pior acontecer, teremos, na pior das hipóteses, um negócio já em andamento, que poderá crescer e gerar um capital significativo.

Escolha vários patrões – A empresas que se preocupam em gerenciar seus negócios com uma boa governança costumam adotar uma norma em relação aos seus fornecedores que ainda é incomum no Brasil. Elas fixam um percentual máximo de dependência permitido aos seus fornecedores. Imaginemos um grande banco, que contrate serviços de apoio para o seu parque computacional. Um computador trava ou perde sua conexão e alguém da empresa contratada vai até lá e resolve o problema. O banco examina a carteira de clientes desse fornecedor e, se o seu contrato com esses especialistas em informática representar mais do que, digamos, 30% do faturamento dessa empresa, esse banco diminuirá o escopo dos serviços prestados. A ideia é que, caso o banco suspenda o contrato com esse fornecedor algum dia, ele não vá a falência por ficar, de uma hora para outra, sem entrada de dinheiro.

Quando somos autônomos, devemos seguir este exemplo pelo lado contrário. É preciso evitar colocar nossa receita na dependência de poucos clientes. Minha sugestão é que você não deixe um cliente representar mais do que 10% de sua receita. Dessa maneira, se amanhã algum cliente escolher um outro fornecedor, sentiremos saudades dos seus pagamentos, mas manteremos nosso negócio vivo e atuante.

Faça boas escolhas – Não é minha intenção neste livro trazer sugestões para você, leitor, montar uma boa carteira de investimentos. Um consultor financeiro certificado e competente (que não deve ser o gerente de seu banco), livros de educação financeira ou mesmo um dos muitos cursos e sites na internet, podem trazer conselhos úteis para montar uma reserva financeira de qualidade. No entanto, a falta de educação financeira faz com que, muitas vezes, não tomemos boas decisões ao aplicar nosso dinheiro. Não deixe isso acontecer com você. Enfatizo aqui, novamente, que você estude o essencial sobre finanças pessoais e investimentos, assim como contrate bons profissionais para te assessorar. Só assim você evitará aplicar mal o seu dinheiro, o qual foi ganho com tanto esforço.

Por exemplo, investir em imóveis. Esta é quase uma obsessão nacional. Não que comprar apartamentos, conjuntos comerciais e casas na praia ou na montanha para gerar uma renda com aluguéis seja um negócio ruim. No entanto, o mercado financeiro brasileiro evoluiu de uma maneira acelerada nos últimos anos e oferece possibilidades bem mais rentáveis que não imobilizam o seu capital, não trazem despesas e dores de cabeça, não exigem demasiado tempo para serem gerenciados e nem ficam vazios por longos períodos, transformando-se em prejuízo, como costuma acontecer com os imóveis.

Falamos acima de não escutar conselhos do seu gerente de banco ou tomar cuidado com cursos e *advisors* na internet. Eles merecem o nosso respeito, mas estão ali em suas mesas para fazer o seu empregador, o banqueiro, ganhar dinheiro, ter ganhos na taxa de corretagem ou com a taxa de administração e não necessariamente você. É comum que ofereçam produtos ruins, a exemplo dos títulos de capitalização ou fundos de investimentos de renda fixa com uma taxa de administração elevada. São produtos que proporcionam retornos baixos para você. Eles lhe são propostos porque garantem o lucro do banco e o bônus de fim de ano do gerente. Há produtos muito melhores no mercado, basta estudar e pesquisar.

Tenha reservas!

PARTE II

Autoconhecimento: fundamental para a carreira

1

As profissões nascem de sonhos, mas traga-os para a luz do dia

Rabindranath Tagore (1861-1941), considerado uma das mais expressivas forças intelectuais da Índia do século XX, foi o que se chama de um polímata[1], palavra de origem grega que significa "o que sabe muito". Poeta, contista, compositor, ensaísta, dramaturgo, pintor e influenciador político, Rabindranath revolucionou, em prosa e verso, a literatura em língua bengali[2], a segunda língua mais falada no subcontinente indiano, por cerca de 200 milhões de pessoas.

A excelência de sua produção literária lhe valeu, em 1913, o Prêmio Nobel em Literatura, a primeira vez em que tal reconhecimento foi dado a um escritor não-europeu[3]. Rabindranath foi amigo e sustentou polêmicas com personagens emblemáticos, como Mahatma Gandhi[4], Sigmund Freud[5] e Albert Einstein[6]. Escreveu cerca de 200 livros, vários deles publicados no Brasil, ensaios e poesias de um profundo lirismo[7].

No entanto, um de seus poemas que mais me tocam não parece, à primeira vista, ter nenhuma grandiosidade poética ou expressar uma temática complexa, só compreensível a iniciados. Quase lembra uma poesia escrita para crianças,

---

1 Indivíduo que estuda ou que conhece muitas ciências; polígrafo, polímate. Disponível em: https://houaiss.uol.com.br/corporativo/apps/uol_www/v6-0/html/index.php#2.

2 ROBINSON, W. Andrew, *Rabindranath Tagore, Bengali Poet*. Disponível em: https://www.britannica.com/biography/Rabindranath-Tagore.

3 *Rabindranath Tagore – Facts*. Disponível em: https://www.nobelprize.org/prizes/literature/1913/tagore/facts/.

4 SINGH, Sushant, *When Tagore Accused Gandhi of Superstition*. Disponível em: https://indianexpress.com/article/express-sunday-eye/the-great-debate-6334226/.

5 As relações de Rabindranath e Freud foram distantes e formais. No único encontro presencial que tiveram, Freud ficou fascinado com a figura física do indiano, a quem comparou com "a forma como imaginamos que Deus tem, só que 10 mil anos mais velho do que a maneira com que Michelangelo o pintou na Capela Sistina". BISWAS, Santanu, *Rabindranath Tagore and Freudian Thought*. Disponível em: https://www.academia.edu/43875103/Rabindranath_Tagore_and_Freudian_thought.

6 PEREIRA, Nando, *Diálogos entre Einstein e Tagore: a Verdade Existe Independente do Ser Humano?* Disponível em: https://www.dharmalog.com/2016/05/04/einstein-tagore-verdade-consciencia-ser-humano-deus/.

7 SEN, Amartya, *Tagore and His India*. Disponível em: https://www.countercurrents.org/culture-sen281003.htm.

tamanha a sua simplicidade e graça. Mas eu enxergo nele uma sugestão para uma reflexão profunda sobre uma questão que, mesmo sempre discutida, divide opiniões e parece ainda longe de chegar a um consenso: o que nos faz escolher uma profissão? Somos empurrados pelas influências dos que estão ao nosso redor ou por uma vocação inata?

Aliás, *Vocação*[8] é exatamente o título da poesia de Rabindranath Tagore, que eu tanto aprecio. Ela está a seguir:

Vocação

Quando o sino badala dez da manhã, e eu caminho pela nossa alameda em direção à escola;
Eu me encontro, todos os dias, com um vendedor ambulante, que grita: "Pulseiras, pulseiras de cristal".
Não há nada para apressá-lo, nenhuma rua pela qual ele tenha de seguir,
lugar algum para o qual ele precise ir, nem hora para voltar para casa.
Eu gostaria de ser um vendedor ambulante. Passaria o meu dia na rua, gritando: "Pulseiras, pulseiras de cristal!"
Quando, às quatro da tarde, volto da escola;
Eu posso ver pelo portão daquela casa o jardineiro cavando
a terra.
Com a sua pá, ele faz o que gosta; suja a roupa de lama; se sofrer queimaduras de sol ou se molhar, ninguém o repreenderá;
Eu gostaria de ser um jardineiro cavando o jardim, sem
ninguém para me impedir de cavar.
À noite, assim que escurece e minha mãe me manda para
a cama;
Eu posso ver pela minha janela aberta o vigia, caminhando para cima e para baixo.
A alameda é escura e solitária, e o poste de luz parece
um gigante com um olho vermelho na cabeça.
O vigia balança a sua lanterna e caminha, a sua sombra ao
seu lado, e nunca, em toda a sua vida, vai para a cama.

---

8 A versão que está aqui apresentada é minha, a partir do original em inglês, que pode ser lido em TAGORE, Rabindranath, *Vocation*. Disponível em: https://www.poetrynook.com/poem/vocation-0.

Eu gostaria de ser um vigia andando pelas ruas a noite toda,
perseguindo sombras com a minha lanterna.

Talvez esse pequeno poema nos remeta de imediato àquela época em que, crianças, sonhávamos em ser bombeiros, astronautas, policiais, cientistas famosos que iriam salvar o mundo. Mudávamos de opinião diante de cada novidade que chegava até nós. Mas eu entendo que essas estrofes falam mais do que isso. Enxergo neste *Vocação* a inquietação com os rumos profissionais que se abrem ou se fecham diante de nós, e um desejo de liberdade diante das coisas enfadonhas e sem brilho que a vida nos impõe.

Quando crianças, nos exasperamos com a obrigação de ir à escola, a hora definida de dormir, a proibição a nos "sujarmos de terra" ou pegarmos chuva, estabelecidas pelos adultos em prol de nosso bem-estar e segurança, mas que acabam cerceando os nossos desejos. Já adultos, não invejamos mais o jardineiro que passa todo o dia debaixo do sol ou o vendedor de rua, que caminha sem descanso da manhã à noite. Mas, por que não manter em nossa determinação a possibilidade de sermos donos do nosso próprio nariz, tomarmos nossas decisões sem ninguém para questioná-las e, com isso, termos acesso a uma carreira que nos realize, que traga um retorno financeiro adequado e nos ofereça mais satisfação do que dores de cabeça?

ORDEM DE NASCIMENTO

Uma mostra que, em seu poema, Rabindranath Tagore não estava falando exclusivamente de sonhos de crianças é que, de fato, escolhemos o nosso futuro profissional muito mais inspirados por percepções subjetivas e emocionais do que pela razão. Um estudo realizado pela pesquisadora da Faculdade de Economia da Universidade de São Paulo, Graziela Dias[9], mostrou isso.

Em seu levantamento, ela comprovou que até mesmo a ordem de nascimento de alguém em sua família tem forte influência na escolha da profissão. Segundo Graziela Dias, o filho, ou a filha, mais velho tenderia a escolher atividades

---

9 DIAS, Graziela Martins Pedro, *Ordem de Nascimento e Decisões de Carreira: Um Diálogo entre a Psicologia Individual e as Carreiras Contemporâneas.* Disponível em: https://teses.usp.br/teses/disponiveis/12/12139/tde-16122013-184359/pt-br.php.

profissionais que agradem aos pais, por conta da grande expectativa que estes têm em relação a ele[10]. Esse comportamento também é frequente quando se é filho único.

Quando surge um segundo filho, este primogênito perde grande parte das atenções e passa a se esforçar para recuperar os cuidados que agora estão sendo dirigidos para o irmão ou a irmã recém-chegada. “Isso faz com que esse filho mais velho busque mais crescimento, mais poder, o que o leva para carreiras mais tradicionais, como medicina, administração ou engenharia”, afirma Graziela Dias[11]. Por sua vez, o segundo filho costuma ser mais “rebelde”. Essa rebeldia se dá por ele acreditar que o irmão mais velho conquistou várias coisas junto aos pais e, portanto, este segundo filho quer se diferenciar, fazer algo inédito. Esse sentimento se traduz em uma maior afinidade com profissões na área das ciências humanas. Ele ainda não irá almejar, com tanto apetite quanto o mais velho, por cargos de liderança ou reconhecimento e prestígio sociais.

Caso nasça um terceiro filho, o que é menos frequente nas configurações familiares atuais, este virá ao mundo em uma situação mais favorável. Ele, inclusive, irá receber mais carinho dos pais e dos irmãos. Essa atmosfera calorosa, segundo as pesquisas feitas por Graziela Dias indicaram, trazem uma maior afinidade com áreas sociais, ligadas à saúde. Por conta dessas influências, este filho caçula irá procurar uma maior socialização e integração com as pessoas com quem convive no trabalho. Ele, assim como o irmão mais velho, tentará conquistar posições de influência e poder.

Há diversas teorias sobre o que nos impulsiona em direção a uma carreira profissional. As fantasias que elaboramos na infância, conforme afirma Melissa Venable, PhD em Tecnologia Instrucional pela Universidade do Sul da Flórida, têm uma importância fundamental para as escolhas que faremos quando adultos[12]. Da mesma maneira, exemplos familiares, gênero e origens sociais e culturais formam um complexo roteiro que seguimos, muitas vezes inconscientemente, para decidirmos como ganharemos o nosso pão de cada dia.

---

10 FERREIRA, Michelle, *Filho Mais Velho? Caçula? Saiba como a Ordem de Nascimento Influencia sua Carreira.* Disponível em: https://epocanegocios.globo.com/Inspiracao/Carreira/noticia/2014/06/filho-mais-velho-cacula-saiba-como-ordem-de-nascimento-influencia-sua-carreira.html.

11 Idem.

12 VENABLE, Melissa, *What Factors Influence a Career Choice.* Disponível em: https://osu-marion.osu.edu/assets/marion/uploads/What_Factors_Influence_a_Career_Choice.pdf.

CRISE DE IDENTIDADE PROFISSIONAL

Se são muitos os fios que se entrelaçam para nos inspirar a seguir uma determinada carreira, também não faltam nós capazes de embaralhar a nossa trajetória e nos levar a uma, podemos chamar, crise de identidade profissional. Isso costuma acontecer quando já nos imaginávamos estar em um estável voo de cruzeiro na nossa vida profissional. De início, nem mesmo percebemos o desconforto se aproximar. Mas, aos poucos, passamos a nos sentir desmotivados com o trabalho que executamos. Se não soubermos como lidar com isso, a nossa entrega será afetada, seremos tomados por uma paralisia operacional que, persistindo, provocará a nossa demissão.

Desventuras como essas surgem principalmente em duas situações de carreira distintas. Talvez a mais comum seja a de alguém que gosta da profissão que escolheu, mas está insatisfeito com o ambiente da empresa para a qual trabalha. Também se sente infeliz com os projetos que lhe são passados ou com o que recebe de remuneração pelo que faz.

A segunda possibilidade é mais desafiadora. Envolve o desencanto com a carreira escolhida, na qual investiu esforço, tempo e dinheiro. Em algum momento, essa pessoa passa a se sentir como um peixe fora d'água. Não mais se reconhece como um engenheiro, um administrador ou um médico. Em grande parte das vezes, ela "descobre" que o seu maior interesse estava em uma área completamente diversa daquela que até então trilhava. Advogados querem tornar-se chefs de cozinha; economistas, em personal trainers; psicólogos desejam abrir pousadas.

Existe ainda uma terceira situação, em que dúvidas quanto à trajetória profissional a seguir afetam os jovens em início de vida adulta, quando terminam o ensino médio e preparam-se para o vestibular. Não é um incômodo que vem de agora; o desafio de decidir algo que terá repercussões profundas por, no mínimo, alguns anos está presente já há várias gerações.

UMA PROFISSÃO QUE AINDA NÃO EXISTE

Entretanto, nestes tempos atuais, em que as inovações tecnológicas vêm, com a mesma velocidade, eliminando e fazendo surgir profissões, as escolhas tornaram-se mais complexas. Primeiro, porque não há exercício de futurismo que possa garantir o que o mercado de trabalho irá exigir de nós daqui a meros cinco, dez anos. Um relatório produzido pelo Fórum Econômico Mundial, em 2016[13], mostrou como isso é verdade. De acordo com o documento, a maioria das atividades profissionais que a economia exigia naquele momento não existiam cinco, dez anos antes. E, o mais surpreendente, 65% dos estudantes que entravam no ensino médio naquele ano provavelmente seguiriam alguma profissão que, até então, não havia sido criada[14].

Outro estudo do mesmo Fórum Econômico, este publicado em janeiro de 2020[15], listava quase uma centena de "profissões do futuro", que seriam fortemente influenciadas pelas inovações produzidas pelos avanços tecnológicos. De acordo com o estudo, essas novas ocupações surgiriam não apenas nas áreas ligadas às ciências exatas, mas também em especialidades relacionadas à Saúde, como assistentes de cuidados pessoais e terapeutas respiratórios; na área de Pessoas e Cultura, haveria emprego para especialistas em aquisição de talentos e recrutadores de profissionais em tecnologia da informação; em Desenvolvimento de Produtos, o interesse estaria voltado para engenheiros de qualidade de software e gerentes de produto digital, e assim por diante[16].

Em um cenário como esse, não é de se espantar que muitos dos nossos sonhos profissionais precisem ser sonhados de novo. Ou, talvez seja mais correto dizer que, nessas rápidas mudanças no mundo das carreiras, o que é de fato exigido de nós é interiorizarmos a necessidade de adquirir novas habilidades de maneira frequente. Na verdade, não poderemos nunca relaxar e dizer que, agora sim, não precisaremos mais aprender.

Uma frase icônica sobre a urgência em nos mantermos em permanente atualização profissional foi engendrada pelo futurista americano Alvin Toffler (1928-2016): "Os analfabetos do século XXI não serão aqueles incapazes de ler ou escrever, mas sim aqueles incapazes de aprender, desaprender e reaprender". Autor do best-seller mundial *O Choque do Futuro*[17], Toffler dedicou-se, nos já distantes

---

13 *The Future of Jobs Employment, Skills and Workforce Strategy for the Fourth Industrial Revolution.* Disponível em: https://www3.weforum.org/docs/WEF_FOJ_Executive_Summary_Jobs.pdf.

14 Idem.

15 *Jobs of Tomorrow Mapping Opportunity in the New Economy.* Disponível em: https://www3.weforum.org/docs/WEF_Jobs_of_Tomorrow_2020.pdf.

16 GRANATO, Luísa, *Estas São as 96 Profissões do Futuro, Segundo o Fórum Econômico Mundial.* Disponível em: https://exame.com/carreira/estas-sao-as-96-profissoes-do-futuro-segundo-o-forum-economico-mundial/.

17 TOFFLER, Alvin, *O Choque do Futuro*, Artenova, 1971.

anos 1970, a prever o impacto que as novas tecnologias teriam sobre o mundo e como as pessoas poderiam se adaptar às mudanças que, ele afirmava, seriam profundas sobre todas as coisas.

A atitude de desaprender e reaprender, na verdade, é praticada por poucos. Grande parte das pessoas acredita que as habilidades que adquiram no início da vida adulta, durante sua graduação ou formação técnica, irão lhes garantir uma cadeira cativa na sua especialidade por todos os anos seguintes até a aposentadoria. Ou que basta perseguir um sonho, que tudo se ajeitará.

Porém, na medida em que as inovações provocam constantes transformações na maneira que produzimos e entregamos bens ou prestamos serviços, é necessário desaprender as antigas formas de se atuar, que se tornaram ultrapassadas, e reaprender as habilidades que são necessárias para fazer este mundo funcionar.

É um movimento que já fazemos, mesmo sem nos darmos conta[18]. Por exemplo, a maneira como ouvimos música[19]. Há 50 anos, quando as fitas cassete ainda eram uma novidade mais ou menos recente, surgiram os primeiros Walkmans, aparelhos portáteis que permitiam ouvir as músicas que havíamos gravado enquanto caminhávamos pelas ruas. Anos mais tarde, chegavam os CDs, mais leves e com uma melhor qualidade de som. Por conta deles, as vitrolas e os discos de vinil se extinguiram.

Em 1998, quando alguns dos nossos leitores ainda eram recém-nascidos, o formato de arquivo MP3 tornou a música algo imaterial. Agora digital, ela era baixada no computador e ouvida em MP3 players, pequenos aparelhos portáteis muito menores do que os Discmans e Walkmans. Se já não era mais um objeto que se podia pegar, também não exigia espaço na estante para ser guardada. A partir de 2005, começam a surgir os serviços de streaming, como Spotify e Apple Music, o que dá acesso a milhões de músicas com poucos toques nos smartphones.

Passamos por todas essas mudanças aprendendo, desaprendendo e reaprendendo algo relativamente simples, como ouvir músicas. Somos capazes, portanto, de acompanhar todas as transformações, por mais profundas que sejam. Não é uma escolha, precisamos fazer isso para não ficarmos obsoletos e dependentes de outras pessoas. Para nos estendermos um pouco mais na nossa analogia com a

18 *What Does Learn, Unlearn and Relearn Mean?* Disponível em: https://harappa.education/harappa-diaries/process-of-learn-and-unlearn/.

19 *Music Devices Through Time.* Disponível em: https://www.blackpoolgrand.co.uk/music-devices-through-time.

música, quem não se interessar em aprender a montar uma playlist em uma plataforma de streaming, em breve será cercado por um mundo de silêncio.

O QUE FAZER?

Você não precisa ter todas as respostas. Ter dúvidas quanto a carreira a seguir, quando se está às vésperas do vestibular, ou mesmo nos anos da faculdade, não é algo que deva assustar ou desanimar alguém. Embora os sonhos quanto a qual profissão seguir sejam feitos de desejos e afinidades, que podem ter estado desde sempre presentes na sua mente, é natural que, na medida em que se tem mais conhecimento do que é a realidade profissional, surjam dúvidas, inquietações e medos sobre se é realmente aquela determinada área que faz o seu coração bater mais forte. Pesquise com mais profundidade, converse com pessoas que já estão no mercado em que você está interessado. Talvez seja indicado postergar o momento de decidir por uma carreira, até ter todas as dúvidas esclarecidas. Se a resposta for um "não" para a área foco de seu interesse, seja curioso e vá pesquisar outras profissões.

A certeza está nos detalhes – Se você é um profissional já com anos de mercado e decidir procurar outros caminhos, fora da trajetória que seguia até o momento, ou mesmo se ainda está buscando no mapa a sua primeira incursão no mercado de trabalho, tente trazer o seu sonho para o mais perto possível da luz do dia, visualizando em detalhes como poderá ser o efetivo exercício da profissão no dia a dia. Exemplifico o que quero dizer citando uma área que vem sendo muito procurada, a carreira de chef de cozinha. Querer ser um chef é algo muito genérico. Você se sentirá realizado trabalhando em um restaurante sofisticado, frequentado por um público exigente? Ou sonha com uma pousada na praia, na qual desenvolveria o seu menu com produtos simples, do próprio local, adequado para clientes que buscam uma comida regional e menos sofisticada? Ou talvez prefira, ainda, algo bem diferente. Uma cozinha industrial, que forneça pratos para restaurantes corporativos, com cardápios padronizados.

Para cada uma dessas possibilidades, há exigência de habilidades específicas, existem desafios particulares, maior ou menor concorrência com outros profissionais e cargas de trabalho diferenciadas. Conhecer as especificidades de uma ocupação – e isso vale para todos os campos de trabalho – pode confirmar que você está no caminho certo ou o que lhe espera nessa profissão não é bem algo em que você gostaria de investir suas energias.

Desenvolva novas habilidades – Da mesma maneira que surgem novas profissões a cada ano, as habilidades requeridas para preencher estas ocupações também estão em um processo de construção. As profissões do futuro apontadas no estudo de 2020 preparado pelo Fórum Econômico[20] enumeravam pré-requisitos que, talvez, não sejam encontrados tão facilmente nos currículos atuais das faculdades. Por exemplo, Alfabetização Digital, Computação em Nuvem, Analista de Insights, Marketing de E-mail, Tecnologia de Armazenamento de Dados... Onde se aprendem as habilidades do futuro? É preciso acompanhar as mídias sociais, portais e publicações especializados, encontrar e acompanhar as maiores autoridades em sua nova área de interesse e buscar e fazer treinamentos, que podem ser palestras, cursos online, imersões e mentorias. Este é um mundo que está em constante evolução. O que Alvin Toffler disse há 50 anos nunca foi tão atual. É preciso aprender, desaprender e reaprender. Para se manter competitivo no mercado de trabalho e realizar-se profissionalmente, aprenda, desaprenda e reaprenda!

Inove-se!

---

20 *Jobs of Tomorrow Mapping Opportunity in the New Economy*. Disponível em: https://www3.weforum.org/docs/WEF_Jobs_of_Tomorrow_2020.pdf.

2 Entender o que nos move nos permite fazer melhores escolhas profissionais

Imagine que você é um país. Não pense em como você seria geograficamente, com lagos, montanhas, florestas, cidades… ou em qual continente esse seu "eu-territorial" se localizaria. Esse exercício mental que proponho o convida a se ver como uma nação, um agrupamento de pessoas que ocupa um espaço definido e, obedecendo a princípios éticos, respeita as mesmas instituições.

Esse país no qual você se tornou possui, como todos os outros, uma Constituição. Nesta nossa simulação, ela é o conjunto de leis fundamentais, que vão determinar como você irá se comportar, o que se permitirá fazer e os atos que jamais serão executados, por serem contrários às "leis" que, para você, não devem ser desrespeitadas por ferir não só a si, mas também aos outros.

Mais do que isso, nessa sua "Carta Magna" também estarão registrados os princípios que norteiam a sua conduta e que você percebe como temas que lhe impulsionam a ir em frente, que lhe entusiasmam e o fazem sentir que vale a pena levantar todos os dias pela manhã para realizar suas atividades profissionais. Enfim, fazer com que o seu "país", e todos os outros que com ele se relacionam, possam progredir em paz e permitir o bem-estar para os seus habitantes.

Há uma verdade nessa simulação. Motivadores, intenções e desejos sempre estão presentes nas constituições. Vamos tomar como exemplo a Constituição Brasileira[21]. Logo em seu Artigo 1º, é dito que o Brasil tem como fundamento *a dignidade da pessoa humana*. Mais adiante, os artigos 3º e 4º enumeram, entre outros, como objetivos fundamentais para a ordem e progresso dos brasileiros: *garantir o desenvolvimento nacional*; *construir uma sociedade livre, justa e solidária*; *promover o bem de todos, sem preconceitos de origem, raça, sexo, cor, idade e quaisquer outras formas de discriminação*; e ainda, a *defesa da paz*; e a *solução pacífica de conflitos.*

21 *Constituição da República Federativa Do Brasil – 1988*. Disponível em: http://www.planalto.gov.br/ccivil_03/constituicao/constituicao.htm.

BENEFÍCIOS PARA O BEM COMUM

A proposta de comparar as razões que nos inspiram e nos movem com aquelas que norteiam os objetivos comuns de uma população me foi apresentada em uma antiga leitura de um autor, cujo nome se perdeu na minha memória. Eu a trago aqui por acreditar ser essa uma excelente maneira de percebermos que o comportamento mais eficaz para uma trajetória pessoal, aí incluído o desempenho profissional, está em manter a mente em harmonia e que só encontre sentido em desenvolver ações capazes de trazer benefícios para o bem comum.

Estabelecer a sua própria Constituição irá exigir que você conheça a si mesmo em profundidade. O objetivo é se desenvolver e desempenhar com tanto prazer e tão bem a sua atividade profissional que não será possível a você não servir bem às pessoas à sua volta. A importância estratégica desse autoconhecimento, no entanto, não é algo que todos costumam perceber. É provável que você aceite sem discussão que é preciso, sim, tratar e ser tratado com dignidade; que o desenvolvimento nacional significará também o progresso individual ou que em uma sociedade justa não cabem preconceitos e agressões.

No entanto, reconhecer que esses são conceitos positivos nem sempre significa que somos capazes de promover uma real conexão com eles. Ou seja, não estabelecemos vínculos entre o que fazemos no nosso dia a dia, principalmente no trabalho, e o nosso papel na construção de uma sociedade mais justa. Muitas vezes, pode não passar pela nossa cabeça que nossas atitudes profissionais tenham algo a ver com o desenvolvimento da harmonia e da inovação e que venham a promover a melhora da sociedade como um todo. Em geral, acreditamos que essas ligações estão fora do nosso alcance e cabe às autoridades, ao governo, se preocuparem com tais assuntos.

MUNDOS À PARTE

Muitas pessoas ainda enxergam a sua produção profissional como algo voltado exclusivamente para lhes trazer o resultado financeiro que irá garantir sua sobrevivência e, se sobrar algum, talvez um ou dois luxos a mais. É uma visão que acredita que o seu papel no trabalho está completamente separado de suas ações em família, junto aos amigos e com outras pessoas que não conhecem, mas fazem parte da comunidade social. É a crença de que a vida corporativa e os seus desejos, sonhos e preferências existem em mundos à parte, sem qualquer conexão entre eles.

Para os que pensam dessa maneira, é quase impossível evitar que o trabalho lhes pareça uma carga pesada, sem sentido e entediante. Mais do que tudo, esta é uma postura equivocada. Não temos mentes estanques, compartimentadas, que permitam que sejamos alguém no trabalho, talvez frio, cumpridor de tarefas, objetivo, e, fora dele, outra pessoa, empática, sonhadora, criativa. Isso beiraria até mesmo a esquizofrenia, como a clássica história do médico e o monstro[22].

Encorajo você a fazer, de maneira consciente, essa conexão entre o seu "eu profissional" e o "eu pessoal". Um famoso e premiado filme, dirigido pelo igualmente celebrado cineasta japonês Akira Kurosawa, apresenta em sua trama a angústia que a dissociação entre o dia a dia profissional e os anseios pessoais é capaz de provocar.

Com o título *Viver*[23], o filme, lançado em 1952, permanece como um clássico até os dias atuais. Nele, é narrada a história do personagem fictício Kanji Watanabe, um burocrata que, prestes a se aposentar após 30 anos de trabalho em uma repartição pública em Tóquio, se angustia, entre pilhas de papéis e carimbos, com uma sensação de vazio e desperdício da sua vida.

Empurrado por outros desafios e infelicidades, inclusive um diagnóstico de um câncer incurável, Watanabe decide se empenhar para deixar um legado da sua passagem pela Terra. Certo dia, surge, no seu departamento, um grupo de moradores de um bairro pobre reivindicando a construção de um pequeno playground para seus filhos brincarem. O pedido não recebe qualquer atenção e o grupo é empurrado de uma mesa para outra, sem que ninguém tome qualquer providência a respeito.

DESESPERO DA FALTA DE SIGNIFICADO

Após idas e vindas, Watanabe decide tomar para si, com o desespero de quem sente a vida se esvair sem

22 *O Médico e o Monstro* é uma ficção escrita em 1886, pelo escocês Robert Louis Stevenson (1850-1894). Conta a história de um médico e cientista, Henry Jekyll, que, ao tomar uma poção que ele próprio desenvolveu, transforma-se em Edward Hyde, um homem repulsivo, grosseiro e com instintos assassinos – STEVESON, Robert Louis, *O Médico e o Monstro*, Melhoramentos, 2007.

23 *Viver*. Disponível em: https://www.imdb.com/title/tt0044741/?ref_=nmbio_mbio.

qualquer significado, a tarefa de providenciar a construção do parquinho. Agora é a sua vez de percorrer vários departamentos e se humilhar diante de chefes e subchefes, que não se interessam pela reivindicação e repudiam a sua atitude, estranha para o comportamento formal e preguiçoso daqueles funcionários públicos. Kanji Watanabe finalmente consegue que o modesto parquinho seja construído.

Na cena final, esse personagem morre solitário, vencido pela sua doença, sentado em um dos balanços daquele playground, ao qual tanto se empenhou para tornar realidade. O tema trazido por Kurosawa é tão pertinente que, mesmo quase 70 anos depois, *Viver* ainda é discutido junto ao público jovem como uma reflexão sobre a relevância de as atitudes pessoais estarem afinadas com a nossa existência profissional[24].

Talvez esse filme, que é bastante melancólico, possa parecer um exagero, um dramalhão do passado, quando as relações profissionais eram mais restritivas. Mas não penso assim. São muitas as pessoas que, até o final da sua vida profissional, sentem o trabalho como um fardo e saem todas as manhãs contando o tempo que falta para o final de semana ou para as férias anuais. A vida é muito curta para desejarmos sempre o amanhã, quando o hoje parece se mostrar sem graça e entediante, não é mesmo?

Talvez, também, pareça pouco, depois de 30 anos de trabalho, produzir apenas um pequeno parque com dois balanços, uma gangorra e um pequeno escorregador. Contudo, a medida do que nos motiva não é dada necessariamente por uma dimensão material. Kanji Watanabe pode ter demorado a encontrar, na sua mente rígida de burocrata, a inspiração que lhe permitisse experienciar alegria, prazer e completude no trabalho que desenvolvia. Esses sentimentos, no entanto, não vêm no salário do final do mês ou na estabilidade do serviço público. O que o redimiu foi servir ao próximo, produzir algo que fosse útil à comunidade, tornar menos ordinária a vida dos seus concidadãos. Algo que, certamente, também nos motivará.

---

24 O filme *Viver* de Akira Kurosawa (*Ikiru*, em japonês) é o objeto central de uma disciplina, na qual se discute ética, oferecida aos estudantes de Medicina da Universidade do Havaí. YAMADA, Seiji e MASKARINEC, Gregory, *Cross-cultural Ethics and the Moral Development of Physicians: Lessons from Kurosawa's* Ikiru. Disponível em: https://fammedarchives.blob.core.windows.net/imagesandpdfs/fmhub/fm2003/mar03/lame.pdf.

O QUE FAZER?

Pense como uma empresa – Além de imaginar o que constaria na sua Constituição, quando você se imagina um país, outro exercício eficiente para refletirmos sobre quais seriam as razões que nos fariam trabalhar com entusiasmo é emular a maneira com que as organizações determinam a sua cultura corporativa, algo fundamental para dar coesão e perenidade ao negócio. Determinar o propósito da existência da empresa é o primeiro passo a ser dado por seus fundadores. Em outras palavras, a razão de ser daquela empresa. Definir a missão é decidir que iniciativas serão tomadas para se atingir aquele propósito. O terceiro item a ser definido é a visão, que é o "onde" se quer chegar com o empreendimento, como gostaria de ser reconhecido e, por último, e sem dúvida não menos importante, deve-se ter claro quais são os valores que irão acompanhar as ações necessárias para fazer com que o empreendimento progrida.

Um exemplo ajudará a entender esses pontos. Uma indústria farmacêutica terá como propósito "levar saúde às pessoas". A missão é pesquisar, produzir e distribuir os medicamentos que ela irá fabricar. A visão dessa empresa é ser reconhecida no mercado farmacêutico como uma referência na produção de medicamentos que proporcionem saúde às pessoas. Os valores serão a transparência, a ética, o respeito ao ambiente e às pessoas e outras qualidades que contribuirão para que ela seja percebida como uma organização sustentável e compromissada com o bem-estar geral.

Mergulhe fundo em você mesmo – Há coisas que só Freud explica... ou, falando de outra maneira, algumas vezes precisamos examinar nossas motivações, sonhos e anseios de uma maneira profunda, como quem está deitado em um divã de um psicanalista. Uma reflexão como essa, feita por mim, indicou uma das origens da minha predileção pela área da Administração. É preciso dizer, para melhor compreensão, que o meu pai era engenheiro e sempre externava o desejo de que eu também seguisse essa profissão. Quando eu era adolescente, ele me deu algumas moedas antigas e sugeriu que eu iniciasse uma coleção. Fiz isso de uma maneira tão entusiasmada e disciplinada que, após algum tempo, eu possuía uma grande quantidade de moedas e me tronei numismata.

O passo seguinte foi começar a comprar e vender moedas raras, o que me levou até mesmo a ganhar dinheiro com aquele hobby, que já começava a tornar-se quase uma atividade profissional! Quando era adolescente, fiz negócios com algumas moedas que me geraram um bom retorno. Peguei o dinheiro que havia ganhado e, sem dizer nada aos meus pais, comprei uma Caloi 10[25], que era o objeto do desejo de 10 em cada 10 jovens de então. Isso criou uma pequena comoção familiar. Enquanto meu pai reagiu mal, já que tinha pavor que os filhos andassem de bicicleta e se acidentassem no transito caótico de São Paulo, minha mãe, passado o susto, vislumbrou naquela ação o despertar de uma vocação. "Você tem de fazer é Administração", ela disse. "Nada de cursar Engenharia!" Palavra de mãe é para ser levada a sério, e o que ela disse ficou na minha cabeça, criou raízes e me tornei, afinal, um administrador. E se eu disser a vocês que algumas moedas raras me deram a possibilidade de dar o primeiro passo na compra de um carro?

Costumo contar esse acontecimento da minha juventude nas palestras que dou. Esse exercício de reflexão no qual se busca encontrar os desejos, sonhos e habilidades com os quais você se identifica é algo precioso. Ele pode levá-lo a descobrir a sua essência e, a partir disso, te ajudar a fazer escolhas e a tomar decisões que irão conduzi-lo a uma vida mais significativa.

Quais são os seus valores? Qual é a sua missão e sentido de vida? Quais são os seus principais objetivos de vida? Como a sua existência faz a vida de sua família, comunidade e país melhores?

Reflita!

---

25 Lançada em 1972, a Caloi 10 foi a primeira bicicleta feita no Brasil que utilizava troca de marchas de velocidade. O modelo fez sucesso e seu nome tornou-se sinônimo de bicicletas modernas, mesmo quando produzidas por outro fabricante. Disponível em: https://sampabikers.com.br/dicas-e-curiosidades/clube-da-caloi-10/historia-da-caloi-10/.

3 Saber se atingimos o sucesso profissional exige mais do que olhar o nosso saldo bancário

Cumprir pena em um presídio é algo indiscutivelmente ruim em qualquer lugar do mundo. Em alguns países, esse castigo parece ser menos severo[26], enquanto em outros a simples ideia de passarmos apenas um dia encarcerados já soa como um sofrimento infinito[27]. Ainda que existam condições carcerárias extremamente cruéis no mundo, no passado a intensidade dos castigos contra aqueles que desobedecessem a lei costumava ser ainda maior.

Entre as penitenciárias barra pesada, uma das que carrega mais histórias é a Prisão Estadual de Folsom, próxima à cidade de Sacramento, capital do estado americano da Califórnia. Construída em 1878, a prisão foi palco de 93 execuções até 1937, o que não significa que as autoridades norte-americanas se tornaram mais humanas, mas que os infelizes condenados passaram a ser enviados para a então recém-inaugurada câmara de gás na prisão de Saint Quentin, longe dali[28].

Nas suas primeiras décadas de funcionamento, Folsom encarcerava seus prisioneiros em cubículos com 3 m^2, um espaço mais apertado do que o interior de uma Kombi. As paredes eram de pedra e não havia nada além de velas e lamparinas para iluminar e aquecer esses cômodos. As portas eram de aço maciço, e só nos anos 1940 alguém se lembrou de fazer furos nelas para ventilar o ambiente.

---

26 A Noruega é apontada como o país em que a vida dos prisioneiros é uma das mais confortáveis. Na *ilha de Bastoey*, próximo à capital Oslo, por exemplo, os detentos não ficam em celas e dispõem de uma praia particular, praticam esqui, cozinham, jogam tênis e cartas. Ali há, também, um estúdio musical, com guitarras, teclados e baterias. *Porque a Noruega é o melhor país do mundo para ser preso.* Disponível em: https://www.bbc.com/portuguese/noticias/2016/03/160317_prisoes_noruega_tg.

27 Entre as prisões mais cruéis do mundo, destaca-se a *Campo 22*, na Coreia do Norte, na qual estão mais de 50 mil presos, grande parte deles por razões políticas. Além das acusações de torturas, assassinatos e falta de alimentos, é dito que parentes próximos dos prisioneiros, como pais e filhos, também são trancafiados por toda vida. A intenção seria fazer com que a linhagem familiar dos condenados fosse completamente extinta. Os prisioneiros também seriam usados como cobaias para experiências médicas e testes com armas químicas e biológicas. FARINACCIO, Rafael. *As 10 Piores Prisões do Mundo.* Disponível em: https://www.megacurioso.com.br/lugares-surpreendentes/70241-as-10-piores-prisoes-do-mundo.htm.

28 THOMPSON, Don, *Grim Exhibits Reveal Why Inmates Had Those 'Folsom Prison Blues':* Disponível em: https://www.latimes.com/archives/la-xpm-2000-sep-10-me-18507-story.html.

Os prisioneiros tinham direito a apenas uma hora ao ar livre e passavam trancados as outras 23 horas do dia[29].

Brigas, assassinatos e motins tornavam esse quadro de horrores ainda mais sombrio para os prisioneiros de Folsom. Maus-tratos perpetrados pelos carcereiros também faziam parte da rotina. As punições a qualquer falta cometida pelos detidos chegavam a ser tão severas que, até mesmo pelos truculentos padrões da época, algumas delas foram consideradas cruéis demais para continuarem em uso.

BOLA DE FERRO

Assim, em 1912 foram abolidos, por excesso de desumanidade, o uso de camisas de força – feitas de lona e couro, impediam completamente o movimento dos braços – e as chamadas "Garras de Ferro", um dispositivo que amarrava os prisioneiros, pelos polegares, a aros de ferro fixados na parede[30]. Outras formas de contenção, principalmente a icônica bola de ferro – uma pesada esfera que, presa por correntes às pernas dos condenados, dificultava e retardava os seus movimentos –, não só perduraram como deixaram uma profunda impressão na mente de todos nós como um aflitivo símbolo da falta de autonomia para seguir em frente e escapar de situações desfavoráveis[31].

Mesmo que, como os bons cidadãos respeitadores das leis que somos, a possibilidade de passar nossos dias em um lugar como Folsom só surja em pesadelos, nem sempre escapamos de ter uma bola de ferro presa aos nossos pés. Menos mal que ela se materialize para nós apenas como uma metáfora, mas o desconforto, a angústia e o sofrimento que a insatisfação provocada pela falta de liberdade produz pode ser tão forte como a que teríamos se fôssemos jogados em uma cela com grades de ferro.

Entre os desafios que surgem nas nossas vidas, o de sentir que já não temos conexão com as atividades profissionais que desempenhamos costuma ser um dos que mais nos perturbam. Realizar uma função na qual não vemos mais sentido e trabalhar em um lugar com pessoas que têm princípios diferentes dos nossos ou

29 Idem.

30 STONE, Ethan, *Tales of a Prison Bitch.* Disponível em: http://www.hotel-seminaire.com/images/39462355.pdf

31 SEGURA, Mauro, *Liberte-se de Sua Profissão.* Disponível em: https://www.meioemensagem.com.br/home/opiniao/2019/01/10/liberte-se-de-sua-profissao.html.

que almejem objetivos que consideramos inadequados exaurem a nossa energia, nos desanima e costuma até mesmo nos paralisar em episódios de depressão.

O tempo não passa se estamos infelizes com a nossa vida profissional. Tudo se movimenta em uma aflitiva câmera lenta. Quando estamos nesse estado de espírito, os desafios que inevitavelmente surgem na profissão são vistos como graves problemas, perigos e ameaças. Perdemos a nossa iniciativa, nosso humor, nossos olhos deixam de brilhar e nem eventuais bons resultados são capazes de nos deixar novamente animados e energizados. Passamos a nos movimentar cabisbaixos, silenciosos, indiferentes, pessimistas, como se tivéssemos aquelas bolas de ferro presas aos nossos calcanhares.

O QUE É SUCESSO?

Essa sombria descrição é, com certeza, a antítese do que eu considero como sucesso profissional, ou seja, uma vida de satisfação e boas realizações com sentido no trabalho. Mas se a infelicidade costuma ser algo fácil de identificar, definir o que seria uma existência feliz no trabalho e se efetivamente temos sucesso na carreiras não são tão óbvios como parecem. Se eu tivesse a oportunidade de fazer a alguém, e a mim mesmo, uma única pergunta para checar se estamos ou não experimentando sucesso na nossa carreira, eu perguntaria:

– Quando está no trabalho, você não percebe o tempo passar?

Se a sua resposta for “não, não vejo o tempo passar”, certamente você está vibrando na frequência correta e de uma maneira harmônica com o ambiente corporativo. Sua maneira de agir e ser está leve e serena, como se caminhasse por um campo aberto e amplo, com uma mente e energia positivas. Esta é a forma que tem o sucesso profissional.

Para muitas pessoas, o sucesso profissional está diretamente ligado à quantidade de dinheiro; ao prestígio; à posição de poder que se atinge em uma determinada hierarquia ou à inveja que tal posição social pode provocar nos demais. Mas a verdade é que todos estes quesitos são enganosos.

É preciso deixar claro: não há qualquer problema em termos dinheiro. Ele é a justa recompensa pelo nosso esforço e entregas. Acreditar que só usufruir de posses materiais seja suficiente para proporcionar felicidade e sucesso pode nos levar a escolhas incorretas ou corta-caminhos que poderão, ao contrário, ser fontes de frustrações e tristezas.

PONTO DE SACIEDADE

Um estudo divulgado na publicação mensal *Nature Human Behaviour*[32], em janeiro de 2018, no qual foram ouvidas mais de 1,7 milhão de pessoas em várias regiões do mundo, concluiu que há, sim, uma associação entre o montante de dinheiro que alguém recebe e o nível de felicidade atingida. Antes de tudo, o levantamento mostrou que o grau de satisfação com o dinheiro que se ganha varia de cultura para cultura.

Nos países mais ricos, o "ponto de saciedade", ou satisfação econômica, é mais alto do que nos países de menor pujança econômica. Outra constatação, essa mais surpreendente, é a de que a relação entre o grau de contentamento com o dinheiro que se tem e a percepção de felicidade não cresce de uma maneira ilimitada. Ou seja, não se fica mais feliz com quanto mais dinheiro se tem.

Ao contrário, há um ponto no gráfico em que as linhas que representam o crescimento financeiro e a percepção de felicidade deixam de seguir paralelas, se interceptam e, em seguida, seguem direções diferentes. Dessa maneira, segundo os autores, mesmo que o dinheiro continue sua trajetória para cima, a linha que representa a felicidade para de subir e a satisfação com a renda que se tem mantém-se estável. O que isso indica é que há um momento em que a riqueza, mesmo crescendo, não é mais capaz de agregar satisfação.

MAIS DINHEIRO, MAIS PROBLEMAS

Colocando em termos simples, se você tem, por exemplo, um milhão de reais e se sente confortável materialmente, sua satisfação não será multiplicada por dois, ou por três, caso sua riqueza chegue a dois ou três milhões. Ao contrário, a experiência mostra que, provavelmente, o que irá aumentar serão os seus problemas com impostos, medo de ladrões, a exigência de uma administração complexa do patrimônio, preocupação com herança, com uma eventual separação dos cônjuges, entre outras complicações.

O estudo apontou valores mínimos de renda que seriam capazes de gerar duas diferentes percepções nas pessoas: o "Bem-Estar Emocional", ou seja as

---

32 JEBB, Andrew T.; TAY, Louis; DIENER, Ed; OISHI, Shighiro, *Happiness, Income Satiation and Turning Points Around the World*. Disponível em: https://www.nature.com/articles/s41562-017-0277-0.

emoções, pensamentos e sentimentos positivos que a quantidade de dinheiro disponível produz em alguém[33]; e a "Avaliação de Vida", que mostra como a renda impacta o grau de satisfação com as diferentes áreas nas quais se divide a nossa existência[34].

Como não poderia deixar de ser, os valores apontados são quase arbitrários, pois apontam para uma média em regiões amplas, como a América do Norte, América Latina/Caribe, Europa do Oeste/Escandinávia, etc. No entanto, não haveria como escapar dessa generalização, pois a satisfação com a renda que se tem é algo que varia até mesmo entre os membros de uma mesma família.

Dessa maneira, o estudo indica uma média global anual de 95 mil dólares, no critério de "Avaliação de Vida", e 60 mil dólares anuais, que corresponderiam à média global no quesito "Bem-Estar Emocional"[35]. De acordo com o câmbio em 1º de junho de 2022, esses valores, em Real[36], equivaleriam a cerca de R$455 mil e R$287 mil, respectivamente. Esses indicadores, quando levados para a América Latina/Caribe, de acordo com os autores, estariam bem abaixo da média mundial: 35 mil dólares, em "Avaliação de Vida" (R$168 mil); e 30 mil dólares (R$144 mil), quando a variável se refere ao "Bem-Estar Emocional"[37].

Transformando esses valores em renda mensal, teríamos que os brasileiros se sentiriam em paz consigo mesmos, quando refletissem sobre a sua qualidade de vida, caso recebessem mensalmente um mínimo de R$14 mil, e se sentiriam emocionalmente equilibrados, no que toca ao seu nível de renda, com algo próximo a R$ 12mil mensais. Se considerarmos esses números pelo seu valor de face, ou seja, ao pé da letra, o Brasil é uma nação de infelizes. De acordo com o

---

33 SCHRÖER, Hannah, *O que é bem-estar emocional? 8 maneiras de viver melhor.* Disponível em: https://omnihypnosis.com.br/blog-bem-estar-emocional/.

34 *SMiLE – Resumo_24481.* Disponível em: https://lume.ufrgs.br/bitstream/handle/10183/64543/Resumo_24481.pdf.

35 JEBB, Andrew T.; TAY, Louis; DIENER Ed & OISHI, Shighiro, *Happiness, Income Satiation and Turning Points Around the World.* Disponível em: https://www.nature.com/articles/s41562-017-0277-0.

36 Valores calculados em dólar comercial, utilizando-se o aplicativo "Câmbio", disponibilizado pelo portal UOL. Disponível em: https://economia.uol.com.br/cotacoes/cambio/.

37 JEBB, Andrew T.; TAY, Louis; DIENER Ed & OISHI, Shighiro, *Happiness, Income Satiation and Turning Points Around the World.* Disponível em: https://www.nature.com/articles/s41562-017-0277-0.

levantamento trimestral realizado pelo IBGE entre fevereiro e abril de 2022, a renda média mensal dos brasileiros não passava dos R$2.569,00[38].

Não há felicidade que se sobreponha a uma mesa sem alimentos, à ausência de uma moradia decente ou a uma vida que, por falta de acesso a serviços médicos, seja constantemente fustigada por doenças. Estas são necessidades básicas que, quando não estão disponíveis, tornam precária e repleta de infortúnios a existência de qualquer um. Em um quadro de carências assim, não há como considerarmos que há sucesso profissional.

EQUÍVOCO DUPLO

Mesmo que nossas condições de vida não sejam tão dramáticas assim, e se dispusermos de um trabalho que nos dê acesso ao suficiente para uma jornada confortável, ainda assim poderemos ter dificuldade em entender o que é ter sucesso profissional. É comum nos sentirmos frustrados ao olhar para o lado e comparar a nossa situação e conquistas às de outras pessoas.

Este é um duplo equívoco. Primeiro porque essa comparação é fruto exclusivo da nossa fantasia, pelo fato de que vemos a superfície. Não temos como saber verdadeiramente se as pessoas que olhamos com admiração (ou inveja) sejam de fato felizes em todos os aspectos da sua vida. Talvez um executivo de sucesso, um ator de cinema ou uma figura política nos pareçam indivíduos plenamente felizes e realizados. Mas essa é uma impressão superficial. Como saber se eles dormem em paz à noite? Se têm relacionamentos felizes? Talvez tenham o coração cheio de mágoa, culpa ou raiva. Talvez não se sintam amados por ninguém. Como poderíamos saber?

O segundo engano é procurarmos a nossa felicidade, ou aquilo que nos pareça sucesso, externamente, fora de nós mesmos. Agindo assim, olharemos para, de novo, aquelas pessoas que, superficialmente, parecem tão bem-sucedidas, ou nos iludiremos ao acreditar que conquistas materiais, como carros luxuosos, mansões, frequentar restaurantes caríssimos, sermos amigos de famosos, iates, viagens dos sonhos, serão a comprovação definitiva de que alcançamos sucesso nesta vida.

---

38 *Rendimento médio mensal das pessoas de 14 anos ou mais, fev-mar-abr 2022.* Disponível em: https://www.ibge.gov.br/estatisticas/sociais/trabalho/9171-pesquisa-nacional-por-amostra-de-domicilios-continua-mensal.html?=&t=destaques.

Precisamos mirar não no externo, mas checarmos o que faz verdadeiramente sentido para o que somos internamente. Só poderemos dizer com certeza que alcançamos o sucesso quando os nossos valores e propósitos forem atendidos e assegurados. De que adianta a riqueza, a fama e o brilho exterior se, no nosso íntimo, nos sentimos inadequados e infelizes, por termos nos distanciado do que realmente acreditávamos e queríamos preservar?

Há alguns sinais que nos mostram que estamos no caminho do sucesso ou que já chegamos lá. Isso terá acontecido ao nos sentirmos energizados todo o tempo, não nos vermos cansados ou entediados no nosso trabalho. Outro sinal, um dos mais importantes, é que estaremos leves e bem-humorados com frequência. Estes serão sinais de que as condições externas e internas se encontram em harmonia. Mesmo que surjam surpresas, desafios inesperados, seremos capazes de reagir com serenidade e de maneira bem-humorada e criativa. Isso, sim, é o sucesso.

O QUE FAZER?

Propósitos não estão escritos na pedra – No início da minha carreira, trabalhei em um negócio de família. Era uma empresa que atuava na área de construção civil. Meus pais, tios e outros parentes tiravam dali o seu sustento. Quando me engajei no empreendimento, meu propósito era modernizar o negócio, dar um novo impulso à sua atuação. Após algum tempo, me dei conta que aquilo não me dizia muita coisa. Não era um negócio meu, mas dos meus familiares. Meu interesse passou para outros assuntos, meu propósito se transformou. Não foi simples sair da empresa. Nas organizações familiares, as emoções também se sentam na mesa de trabalho e tornam todos os movimentos delicados. Mas, finalmente, fui capaz de empreender uma transição de carreira, de maneira tranquila e respeitosa, procurando não ferir sentimentos. Mudar de perspectiva me deixou feliz, meus novos rumos trouxeram a sensação de sucesso.

Esse é um ponto que devemos levar sempre em conta. Nossos propósitos mudam ao longo da vida e não há nada de mau nisso. Ao longo da nossa vida profissional, surgem diferentes possibilidades, às quais devemos receber com mentes e corações abertos. Sobretudo neste momento em que vivemos, quando as inovações se dão em um ritmo tão surpreendente, é inevitável que elas ofereçam boas oportunidades capazes de nos trazer realizações que sequer imaginávamos.

Se gravarmos nossos propósitos em uma pedra imutável, teremos dificuldades em nos adaptar. A leveza e a maleabilidade são as melhores habilidades que podemos desenvolver.

Dê boas-vindas aos problemas – Se você é constantemente procurado por colegas para resolver problemas, obstáculos, dúvidas, buchas e outros bichos de sete cabeças que surgirem no trabalho, receba-os com alegria. Pessoas que são constantemente procuradas nos momentos de dificuldades são aquelas que gozam de respeito e prestígio junto aos demais. Elas são vistas como profissionais que dominam as suas áreas e, portanto, estão muito propensas a ter sucesso na carreira. Não tenha aquela postura muito comum de considerar que estão abusando do seu trabalho ou querendo empurrar tarefas que não lhe competem. Receba esses pedidos de ajuda como um reconhecimento ao seu know-how e habilidades e de alguém que está voltado para a solução. O prestígio junto aos seus pares abre largas portas para uma carreira recompensadora.

Você trabalha com prazer e não vê o tempo passar? Ou vive pensando no próximo fim de semana? O que é sucesso profissional para você?

Você merece ser feliz no trabalho!

Conheça-se!

4

Ter medo é inevitável, mas manter a autoconfiança é indispensável para o seu sucesso.

SM, uma mulher de 30 anos, voltava para casa, caminhando sozinha às dez da noite. A rua que ela percorria estava muito escura. Enquanto andava, ela passou, à sua esquerda, diante de uma igreja. Lá de dentro vinha o som de um coral, que realizava o seu ensaio noturno. SM seguiu mais alguns metros, sempre ouvindo as vozes dos cantores. Agora, à sua direita, havia um pequeno parque e, sentado em um banco, um homem parcialmente obscurecido pelas sombras.

Não havia mais ninguém por ali, apenas SM e aquele homem que, ela comentaria depois, "parecia drogado". SM continuou seu caminho, sem se desviar. Quando estava bem diante do parque, o desconhecido a chamou e, com um gesto, ordenou que ela se aproximasse. Sem temer nada, ela obedeceu. Quando estava a menos de um metro de distância, o homem levantou-se subitamente e a puxou pela camisa. Um segundo depois, jogou-a sobre o banco, encostou uma faca no seu pescoço e gritou:

– Eu vou te cortar, sua vagabunda!!!

SM não sentiu medo. Ela ainda ouvia, ao longe, o coral da igreja cantando. Virou o rosto, olhou diretamente nos olhos daquele homem e, com uma voz controlada e confiante, respondeu:

– Se você vai me matar, terá, primeiro, de passar pelos anjos de Deus!

O desconhecido não respondeu. Ficou encarando-a sem dizer qualquer palavra. De repente, soltou-a e a deixou ir. SM levantou, se endireitou, mas não saiu correndo, nem se apavorou. Voltou a caminhar para casa, no mesmo passo que andava antes daquele encontro. No dia seguinte, naquela mesma hora da noite, ela voltou caminhando pela mesma rua, diante do mesmo parque. Sozinha, sem medo e sem pensar em desviar o seu caminho.

IMPOSSÍVEL TER MEDO

Esta é uma história real. Está relatada em um trabalho publicado em 2010 por pesquisadores ligados à Universidade de Iowa, nos Estados Unidos[39]. SM, identificada apenas pelas iniciais para preservar sua privacidade, foi o objeto central desse levantamento por ser portadora de uma surpreendente característica entre os seres humanos: ela não tinha medo.

Não se tratava necessariamente de uma mulher com uma coragem extraordinária, disposta a enfrentar, sem nunca recuar, qualquer desafio que fosse colocado diante dela. O que diferenciava SM dos demais seres humanos é que ela era incapaz, organicamente, de sentir medo. Isso ocorria por ela ter sido vítima de uma extremamente rara condição física, resultante de lesões bilaterais da amígdala, uma glândula existente no cérebro de todos os vertebrados[40].

O levantamento feito pelos pesquisadores da Universidade de Iowa alcançou uma intensa repercussão porque, embora o papel da amígdala na intermediação das emoções já estivesse determinado e outros pacientes com lesões cerebrais parecidas também apresentassem a mesma ausência de medo[41], o estudo de caso

---

39 FEINSTEIN, Justin S.; ADOLPHS, Ralph; DAMASIO, Antonio R.; TRANEL, Daniel, *The Human Amygdala and the Induction and Experience of Fear.* Disponível em: https://www.ncbi.nlm.nih.gov/pmc/articles/PMC3030206/.

40 As amígdalas são constituídas por grupos de neurônios localizados no cérebro, no lobo temporal, que têm a forma semelhante a de uma amêndoa e processam várias emoções, entre elas, o medo. FISCHBORN, Giovanna, *Quando a emoção fala mais alto: saiba como funciona a amígdala cerebral.* Disponível em: https://www.correiobraziliense.com.br/revista-do-correio/2022/04/4996767-quando-a-emocao-fala-mais-alto-saiba-como-funciona-a-amigdala-cerebral.html.

41 Outro caso famoso avaliado por especialistas é o do britânico Jordy Cernik, que descobriu a sua incapacidade de sentir medo quando, ao saltar de paraquedas pela primeira vez, não foi capaz de desenvolver qualquer emoção. Cernik foi diagnosticado como um portador da Síndrome de Cushing, doença que afeta de 10 a 15 pacientes em cada milhão de pessoas, e causa lesões cerebrais pela produção excessiva de cortisol, um hormônio responsável pela resposta do corpo ao stress. PUIU, Tibe, *Meet the people who literally feel no fear.* Disponível em: https://www.zmescience.com/science/people-who-feel-no-fear-09523/. Mais um exemplo é o do mundialmente famoso escalador americano Alex Honnold, conhecido por subir gigantescos paredões de pedra sem qualquer segurança ou apoio além das próprias mãos. Honnold também tem uma condição física que impede a sua amigdala de responder aos riscos e perigos e, portanto, é incapaz de sentir medo. CHAAR, Laiali, *Você sabia? Existem pessoas que não sentem nenhum medo.* Disponível em: https://tudosobrecontroleneural.com/2018/04/18/voce-sabia-existem-pessoas-que-nao-sentem-nenhum-medo/.

de SM destacou-se por ter sido a primeira vez que essa ligação foi demonstrada de uma maneira sistematizada[42].

Caso os estudiosos da Universidade de Iowa não estivessem reconhecidamente realizando um trabalho acadêmico, eles poderiam ter sido denunciados por torturas e maus-tratos, pelos testes que submeteram SM para comprovar a sua incapacidade de se amedrontar. A mulher, mãe de três filhos, foi levada a passeios em casas mal-assombradas, colocada para assistir filmes de forte apelo emocional, inclusive com cenas explícitas de terror, e convidada a tocar em aranhas e cobras.

Em um desses locais, uma loja de pets exóticos, ela teve de ser contida ao tentar segurar, sem qualquer temor, uma enorme serpente venenosa[43]. SM não era de toda desprovida de emoção. Entendia que todas aquelas coisas assustavam as pessoas e eram potencialmente perigosas, mas não sentia medo e, por essa razão, mesmo não intencionalmente, colocava-se em situações de risco.

SEM MEDO, NÃO ESTARÍAMOS AQUI

Deve ser fantástico viver sem medo, mas não é difícil entender os perigos que a ausência total de temor pode trazer para nós. Medo é um sentimento necessário para a nossa sobrevivência. Chegamos até este século XXI porque, no início da nossa jornada humana, tínhamos o impulso de correr das feras, de enchentes e nos afastarmos de incêndios. Atualmente, ainda precisamos desse sentimento, ele continua nos livrando, também, de perigos mais contemporâneos, como nos fazer evitar dar um clique em uma mensagem maliciosa no nosso smartphone, que promete nos dar um milhão de reais.

Mas há um medo que nos paralisa e é essencialmente prejudicial. Falo aqui da falta de autoconfiança, da ausência de fé no próprio taco. A crença de que você não será capaz nem de enfrentar os desafios, nem de tirar proveito das oportunidades que irão surgir na sua carreira profissional.

É uma pena que os pesquisadores da Universidade de Iowa não tenham analisado como a ausência de medo no universo emocional de SM afetaria a sua vida

---

42 ADOLPHS, R.; TRANEL, D.; DAMASIO, H.; DAMASIO, A, *Impaired Recognition of Emotion in Facial Expressions Following Bilateral Damage to the Human Amygdala*. Disponível em: https://www.nature.com/articles/372669a0.

43 *Mulher que não sente medo pode ajudar cientistas a tratar fobias* Disponível em: https://g1.globo.com/ciencia-e-saude/noticia/2010/12/mulher-que-nao-sente-medo-pode-ajudar-cientistas-a-tratar-fobias.html.

profissional. Talvez descobrissem que ela não durava muito nos empregos, por não temer as demissões nem se importar com advertências e eventuais ameaças dos chefes e clientes. Ou, ao contrário, poderia ter uma grande vantagem comportamental sobre os seus colegas de trabalho, ao ser destemida em propor inovações e não se acovardasse em assumir novas atribuições profissionais.

As poucas pistas que o estudo fornece sobre o perfil de SM parecem indicar, no entanto, que ela vivia em uma área violenta da cidade em que morava, que não a poupou dos seus tormentos. Além do grave incidente com a faca, esteve uma vez sob a mira de um revólver, envolveu-se em uma briga com uma mulher fisicamente bem maior do que ela, o que a deixou bastante ferida, e enfrentou violência doméstica[44]. E nada disso a apavorou.

Se agora a ciência conhece com mais precisão a estrutura no nosso cérebro na qual o medo é produzido, ainda não são muito claros o movimento das engrenagens mentais que fazem com que nos sintamos inseguros e receosos ao fazer escolhas e tomar decisões profissionais. A rigor, mesmo em situações em que não há um perigo tão explicitamente físico, como o provocado por vulcões em erupção ou leões famintos nos perseguindo, e os receios dizem respeito a eventos mais amenos, semelhantes a falar em público ou discordar do chefe, ainda assim a amígdala e toda a dinâmica que a cerca estarão envolvidos[45].

A RAIZ PODE ESTAR NA INFÂNCIA

Caso o medo fosse um fenômeno apenas pontual e se extinguisse assim que a sua causa cessasse, ele não seria tão prejudicial. Um dos grandes problemas que o medo gera é nos deixar inseguros. Há consenso entre psicólogos e especialistas de Recursos Humanos de que a nossa insegurança, quando é persistente ou crônica, costuma ter como raiz traumas que adquirimos, principalmente, na infância. Estes podem ter se manifestado de várias formas, desde as mais cruéis, como violência sexual e física, a

44 FEINSTEIN, Justin S.; ADOLPHS, Ralph; DAMASIO, Antonio R.; TRANEL, Daniel, *The Human Amygdala and the Induction and Experience of Fear.* Disponível em: https://www.ncbi.nlm.nih.gov/pmc/articles/PMC3030206/.

45 JAVANBAKHT, Arash, SAAB, Linda, *What Happens in the Brain When We Feel Fear.* Disponível em: https://www.smithsonianmag.com/science-nature/what-happens-brain-feel-fear-180966992/.

outras também muito prejudiciais, como bullying, abusos psicológicos, excesso de proteção por parte dos pais, desencorajamentos e humilhações diversas.

Tal insegurança, ou falta de confiança em si mesmo, manifesta-se de diversas formas na atividade profissional. Algumas delas são a baixa autoestima, a dificuldade de conseguir impor limites ou em manifestar as próprias opiniões, a persistente sensação de incapacidade, a falta de autonomia ou uma grande dificuldade em tomar decisões[46]. Além disso, uma pesquisa feita na Austrália, que acompanhou, ao longo de nove anos, a trajetória de 1.046 empregados com o objetivo de avaliar o impacto psicológico provocado por diferentes situações no trabalho[47], concluiu que, a longo prazo, sentir-se inseguro pode trazer consequências graves para as pessoas.

Entre esses desdobramentos, o levantamento mostrou, há um aumento em comportamentos neuróticos, que torna as pessoas mais propensas ao mau humor, a sentirem-se amedrontadas, ansiosas, preocupadas a lidarem, de maneira extremada, com situações desafiantes[48].

Se a essa altura do capítulo já foi possível entender os malefícios que o medo é capaz de trazer para a nossa vida pessoal e profissional, chegou a hora de falarmos sobre as providências que podemos tomar para diminuirmos a sua influência a níveis aceitáveis. Deixo claro que extrair as amígdalas não é uma solução, mesmo porque elas têm um papel fundamental, entre outros benefícios, na construção das nossas networks[49] e na capacidade de nos integrarmos e cooperarmos com outras pessoas[50].

---

46 FUSCO, Camila, *O que Está por trás da Insegurança?* Disponível em: https://blog.psicologiaviva.com.br/a-inseguranca/.

47 BIGARELLI, Barbara, *Insegurança prolongada no trabalho afeta a personalidade*. Disponível em: https://valor.globo.com/carreira/noticia/2020/03/10/inseguranca-prolongada-no-trabalho-afeta-a-personalidade.ghtml.

48 WU, Chia-Huei; WANG, Ying; PARKER; Sharon K.; GRIFFIN, Mark A., *Effects of Chronic Job Insecurity on Big Five Personality Change*. Disponível em: https://doi.org/10.1037/apl0000488.

49 BICKART KC; WRIGHT CI; DAUTOFF, RJ; DICKERSON BC; BARRETT, LF, *Amygdala Volume and Social Network Size in Humans*. Disponível em: https://www.researchgate.net/publication/49709919_Amygdala_Volume_and_Social_Network_Size_in_Humans.

50 BUCHANAN, Tony W.; TRANEL, Daniel; Adolphs, Ralph, *Chapter 13, The Human Amygdala in Social Function*, em WALLEN, Paul J.; PHELPS, Elizabeth. *The Human Amygdala*, Guilford Press, 2009.

CONHECER A SI MESMO

O que vem em primeiro lugar é o autoconhecimento. Quando sabemos quais são os sentimentos, positivos ou nem tanto assim, que carregamos dentro de nós, teremos a capacidade de identificar onde está a origem dos nossos receios e inseguranças. Isso nem sempre é tão simples como está aqui colocado. Há sentimentos e marcas que se alojaram em regiões profundas da nossa mente e não são facilmente localizáveis. Mas a maioria deles pode ser identificado com uma boa reflexão ou algumas sessões de silêncio e meditação consigo mesmo, sem precisar recorrer a um divã de um psicanalista (embora, em algumas situações, a ajuda de um profissional possa ser fundamental).

Ao termos conhecimento do que nos trava e amedronta, poderemos racionalizar essas sensações e constatar que, muitas vezes, elas estão mais para objetos mal iluminados, desfigurados pela penumbra, do que para assustadoras assombrações.

O QUE FAZER?

Está com medo? Vai com medo mesmo. Não é por ser autor deste livro que trata da necessidade de se ter autoconfiança, entre outros temas, que estou isento de ter sentido medo em muitos momentos na minha vida profissional. Como todos nós, eu já me senti inseguro diversas vezes na minha trajetória. Em uma delas, eu estava empregado já há cinco anos como CFO – Chief Financial Officer –, ou simplesmente, Diretor Financeiro, em uma grande organização. Eu estava bastante satisfeito no meu cargo, quando o CEO da empresa me chamou até a sua sala. Ele foi curto e direto:

– Uranio, organize suas coisas, porque agora você será o Gerente Geral no Brasil, o Diretor Executivo da empresa.

Eu e ele já tínhamos uma intimidade pessoal suficiente para que eu respondesse nos seguintes termos que, admito, foram ditados pelo medo que me tomou naquele instante:

– Você está louco? Eu não entendo nada de operações. Não posso aceitar, não.

O CEO que estava sendo galgado para a presidência da operação na América Latina também se considerava íntimo o suficiente para responder com alguns termos que não vou publicar aqui, mas que, de maneira sucinta, diziam o seguinte:

– Você já está aqui há cinco anos! Sabe tudo dos geradores de receita, de despesas, do custo das operações e dos indicadores operacionais! Não me faça perder tempo com essa conversa! A partir de agora, você vai conversar com os clientes. A não ser que você esteja com medo...

– Medo, eu? Hahaha, claro que não!

Voltei para a minha sala, fechei a porta e comecei a refletir sobre o que estava me dando medo. Eu nunca havia sido Gerente Geral de multinacional. Assumir esse cargo tão demandante, de uma hora para outra e sem experiência anterior, me parecia uma boa razão para justificar meus temores.

No entanto, comecei a pensar, claro que o CEO não era alguém tolo, irresponsável. Provavelmente, ele decidira que eu era a pessoa adequada pelos bons resultados que eu estava entregando nas finanças da organização. Me lembrei, também, que eu sempre assumira uma postura no trabalho que me conduzia para além das funções formais do meu cargo. Eu não passava todo o meu dia fechado em minha sala.

Como todas as áreas de atuação de uma empresa têm uma relação direta ou indireta com as questões financeiras, eu sempre circulava entre os demais setores, conhecendo seus desafios, dando palpites, interagindo com os responsáveis de cada área, tentando entender os possíveis nós e dificuldades existentes. Não consigo imaginar que esse estilo de trabalho desagrade a alta direção de alguma organização. Conhecer o negócio em profundidade, entender as inter-relações e interdependências internas e ser proativo são atitudes das quais surgem os bons resultados. E os chefes sabem disso.

Essa reflexão me encorajou. Aceitei o desafio, mesmo sabendo que haveria à frente um momento decisivo na vida da organização, algo que tomaria muitas linhas para ser relatado aqui. Mas, no final, consegui atender aos interesses da empresa e fazê-la crescer em atuação e resultados. Muito mais, aquela reflexão e a decisão de aceitar o novo cargo transformaram, de maneira definitiva, o meu mindset. Tornei-me mais seguro das minhas próprias forças e passei a aceitar o medo como algo natural. Hoje, quando algum novo projeto me parece difícil e amedrontador, em um primeiro momento, eu sinto medo. Mas decido que, caso me sinta suficientemente preparado, com as habilidades necessárias, para enfrentar o desafio, devo seguir em frente com medo mesmo.

Ninguém reclamou? Então, relaxe! – Pode parecer uma postura arrogante e desdenhosa, mas posso garantir a você que um dos mais assertivos feedbacks a qualquer trabalho é a falta de queixas. Por quê? Porque quando você faz uma tarefa que não atende às necessidades do cliente, a possibilidade dele mostrar a sua insatisfação é muito maior do que a chance dele se calar e sofrer sem nada dizer. Dessa maneira, ninguém reclamar é um forte sinal de que o seu esforço foi certeiro e eficiente.

O que há de sábio em interiorizar essa verdade é que, assim, nos contrapomos a uma maneira de pensar muito frequente: a de medir o sucesso do que fazemos com um retorno em forma de elogios. Quem não gosta de ser elogiado? Todos nós, claro! Porém acreditar que eles têm um efeito que vá além de gratificar momentaneamente a nossa vaidade é uma crença rasa e quase infantil.

Elogios dados em altas doses podem ser até mesmo perigosos e gerar efeitos colaterais nocivos. Há, inclusive, pesquisas que mostram que, ao contrário do que costumamos imaginar, quando somos elogiados, podemos nos tornar presas de sentimentos desencorajadores. Isso porque quando dizem que somos admiráveis, brilhantes, excepcionais, campeões ou os reis da cocada preta, passamos a considerar, mesmo que de maneira inconsciente, que teremos sempre de corresponder às mais elevadas expectativas. Como nós não acertamos todo o tempo, e sabemos disso, isso gera uma grande carga de tensão, ansiedade e insegurança. Esses sentimentos nos levam, finalmente, a uma queda de produção e até à paralisia profissional[51].

Estão propondo que você assuma novas tarefas? Continue tranquilo – Outros antídotos eficientes contra a insegurança e o medo no ambiente corporativo são dados por feedbacks que vêm na forma de novas responsabilidades que você é convidado a assumir. Mas só conseguiremos absorver isso como algo positivo se entendermos essas questões com sabedoria. Eu digo "com sabedoria" porque não devemos entender a oferta de novos desafios e/ou o convite para assumir funções mais complexas e, não deixemos de mencionar, o pedido de colegas para que você opine ou ajude no trabalho deles, como um abuso do empregador e colegas, querendo que trabalhemos muito mais.

Mas não é isso que acontece. Este é um sinal positivo. Você nunca verá um profissional incompetente, preguiçoso ou ineficiente ser procurado pelos superiores ou colegas para dar as suas opiniões nas reuniões estratégicas da organização ou para incorporar novas funções àquelas que ele (precariamente) já desenvolve. Receber proposta para novos desafios é, você não deve duvidar, um sinal claro do seu sucesso e competência naquela especialidade e trabalho. Comparado com esta comprovação real de satisfação, os elogios não passarão de fogos de artifício, que encantam com seu estrondo, brilho e cores, mas se desmancham no ar sem deixar rastros. Seu medo pode ser o seu maior impulsionador!

Entenda os seus medos!

---

51 GIL, Marisa Adán, *O Problema do Elogio*. Disponível em: https://super.abril.com.br/ciencia/o-problema-do-elogio/.

5 Conhecer os nossos verdadeiros medos é a melhor estratégia para conseguir superá-los

Na Psicologia e em outras áreas da ciência que estudam o comportamento humano, não há uma posição unificada sobre a origem do medo no ser humano. Há teóricos que veem grande parte dos nossos temores como inatos, isto é, já estão conosco desde o momento em que nascemos, como se fossem um programa pré-instalado em nosso hardware mental.

Outra linha defende que os medos são adquiridos (como abordamos no capítulo anterior), são frutos da nossa experiência ou do relato e observação das experiências de outros. Nesta lista, estariam incluídos até mesmo aqueles receios que nos parecem básicos e indiscutíveis, como temer precipícios, desviar-se das feras, correr de incêndios e até dar faniquitos quando vemos uma barata entrar voando em nosso quarto.

Não sou especialista na matéria, mas há uma terceira abordagem sobre o assunto que me parece bem consistente e, sobretudo, de grande utilidade, por nos dar um bom argumento para identificar e lidar com os nossos medos. Eu a conheci ao ler um trabalho de autoria do professor de Psicologia Clínica na Universidade de Regina[52], no Canadá, Nicholas Carleton, publicado em 2016 no *Journal of Anxiety Disorders*[53].

Este professor, que também responde pela diretoria científica do Instituto Canadense para Pesquisa do Bem-Estar Público[54], assegura que há um medo que se sobrepõe a qualquer outra forma de temor que viermos a desenvolver, seja real ou imaginária: o medo do desconhecido. À primeira vista, parece uma constatação óbvia. Podemos pensar que a sacada de Carleton não tenha sido tão genial assim. Mas a afirmação, mesmo parecendo singela, nos ajuda a colocar em perspectiva a real origem dos nossos medos.

---

52 *University of Regina*. Disponível em: https://www.uregina.ca/.

53 CARLETON, R. Nicholas, *Fear of the Unknown: One Fear to Rule them all.* Disponível em: https://www.sciencedirect.com/science/article/pii/S0887618516300469.

54 *Canadian Institute for Public Safety Research and Treatment.* Disponível em: https://www.cipsrt-icrtsp.ca/.

ARREPIO DE TERROR

Fiquemos no trabalho de Nicholas Carleton por mais alguns parágrafos, para acompanhar um eficiente exemplo que ele nos traz a respeito do papel do desconhecido nos nossos temores. Ele nos fala do medo da morte. Todos nós sabemos o que é isso, não é mesmo? Pouquíssimas pessoas são capazes de pensar de maneira profunda sobre essa possibilidade sem sentir um arrepio de terror.

Carleton, no entanto, nos diz que, ao pensar na nossa morte, sentimos medo do objeto errado. O que nos causa angústia, ele garante, não é o receio da morte em si, ou seja, estar morto, não ter mais esta vida que conhecemos e prezamos. A verdadeira causa do nosso incômodo é o medo de morrer, tanto do processo físico que irá culminar com o nosso falecimento, quanto do que pode acontecer depois deste estar concluído.

O autor descreve os medos envolvidos com a morte da seguinte maneira, assim resumida por mim: Uma pessoa que teme a morte pode não ter medo da morte física propriamente dita, mas sim: a) do processo que leva à morte, o qual pode ser desdobrado em outros medos, como temer a ansiedade e a dor que poderá ocorrer no morrer; b) do temor que a morte resulte em algo ruim, a exemplo de uma existência pós-morte com sofrimentos, como o inferno ou um renascimento desafortunado; c) da ignorância quanto ao depois, que pode ser o temor de que não haja existência após a morte e que esta signifique o fim de tudo e; d) o receio do olvido, o esquecer de tudo o que experienciamos, ou de ser esquecido.

FRUTO DO DESCONHECIMENTO

Nicholas Carleton destaca em seu estudo, o qual se apoia em uma revisão bibliográfica de cerca de 300 outras publicações, que todos esses medos citados no parágrafo anterior são, afinal, frutos do desconhecimento. Temos medo de sofrer na hora da morte, por não sabermos de que maneira esta vida atual irá acabar. Por não sabermos o que se seguirá ao nosso último suspiro, tememos que haja alguma coisa ou que não haja coisa alguma. Não sabemos, também, se manteremos algum nível de consciência depois que morrermos, nem se seremos rapidamente apagados da lembrança dos nossos entes queridos.

Não é difícil entendermos o raciocínio que Carleton nos oferece. O famoso "medo do desconhecido" não chega a ser uma disruptiva novidade. É algo que percebemos de maneira quase intuitiva. Ele dá bons títulos para livros e filmes, está nas conversas corriqueiras, é tratado em músicas[55]. No entanto, quando nos sentimos fortemente atemorizados, especialmente na nossa vida profissional, costumamos responsabilizar os desdobramentos desse nosso temor fundamental pelas dificuldades ou paralisia que podemos experimentar, e deixamos de lado o cerne da questão.

Isso não significa que não devamos tentar identificar o que surge de maneira clara para a nossa mente quando nos sentimos travados, presos ao chão por uma sensação de temor e insegurança. Mesmo concordando que o que nos causa medo é o desconhecimento do que nos aguarda no final da curva, poderemos superar essa barreira identificando as primeiras camadas que formam um medo específico e, por meio de argumentos racionais, desmontá-las mostrando que, na sua essência, ela é vazia de significado.

FALAR EM PÚBLICO

Vamos tomar como exemplo um medo clássico, o de falar em público. Segundo pesquisas, trata-se de um temor que aflige 73% das pessoas e supera até mesmo as fobias relacionadas à morte, à altura e ao pavor às aranhas[56]. Esse temor se desdobra de maneiras diversas, quando nossas funções profissionais exigem que nos dirijamos a um grupo de pessoas, que pode ser pequeno ou grande.

Por ficarmos intimidados, nos sentimos vulneráveis à rejeição. Imaginamos que a nossa performance será sofrível e, quando percebermos que a plateia está desinteressada ou entediada com o que estamos dizendo, surgirá um branco na

---

55 Em 2008, o cantor e compositor baiano Gilberto Gil lançou, em seu álbum *Banda Larga Cordel*, a canção "Não Tenho Medo da Morte", cuja primeira estrofe diz: *Não tenho medo da morte, mas sim medo de morrer / Qual seria a diferença, você há de perguntar / É que a morte já é depois, que eu deixar de respirar / Morrer ainda é aqui, na vida, no sol, no ar / Ainda pode haver dor...*. Disponível em: https://gilbertogil.com.br/conteudo/musicas/?letra=N.

56 *Public Speaking Anxiety.* Disponível em: https://nationalsocialanxietycenter.com/social-anxiety/public-speaking-anxiety/.

nossa mente. Iremos ficar lá na frente em pé, congelados, e as pessoas irão rir de nós[57].

A fantasia seguinte que o medo costuma nos inspirar, e aqui já não estou falando apenas do receio de falar em público, é a de exagerar o efeito de que todas as nossas possíveis falhas possam causar. Pensaremos que as pessoas nunca mais irão se esquecer daquela exposição pública malfadada, ou qualquer outra falha, o que comprometerá irremediavelmente o nosso prestígio. A "terrível" consequência disso é que nunca mais seremos levados a sério ou considerados, quando surgirem boas oportunidades de trabalho e negócios.

Esta visão, obviamente exagerada e inverossímil, tem muito a ver com uma possível avaliação excessiva que temos da nossa própria importância e relevância para os outros. Eis aqui uma reflexão que deve ser feita com cuidado. Devemos sempre nos valorizar e confiar nas nossas habilidades, conhecer tanto as nossas forças quanto os pontos que podemos melhorar. Nunca haverá motivo para nos vermos como inferiores ou menos merecedores do que qualquer outra pessoa.

No entanto, quase sempre por trás de toda grande timidez ou insegurança está uma supervalorização do nosso ego[58]. Costumamos achar que todos estão prestando atenção a qualquer coisa que façamos e que nós ocupamos uma larga fatia dos seus pensamentos e atenção[59]. Por entender as coisas dessa maneira, desenvolvemos a tendência a considerar que as nossas falhas serão desastres irreparáveis aos olhos dos outros. Mas não é assim que as coisas se passam.

ÂNGULO DESFAVORÁVEL

Faça um exercício mental, para confirmar o que eu estou dizendo. Lembre-se de alguém, um colega de trabalho, por exemplo, que desempenhou mal alguma função, foi incapaz de fazer uma boa apresentação em público ou mesmo se viu repreendido pelo superior. Ele virou um zero à esquerda para você? Quando vocês se cruzam, a primeira coisa que vem à sua cabeça é a má performance que

57 Idem.

58 PEREIRA, Nando. *Timidez também é Ego: Eckhardt Tolle Explica o Tímido, o Grande, os Medos Escondidos e a Verdadeira Auto-estima.* Disponível em: https://www.dharmalog.com/2013/05/21/timidez-tambem-e-ego-eckhart-tolle-explica-o-timido-o-grande-os-medos-escondidos-e-a-verdadeira-auto-estima/.

59 McSWAIN, Steve, *Ego-Driven Fear and 5 Ways to Overcome It.* Disponível em: https://www.huffpost.com/entry/our-shared-fears-and-how-_b_776720.

ele teve? Aquela escorregadela colocou um ponto final na carreira dele? Imagino que a resposta seja “não” para todas essas questões. Se você não enxerga as pessoas que tiveram falhas de uma maneira assim tão negativa, por que você seria o único a ser visto sob esse ângulo tão desfavorável pelos outros?

Há pessoas que afirmam não ter medo algum. Quando alguém que conheço diz algo assim, costumo recomendar que ele tome cuidado. Todos nós temos os nossos medos, é algo ancestral. Os que alardeiam que nada temem são aqueles, na minha opinião, os que têm um grande medo de cutucar a própria mente, pois ali descobririam uma grande coleção de receios.

É de grande importância conhecermos de maneira honesta e tranquila aquilo que pode nos amedrontar. Identificando onde se escondem os nossos fantasmas, não seremos surpreendidos por eles em algum momento crítico do nosso trabalho, ou vida pessoal. Dessa maneira, quando algum evento nos deixar travados, imobilizados, lentos ou propensos a procrastinar, poderemos identificar o que foi que nos congelou e atacar esse impedimento com um tiro certeiro.

Se a estrutura principal que faz o medo manter-se de pé é o desconhecimento, como já foi dito, não há melhor maneira de derrubá-lo do que conhecer o que verdadeiramente nos amedronta. Grande parte dos nossos receios não resiste a uma análise racional, sem desaparecer. Certamente há casos mais profundos, fruto de experiências traumáticas, pelas quais é difícil escapar sem ficarmos marcados por cicatrizes profundas. Quando é isso o que acontece, a ajuda de profissionais é necessária e deve ser buscada.

O QUE FAZER?

Preparação, a melhor vacina contra o medo – Como contei no capítulo anterior, passei por vários temores em minha trajetória profissional. Um deles foi quando me convidaram a dar aulas na Fundação Dom Cabral (FDC). Ao lado da Fundação Getulio Vargas, a GV, a FDC é considerada uma escola brasileira de negócios e gestão com padrão de excelência internacional. Eu nunca havia dado aulas na minha vida e, quando vi a lista dos meus “alunos”, quase todos CEOs, CFOs, líderes empresariais, conselheiros de multinacionais... entrei em pânico. “E se eu disser algum absurdo na aula?”, eu me torturava pensando. “Os alunos são pessoas de ótima formação. Não vão considerar relevante nada do que eu disser...”, era outra negatividade. Mas me acalmei e pensei: “O que pode dar errado?". Desenhei vários cenários, incluindo os piores. Me preparei para todas as possibilidades, ensaiei, caprichei, cortei coisas que pretendia falar, mas agora me pareciam dispensáveis. A preparação é uma mega vacina contra o medo. Ela dá tranquilidade. E não é apenas para falar em público; é para qualquer situação que nos amedronte. Você antecipa as situações e isso lhe deixa tranquilo, por acreditar que agora conhece o que virá pela frente.

Você está no controle, mais do que imagina – Minha experiência mostra que 99% do que acontece na nossa carreira profissional é da nossa responsabilidade, enquanto apenas 1% é resultado de influências externas. Muitas vezes, pensamos o contrário e temos medo das mudanças de governo, dos impactos econômicos, da alta do dólar, de pandemias, guerras, meteoritos caindo sobre a Terra. O único mal que fazem é à nossa autoconfiança. É preciso tomar cuidado com esses processos mentais que podem trazer dúvidas, empurrarem você a fazer elucubrações desnecessárias e bloquearem o seu avanço pessoal. Foco no presente, no aqui e agora, pois essa é a única realidade a qual temos como certa.

Escolha o que quer escutar – O crescimento das redes sociais nos colocou em contato com um universo imenso de informações. Entretanto, uma parte muito significativa dele é produzida por pessoas sem a formação necessária para dizer coisas com a assertividade que costumam imprimir às suas opiniões. Se nunca houve tanto acesso a informações, nunca vivemos nenhum momento na história onde se propagasse tantas bobagens. Estamos na época do "achismo". Pessoas que têm acesso a um smartphone e à internet (e cada vez mais gente dispõe desses meios) colocam, sem nenhum cuidado, opiniões radicais sobre os mais diversos temas. Nem sempre é fácil distinguir o que é um dado relevante de um chute irresponsável sobre assuntos sérios. Quando você precisar entender algo em profundidade, escolha fontes qualificadas. Não se deixe levar por comentários irrelevantes e previsões extremadas. As pessoas quase nunca pensam o que você acha que elas pensam de você!

Seja você!

6

Para resultados consistente em sua vida profissional, viva de acordo com os seus princípios e valores

Não faz muito tempo, um amigo e eu estávamos em um shopping na cidade de São Paulo. Enquanto subíamos por uma escada rolante, um jovem se aproximou e começou a falar comigo em voz baixa. Ele trazia um envelope na mão. Contou que precisava entregar aquela correspondência, mas não possuía dinheiro para a condução, muito menos para comer. "Você poderia me ajudar com alguma coisa?", ele pediu.

Já havíamos chegado ao andar superior. Parei, abri a carteira e dei para ele uma nota de vinte reais. Ele me agradeceu e perguntou se haveria alguma coisa que poderia fazer por mim, como reconhecimento. "Não, eu não preciso de nada", respondi. Enquanto o jovem se afastava, meu amigo olhou para mim. Acredito que com um ar reprovador. "Você não viu o cara? A maneira como ele estava vestido?" Não respondi nada. Meu amigo se calou, e continuamos para o nosso destino.

Sim, foi um gesto de generosidade, provavelmente fora do que costumamos praticar. Temos medo, desconfiamos que estão mentindo e até sentimos raiva de quem nos pede dinheiro na rua. Estes sentimentos tornam-se ainda mais intensos quando estamos em lugares em que há muitas pessoas nos solicitando os mais variados itens – pedaço de bolo, fralda descartável, óleo de cozinha. Isso porque ficamos angustiados e até mesmo em pânico, atormentados pelo pensamento de que jamais poderemos atender a tantas solicitações. Tal incômodo aumenta a possibilidade de nos irritarmos e até tratarmos com grosseria aqueles que nos requisitam ajuda.

Mas, se posso dizer que fiz um ato de bondade, não deveria estar me gabando disso, porque nem sempre fui assim. Confesso que também sentia antipatia a essas abordagens de pessoas que se apresentavam como carentes. Na minha cabeça surgiam todas aquelas "certezas": ele está pedindo dinheiro para comprar bebida ou drogas; ele está pedindo ajuda porque está sendo explorado por outra pessoa ali na esquina; a história do envelope é velha, todo mundo sabe que é mentira...

REAGIMOS COM DESCONFIANÇA

O que mudou a minha visão foi uma palestra dada por um rabino, à qual eu escutava quase distraído. No entanto, em um determinado momento, ele disse algo que me marcou: "Não temos noção do que acontece na vida das outras pessoas, nunca saberemos ao certo", ele dizia. "Quando vemos alguém solicitando a nossa ajuda, principalmente pedintes, reagimos com desconfiança, tememos estar sendo enganados", ele afirmou.

"Mas devemos olhar de outra maneira", continuou. "O fato de alguém estar naquela situação, se humilhando, pedindo dinheiro a desconhecidos, correndo o risco de ser repudiado ou até agredido, já é um sofrimento, uma carência que merece a nossa atenção e solidariedade e, mais do que tudo, não há como saber se está nos enganando, e se é mentira ou verdade o que ele nos diz." E aquele rabino finalizou dizendo o seguinte: "O enganar, mentir ou falar a verdade é problema do outro e não nosso. O nosso problema se restringe, única e exclusivamente, em decidir se iremos ou não propiciar mais conforto àquela pessoa que, de uma forma ou de outra, sofre."

Essas palavras me pegaram desprevenido. Não costumamos olhar para as pessoas sob a perspectiva delas. Nem sempre temos essa empatia. Desde então, passei a dar dinheiro às pessoas que o pedem na rua, blindando a minha mente em embarcar em julgamentos, desconfianças e pensamentos negativos. E posso assegurar a você que esta postura me deixou mais feliz comigo mesmo, menos reativo, menos desconfiado, e diminuiu o desconforto que eu sentia quando, eventualmente, era abordado por alguém solicitando alguma ajuda.

Mas por que estou contando uma experiência tão pessoal, em um livro como este? Porque esta minha mudança de atitude me pareceu uma mostra clara de como os valores podem mudar, evoluir. Nossos valores e princípios são dinâmicos, e essa constatação não costuma ser tão evidente assim. Por essa razão, devemos estar sempre vigilantes para que eles, quando mudarem, se transformem em atitudes que tragam benefícios para nós e os outros.

VALORES NOS CONDUZEM

Cultivar e manter valores morais é o que nos distingue dos animais. São os valores que orientam a nossa maneira de nos relacionar em sociedade e nos conduzem ao longo da nossa vida. Podemos, em uma analogia, compará-los com o modo de funcionar de um GPS, que nos guia por vias de um bairro que não conhecemos bem. Se há um congestionamento à frente, ele nos diz para virarmos à esquerda; caso a pista esteja fechada, a sugestão é retornar e seguir por outro caminho, que nos fará chegar ao destino, mesmo que o trajeto se torne mais longo ou demorado do que imaginávamos.

Os nossos valores funcionam de uma maneira similar. Se os escutamos, podemos não seguir pelo caminho que parecia mais fácil, mas não nos levaria a lugar algum. E, às vezes, a melhor decisão é até mesmo voltar atrás em nossas escolhas, para preservá-los. Eles fazem parte da formação da nossa consciência e da maneira como agimos e nos relacionamos com os demais[60]. Quando mantemos bons princípios e valores na nossa vida, somos capazes de tomar melhores decisões e de gerar benefícios não só para nós, mas para todas as pessoas que são impactadas por nossas ações[61].

É comum haver uma certa dificuldade entre diferenciar valores e princípios. Ambos são fundamentais para o nosso desempenho e progresso pessoal e profissional. Dito de uma maneira simples, os princípios são normas que, ao serem seguidas, são capazes de produzir felicidade e bem-estar às pessoas[62]. Os princípios podem ser vistos como posturas mais universais, que deveriam ser comuns a toda a humanidade para garantir uma convivência sem conflitos entre as pessoas, enquanto os valores variam de indivíduo para indivíduo.

PRINCÍPIOS INDIVIDUAIS

Exemplos de princípios são o da igualdade, do respeito à dignidade das pessoas, da solidariedade. Mas também podemos chamar de princípios as posturas que temos em um nível individual. Um exemplo seria afirmarmos que temos como princípios buscarmos ser felizes, saudáveis, constituir uma família, sermos sempre cordiais com os nossos vizinhos ou colegas de trabalho ou sermos pessoas admiradas e significativas para os outros.

60 MENEZES, Pedro, *Valores Humanos*. Disponível em: https://www.significados.com.br/valores-humanos/.

61 BONOLDI, Uranio, *Decisões de Alto Impacto*, Alta Books, 2021.

62 *Diferença entre Princípios e Valores Humanos*. Disponível em: https://br.psicologia-online.com/diferenca-entre-principios-e-valores-humanos-481.html.

Já os valores são atitudes morais, que se expressam de maneira estritamente individual.

São as nossas qualidades que irão abrir o caminho para atingirmos os nossos princípios. Se tomarmos como exemplo o princípio de termos uma família feliz, obrigatoriamente teremos de desenvolver afeto, equanimidade ou bondade em relação aos nossos parentes. Se queremos ser alguém que tenha uma vida saudável, precisaremos ter coragem para recusar circunstâncias tóxicas ou responsabilidade em não cometermos atos que destruam o ambiente.

Entre outros tantos valores, podemos citar a busca pela retidão ética em nossas ações, a bondade, o senso de justiça, a responsabilidade, a tolerância, o afeto, a coragem[63] e por aí vai.

O QUE FAZER?

Parece que dá certo, mas... – Um amigo jornalista me contou sobre uma experiência que viveu no início da sua carreira profissional. Na redação em que trabalhava, um colega não se intimidava em criar histórias e acrescentá-las às notícias que apurava. Ou seja, exagerava um ponto, inventava um personagem, distorcia a realidade. Enquanto isso, o meu amigo se limitava a escrever as notícias utilizando apenas os fatos aos quais tinha acesso. Como consequência, suas reportagens pareciam ter menos brilho e impacto do que a do outro profissional.

Este colega, ele me contou, sem dúvida era alguém talentoso. E, com o acréscimo da ficção que ele criava, seu trabalho se destacava cada vez mais. As suas reportagens recebiam um bom espaço nas páginas e ele era sempre elogiado. Com o tempo, este jornalista foi promovido e passou a chamar a atenção de empresas de relevância nacional, chegando a ser um importante profissional na área do jornalismo. Já o meu amigo viveu uma carreira mais modesta, sem cargos de chefia relevantes ou altos salários.

"Confesso que houve momentos nos quais me senti um tolo", me contou. "Se agisse como o meu colega, talvez também tivesse uma carreira com maior visibilidade e uma recompensa financeira maior, mas nunca consegui ser de outra forma. Eu pensava que aquela maneira de trabalhar não era correta." Achei essa

---

63 GLOVER, Marissa. *Valores Humanos: o que são, Lista, Tipos e Exemplos.* Disponível em: https://br.psicologia-online.com/valores-humanos-o-que-sao-lista-tipos-e-exemplos-408.html.

história espetacular. Ela ilustra bem o que tratamos neste capítulo. Em primeiro lugar, disse para este meu amigo que me senti feliz por ele ter mantido intactos os seus princípios, mesmo quando se viu diante de uma alternativa que parecia trazer uma oportunidade de ter ganhos maiores. Perguntei a ele se, em algum momento, ele perdeu uma noite de sono, arrependido da sua postura. "Não, sempre dormi tranquilo. Não duvidei da minha atitude".

Mas o que essa história traz de melhor é a oportunidade de deixarmos de lado uma visão superficial e enganosa sobre pessoas, como aquele jornalista, que deixam de lado seus princípios e fecham os olhos à ética, em nome de ganhos individuais. Costumamos pensar que eles são espertos, driblaram o sistema e se deram bem.

Mas será mesmo? Não podemos saber. Eles dormem tranquilos, como o meu amigo? Como se sentirão se seus filhos também se tornarem desonestos ou pouco íntegros? Sendo alguém que é adepto da mentira, conseguirá ele confiar nos outros? Não olhe para o exterior, para o superficial. O externo é traiçoeiro. Este é um ponto que devemos sempre levar em conta. Confie nos seus princípios e valores. No fundo, ignoramos como pessoas sem ética se sentem diante dos seus malfeitos, mesmo quando aparentemente parecem ser bem-sucedidas. Pessoalmente, duvido que elas se enxerguem de uma maneira feliz e tranquila, se vejam como bons exemplos para a sociedade ou acreditem que tornaram este mundo melhor. Para ter paz de espírito e bem-estar emocional, leve seus princípios e valores muito a sério!

Reflita sobre os seus princípios e valores!

PARTE III

Planejamento de carreira

1

Planejar a sua carreira traz foco e determinação, e faz com que o universo conspire a seu favor

As pirâmides construídas pelos faraós egípcios estão, indiscutivelmente, entre as obras mais impressionantes da humanidade. Entre elas, a maior e mais imponente é a Grande Pirâmide de Gizé, também chamada de Pirâmide de Quéops. Planejada para ser o túmulo de Khufu, o segundo rei da quarta dinastia egípcia, foi concluída em 2560 antes de Cristo[1], ou seja, há quase 4.600 anos.

Tudo na Grande Pirâmide é monumental! Os seus 137 metros de altura lhe valeram o título de mais alta construção erigida pelo homem por 44 séculos[2]. Este primeiro lugar foi mantido até 1889, quando foi inaugurada, em Paris, a Torre Eiffel, com seus 312 metros[3].

A Pirâmide de Quéops é formada por cerca de 2,3 milhões de blocos calcários encaixados. Cada um deles pesa, em média, 2,5 toneladas, o que faz com que toda a estrutura tenha o peso aproximado de espantosas 6,5 milhões de toneladas[4]. As medidas precisas com as quais a obra foi implantada também são admiráveis. Os blocos foram cortados em um rigoroso ângulo de 51 graus, e seus tamanhos variavam de acordo com a sua posição na construção[5].

A base quadrada da pirâmide está perfeitamente locada: seus quatro lados foram alinhados milimetricamente com os pontos cardeais, um feito admirável para uma época em que a bússola não era ainda conhecida sequer na China, onde se originou[6].

---

1 TAYLOR, David, *Great Pyramid of Giza*. Disponível em: https://www.britannica.com/place/Great-Pyramid-of-Giza.

2 SOUSA, Rainer, *A Grande Pirâmide de Gizé*. Disponível em: https://www.historiadomundo.com.br/egipcia/a-grande-piramide-de-gize.htm.

3 *A História da Torre Eiffel*. Disponível em: https://www.pariscityvision.com/pt/paris/lugares-marcantes-de-paris/torre-eiffel/historia-torre-eiffel.

4 MOTOMURA, Marina, *Como Foram Erguidas as Pirâmides do Egito?* Disponível em: https://super.abril.com.br/mundo-estranho/como-foram-erguidas-as-piramides-do-egito/.

5 Idem.

6 A bússola, provavelmente, começou a ser desenvolvida em cerca de 400 a.C., quando há as primeiras menções à descrição, em textos chineses, dos imãs, que são fundamentais para o funcionamento desse dispositivo. SHU-HUA, Li, *Origine de la Boussole II. Aimant et Boussole*. Disponível em: https://www.journals.uchicago.edu/doi/10.1086/348315.

Mas o que eu sempre achei mais surpreendente em relação às antigas pirâmides é outra coisa: o seu processo de planejamento e execução. Por exemplo, a logística do transporte de material. Além de parte dos blocos chegar ao canteiro de obras transportado por 800 quilômetros pelo Rio Nilo[7], era necessário cortar o equivalente ao volume de uma piscina olímpica de pedras por semana[8].

A construção se estendeu por 23 anos[9] e, calcula-se, envolveu quase 100 mil pessoas[10]. Entre estas, 23 mil se ocuparam do complexo corte das pedras de calcário e do seu transporte. E, neste contingente, não havia escravos[11]. Ou seja, eram pessoas que deveriam ser contratadas, pagas, demitidas, treinadas, promovidas, atendidas por médicos, alimentadas, convocadas para reuniões, discutir estratégias, terem dias de folga, negociar entre si visões e palpites divergentes e, imagino, também convencer o faraó de que muito do que ele queria era impossível de ser feito... enfim, uma lista de providências e tratativas delicadas que, mesmo para uma área de recursos humanos moderna, seria um trabalho estrondoso.

PLANEJAMENTO MINUCIOSO

Para mim, este é, de fato, o grande mistério que se esconde debaixo das pedras das pirâmides. Como eles puderam executar uma obra dessa magnitude, envolvendo tanta gente, no meio do deserto, e sem nenhum dos recursos tecnológicos que temos hoje à nossa disposição, a não ser anotações em papiros?[12] Obviamente, houve um planejamento minucioso, consistente e, até certo ponto,

7 MOTOMURA, Marina, *Como Foram Erguidas as Pirâmides do Egito?* Disponível em: https://super.abril.com.br/mundo-estranho/como-foram-erguidas-as-piramides-do-egito/.

8 ENGLISH, Trevor, *The Engineering Behind the Great Pyramids of Giza.* Disponível em: https://interestingengineering.com/the-engineering-behind-the-great-pyramids-of-giza.

9 Para a tecnologia da época e o gigantismo da obra, 23 anos foi um prazo curto. A Catedral de Notre-Dame, em Paris, iniciada em 1163, exigiu quase 200 anos para ser concluída. McFADDEN, Christopher, *Explore 30 Interesting Facts About the Ancient Egyptian Pyramids.* Disponível em: https://interestingengineering.com/explore-33-interesting-facts-about-the-ancient-egyptian-pyramids.

10 SOUSA, Rainer, *A Grande Pirâmide de Gizé.* Disponível em: https://www.historiadomundo.com.br/egipcia/a-grande-piramide-de-gize.htm.

11 ENGLISH, Trevor, *The Engineering Behind the Great Pyramids of Giza.* Disponível em: https://interestingengineering.com/the-engineering-behind-the-great-pyramids-of-giza.

12 Idem.

flexível, dado que devem ter surgido as mais diversas contingências ao longo daqueles 23 anos.

Caso não houvessem planejado cuidadosamente as suas ações, aqueles engenheiros, projetistas, gestores, assessores técnicos diversos, talvez também estagiários, mestres, operários e ajudantes egípcios jamais alcançariam um sucesso que, após milhares de anos, ainda nos deixa assombrados.

Se um bom planejamento é capaz de tornar real um plano mirabolante como o de construir uma pirâmide de 6,5 milhões de toneladas, imagine o que ele é capaz de fazer por sua carreira. Sem contar que, hoje, você dispõe de recursos como redes sociais, softwares e a internet, que facilitam montar redes de contatos, encontrar mentores, fazer cursos e conhecer bons exemplos de profissionais a serem seguidos.

Planejar a própria carreira traz inúmeros benefícios. Um dos que eu considero mais importantes é que, na medida em que você programa os seus passos futuros e decide onde quer chegar, ganha foco, disciplina e perseverança. Vivemos atualmente em ambientes nos quais há muita falta de foco, e algumas vezes nos tornamos confusos diante do excesso de informação e de uma, frequentemente ilusória, oferta de opções. Se não soubermos com alguma exatidão onde estamos e não tivermos alguma visão de onde queremos chegar, corremos o risco de ficar pelo caminho, sem saber que direção tomar.

Além de organizar nossa trajetória e aumentar as chances de conquistar o que desejamos, o planejamento também abre espaço (e isso pode parecer até contraditório à primeira vista) para que fatos inesperados se transformem em oportunidades reais. Eu pude constatar isso pessoalmente.

Em outro ponto deste livro, mencionei que, como consequência de uma série de eventos, estive à frente de um negócio de varejo que pertencia à minha família. Quando meu pai faleceu, o empreendimento ficou momentaneamente sem gestão.

Não havia como simplesmente deixar aquele negócio de lado, já que, além da minha mãe, outros parentes também estavam ligados àquele varejo e dele dependiam para a sua sobrevivência. Além disso, meu pai havia deixado outros bens, cuja administração era menos intensiva, mas, da mesma forma, precisava de gerenciamento.

Nunca havia me sentido atraído em trabalhar no negócio da família; absolutamente, não era o que eu queria. Mas não havia outra saída imediata, e mergulhei naquela tarefa. Me empenhei e trouxe bons resultados. Cheguei a expandir o negócio, e a trazer bons benefícios para quem dependia dele, assim como a minha mãe.

SAÍDA EM UM ANO

Com o falecimento de minha mãe e de outros parentes, decidi então que não queria ficar mais à frente do negócio. Foi quando planejei a minha saída, algo que duraria um ano. De acordo com o que fixei para mim, programei oferecer o negócio primeiro para os meus irmãos. Tudo estava redondo e trazendo uma boa lucratividade. Fiz essa proposta para os meus irmãos, mas eles estavam engajados em outras atividades e tinham outros interesses.

O fato deles não poderem atender ao que eu havia proposto estava, também, previsto no meu planejamento. Portanto, eu iria para o passo seguinte que seria vender o negócio. Caso não houvesse um comprador no prazo de até seis meses, eu ofereceria para os gestores que trabalhavam para mim à época. Se eles também não se entusiasmassem, eu encerraria todo o negócio. E assim foi. Em três meses, eu vendi parte do negócio, desmembrando-o, e aos gerentes, o remanescente. Como os valores de investimento foram reduzidos, consegui vender aos gerentes de forma que conseguissem me pagar com a lucratividade do próprio negócio.

Também era parte do meu planejamento migrar do mercado empreendedor para o mundo corporativo. Nesta época, quando eu estava com meus 34 anos de idade, chegavam ao Brasil grandes grupos varejistas estrangeiros, com amplas redes, modelo de gestão avançado e boa governança. Como eu havia me programado, enviei meu currículo para várias dessas empresas e conversei com algumas pessoas estratégicas, tentando uma colocação como diretor de alguma delas. Mas não deu certo. Não consegui me colocar.

Era um revés, mas um bom planejamento é aquele que tem flexibilidade. Decidi que deveria incrementar o meu conhecimento nesse setor, fazendo uma boa reciclagem e adquirindo maior domínio. Considerei, então, a possibilidade de fazer o MBA de Varejo na Universidade de São Paulo (USP). Entendi que, caso eu aprofundasse e atualizasse os meus conhecimentos teóricos, me qualificaria melhor para as funções que desejava assumir.

Me matriculei. No curso havia um colega, com o qual iniciei uma amizade. Contei a ele a experiência com as lojas da minha família e do planejamento que havia estabelecido para sair do negócio. Ele escutou com atenção. Passado quase um ano, este amigo ligou e me convidou para uma reunião no fim da tarde daquele mesmo dia. Sentado à mesa, ele contou que havia acabado de se tornar CEO de uma empresa multinacional no Brasil, especializada na terceirização de processos de negócios (sigla em inglês "BPO"). Me ofereceu o cargo de CFO, ou diretor financeiro.

Eu nunca havia trabalhado nesse segmento ou como CFO. Portanto, o que eu imagino que atraiu a sua atenção e o fez decidir apostar na minha capacidade foi ter se impressionado com a lógica e a execução do planejamento que fiz para a transição do negócio familiar e o fato de ter me interessado em uma reciclagem, engajando-me em um MBA sobre o varejo. Aceitei a oferta que ele me fez. Foram meses complexos e desgastantes que se seguiram, mas eu consegui, graças ao hábito de planejar minhas ações, envolver a minha equipe direta e colegas de outras áreas nesse planejamento, colocar a empresa, em conjunto com a gestão do CEO, em um bom patamar.

FLEXIBILIDADE E NEGOCIAÇÃO

O bom encadeamento destas minhas experiências é uma mostra de que o planejamento não deve ser "imexível" e rigoroso, algo a ser seguido ao pé da letra, independentemente do que surja pela frente. Agindo assim, provavelmente você perderá oportunidades, como aquela que me transformou em um CFO, ou ficará paralisado diante de fatos adversos, a exemplo de eu não ter tido sucesso quando pleiteei uma posição junto às empresas que me interessavam. É preciso ser flexível e saber negociar, consigo mesmo e com os demais, buscando alternativas.

No entanto, é necessário termos um planejamento, que vou chamar de macroplanejamento, que deve ser entendido como algo a ser mantido com algum rigor. Voltando mais uma vez ao que experienciei, o meu planejamento macro seria deixar de atuar como empreendedor e me estabelecer no mercado corporativo. Dentro desse projeto macro, muitas vezes torna-se imperativo fazermos escolhas em uma dimensão micro, ou seja, flexibilizar o planejamento. Justamente o que ocorreu comigo, ao oferecer a minha expertise financeira àquela empresa de terceirização de processos de negócios, um segmento o qual nunca havia me passado pela cabeça como uma possível oportunidade.

O QUE FAZER?

Planilhas não foram feitas para humilhar ninguém – Se a ideia de planejar sua carreira traz à lembrança planilhas e fluxogramas, eu não diria que você está equivocado. Para algumas pessoas, colocar seus projetos no "papel" (e papel aqui deve vir entre aspas, pois há muito o trocamos pelas telas dos computadores e smartphones) é uma importante estratégia para focarmos nossas atividades e sermos capazes de checar os avanços e eventuais desvios de rota.

O universo conspira a seu favor, mas com ressalvas – Você certamente já deve ter ouvido dizer que, quando alguém se empenha de verdade em um projeto e o segue com disciplina e perseverança, fatos favoráveis começam a surgir e aceleram, de maneira surpreendente, a velocidade com que o objetivo fixado é alcançado. Em casos assim, costuma-se dizer que o universo passa a conspirar a favor dessa pessoa, abrindo oportunidades e possibilidades abundantes. No entanto, não devemos acreditar em mágica. Como já foi dito, a boa disciplina de execução é essencial para que o planejamento de carreira se desenvolva de uma maneira constante e favorável. Não vou negar que talvez possa haver algum empurrão vindo de alguma dimensão que não conhecemos bem. Quem sabe? Há muitos mistérios entre o céu e a terra que nos escapam à compreensão.

Mas também podemos imaginar que se você está verdadeiramente comprometido com um projeto, a sua capacidade de enxergar oportunidades torna-se mais aguçada. Outras pessoas, por saberem do que lhe interessa, podem oferecer ajuda ou propor arranjos de interesse mútuo. O universo ajuda, mas exige como contrapartida o seu envolvimento, comunicação e constância na busca do que você deseja. Planejar poupará muito tempo e dores de cabeça para você!

Planeje!

2

Saiba o que você quer para si e cuidado com as armadilhas que se escondem pelo caminho.

Mesmo que, nos seus tempos de criança, você tenha sido da geração que se divertia muito mais com mangás e animações do *Cartoon Network, Castelo Rá-Ti-Bum* e *Pokémon* do que com aqueles antigos gibis, com certeza você sabe quem é o Tio Patinhas. Personagem criado em 1947, pelo roteirista e desenhista Carl Barks (1901-2000) para os estúdios de Walt Disney[13], o Tio Patinhas é um pato antropomorfizado como um velho de origem escocesa[14], com suas suíças, cartola, pincenê, casacão vermelho, bengala e polainas. Foi considerado "o pato mais rico do mundo"[15], posto que, até o momento, não lhe foi ainda retirado.

Ele se tornou um bilionário por uma conjunção de trabalho duro e sorte. Do lado do trabalho duro, seu criador o colocou nas mais diversas e perigosas, atividades em várias partes do planeta, das quais saía invariavelmente mais rico[16]. Já o auxílio supranatural surgiu da mágica da sua "moedinha número um". Uma peça de 10 centavos de dólar americano[17] dada a ele como pagamento, quando ainda criança, pelo primeiro sapato que engraxou na sua cidade natal, Glasgow, capital da Escócia. Patinhas nunca se separou da moeda-talismã em toda a sua vida e, em várias ocasiões, ela fez sua fortuna aumentar[18].

---

13 POLLACK, Michael. **Carl Barks, Father of Scrooge McDuck, Is Dead at 99**. Disponível em: https://www.nytimes.com/2000/08/26/nyregion/carl-barks-father-of-scrooge-mcduck-is-dead-at-99.html.

14 O nome do personagem em inglês, *Scrooge McDuck*, é claramente escocês. **Donald Duck Family Tree**. Disponível em: http://duckman.pettho.com/tree/v_american.html.

15 Em 2013, a revista *Forbes* calculou a fortuna de *Tio Patinhas* em 65,4 bilhões de dólares, em uma lista fantasiosa na qual a publicação comparava a riqueza de personagens de ficção. O cálculo levava em conta o volume de dinheiro guardado na caixa forte de Patinhas, localizada na cidade de Patópolis, conforme foi imaginado por Carl Barks em várias das suas histórias. **Who's Richer: Scrooge McDuck, Bruce Wayne or Tywin Lannister?** Disponível em: https://www.forbes.com/sites/nowthisnews/2013/07/31/whos-richer-scrooge-mcduck-bruce-wayne-or-tywin-lannister/?sh=305db54473bc.

16 *Scrooge McDuck*. Disponível em: https://disney.fandom.com/wiki/Scrooge_McDuck.

17 *Number One Dime*. Disponível em: https://disney.fandom.com/wiki/Number_One_Dime.

18 *Scrooge McDuck*. Disponível em: https://disney.fandom.com/wiki/Scrooge_McDuck.

A segunda vez que a sorte sorriu para o personagem se deu logo após a sua migração para os Estados Unidos. Mais especificamente, Patinhas correu para a região do Klondike, no estado do Alasca, na qual houve, entre 1896 e 1899, uma "corrida do ouro", que atraiu cerca de 100 mil aventureiros de todo o mundo, ansiosos por uma riqueza fácil[19]. Foi ali que o Tio Patinhas iniciou a sua gigantesca fortuna, ao encontrar, em uma mina abandonada, na qual o corpo de um mamute congelado assombrava os demais garimpeiros, uma pepita de ouro "do tamanho de um ovo de ganso"[20].

Encontrar ouro e pedras preciosas, ganhar prêmios na loteria ou receber fantásticas heranças inesperadas são enredos que, se já merecem ser considerados desgastados e repetitivos até para histórias em quadrinhos e filmes infanto-juvenis, incrivelmente ainda permanecem no subconsciente de muitos de nós, adultos, como um exaltado devaneio sobre a possibilidade de alcançarmos sucesso financeiro.

CUIDADO COM AS TACADAS

Não há nada de errado em alguém tirar proveito da boa fortuna de encontrar pedras preciosas ou ser o beneficiário no testamento de um esquecido tio riquíssimo. Se você tropeçar em uma pepita de ouro e ela não pertencer a ninguém, aproprie-se dela e usufrua do dinheiro que ela poderá render.

No entanto, o que talvez devamos ter ainda mais cuidado é com as "tacadas". Explicando, é aquela visão de cortar caminhos, acreditar que há oportunidades fáceis de obter sucesso financeiro, uma "tacada de sorte". Assim, no momento em que tais "oportunidades" parecem surgir à sua frente, você correrá o risco de querer trocar o esforço que fazia para construir uma trajetória com aquilo que você realmente desejava, pela ilusão, carregada de forte cunho emocional, do ganho rápido.

19 *What Was the Klondike Gold Rush?* Disponível em: https://www.nps.gov/klgo/learn/goldrush.htm.

20 HINCHEY, Garrett. *How Scrooge McDuck Got Rich Off the Klondike Gold Rush.* Disponível em: https://www.cbc.ca/news/canada/north/might-solve-a-mystery-or-rewrite-history-1.5242022.

Há várias crenças, lendas urbanas, que reforçam essa visão. Não é raro pensarmos, quando vemos alguém bem-sucedido, de que aquela situação favorável surgiu de um dia para o outro, sem esforço. É como se as pessoas descobrissem, numa bela manhã, uma mina de diamantes no quintal da casa e, a partir daí, tudo fluísse facilmente, enquanto nós nos matamos de trabalhar. Isso é pura fantasia.

Gente de sucesso trabalha duro ao longo de muitos anos. Elas caem e se reerguem, erram e se corrigem. As exceções são muito raras para serem levadas em conta. O que costuma acontecer é que aqueles que estão satisfeitos e progredindo nas suas atividades profissionais chegam a este estado por saberem o que querem para si e por terem perseguido esse objetivo de maneira disciplinada, perseverante e competente.

O QUE QUEREMOS

Estou convencido, portanto, que o primeiro movimento que devemos fazer é termos o entendimento exato do que queremos para nós mesmos. Refletirmos sobre em quê vale a pena empregarmos as nossas capacidades, o nosso tempo e energia. Ou seja, mais uma vez, falamos aqui do autoconhecimento.

Como tratado em capítulos anteriores, os nossos desejos mudam com o passar do tempo. Nos primeiros anos da nossa trajetória profissional, costumamos estar mais preocupados em sermos bem-remunerados, garantir rapidamente o nosso sustento e alguns já começam a formar os primeiros ativos de seu patrimônio. É o momento em que procuramos aquelas minas de ouro, jazidas de diamantes. Queremos fazer dinheiro mais rápido!

Eu passei por essa fase, procurei oportunidades em bancos, entre outros negócios, focado na elevada remuneração que eles poderiam proporcionar. Mas, ao longo da carreira, isso costuma mudar. Depois que se atinge um determinado patamar, no qual nos sentimos mais seguros financeiramente, surge uma forte vontade de buscar novos interesses.

Essa também foi uma experiência pela qual passei. Quando ocupei aquela posição executiva na empresa de terceirização de processos de negócios (BPO), esta era a única oportunidade que havia surgido para mim e eu a agarrei com unhas e dentes. Devo admitir que foi uma experiência muito positiva. Me envolvi em novas funções, aprendi muito e desenvolvi várias habilidades úteis para o mundo corporativo multinacional e com aplicações claras para empresas nacionais com desejo de crescer.

Mas houve um momento em que a empresa adotou um ERP[21], padronizou processos e, com isso, adotou uma gestão centralizada em sua matriz. Todas as diretrizes passaram a vir dos EUA. Em resumo, não havia liberdade para uma gestão verdadeira, em que pudéssemos fazer prospecção de novos clientes sem que estes tivessem vínculo com clientes da matriz ou contassem com a sua aprovação tácita. Tomar decisões que considerássemos mais adequadas para o mercado brasileiro também passavam por um calvário de aprovações e, por muitas vezes, o processo era infrutífero por se perder o *timing* na execução do programa defendido e atender às necessidades dos clientes.

A FONTE SECOU

Comecei a perceber que não faziam sentido as posições de CEO ou COO na filial brasileira. Não havia mais o que avaliar e decidir pela gestão daqui do Brasil. Nenhuma inovação significativa era possível. Desafios para fazer a empresa crescer não eram bem-vindos e as perspectivas futuras não eram favoráveis. Não era aquilo que eu desejava para mim. Apesar de ter aprendido coisas importantes, a fonte já havia secado. Decidi sair e esta foi uma decisão certa.

Se eu ficasse ali, acomodado, talvez ganhasse um dinheiro fácil, com pouco esforço. Era quase como ter uma pepita de ouro, como aquela encontrada pelo Tio Patinhas. Mas, não! Aquilo não me mobilizava mais. Eu não via sentido. Fui trabalhar em uma construtora. Ali, ao contrário da multinacional, precisávamos nos desdobrar. Quando cheguei nessa nova empresa, ela estava se preparando para incrementar o seu portfólio de obras e precisava captar recursos para o seu crescimento.

Eu precisava fazer contato com bancos, montar apresentações a respeito do negócio, mostrando o nosso modelo de gestão, resultados realizados e projetados, garantias e, claro, buscar por bancos dispostos a investir no nosso crescimento.

---

21 ERP, Planejamento de Recursos Empresariais (*Enterprise Resource Planning*), é um aplicativo que reúne, em uma única plataforma digital, vários processos de administração empresarial: finanças, RH, produção, cadeia de suprimentos, serviços e outros. A adoção desse recurso costuma ter forte impacto sobre a dinâmica interna das empresas que o adotam. **O que é ERP?** Disponível em: https://www.sap.com/brazil/insights/what-is-erp.html.

No terceiro ano em que estava na construtora, eu já havia captado volume suficiente para que aumentássemos a nossa receita em cinco vezes.

CAMPO DE INCERTEZAS

Eu estava feliz, fazendo algo que me empolgava. No entanto, acredito que as circunstâncias menos favoráveis são capazes de trazer lições preciosas. Uma delas é a de que temos a oportunidade de aprender a dizer "não" às influências externas e tentações. Promessas enganosas e ciladas como: "Venha trabalhar na nossa empresa. Aqui, você vai ganhar o dobro..." podem esconder infelicidades profissionais, ou seja, os valores empresariais dela podem se chocar com os seus.

Aceitar essas propostas única e pensar exclusivamente em remuneração pode nos fazer caminhar para trás. Em busca de um dinheiro fácil, entramos em uma dimensão sombria. Ficaremos infelizes, deprimidos, perderemos um precioso tempo em que poderíamos estar desenvolvendo algo de que gostamos verdadeiramente, negócios relevantes aos nossos olhos, que gerem impacto positivo, para nós e para o mercado. Este é o campo movediço para o qual podemos ser levados, caso consideremos que o que importa é apenas o dinheiro.

Portanto, da mesma maneira que temos de ter claro o que queremos para nós, também devemos saber, com a mesma precisão, o que não queremos viver, do que não queremos abrir mão. Não devemos negociar nossos princípios, valores e o que nos faz sentido. Se fizermos isso, é inevitável que, passado algum tempo, nos arrependamos de termos tomado um atalho acreditando que, no final daquela estrada, que seguia nitidamente uma direção incorreta, haveria um pote de ouro à nossa espera.

O QUE FAZER?

Tentações e armadilhas estão escondidas no caminho – Quem assistiu ao blockbuster da Disney de 1994, *O Rei Leão*[22], certamente nunca se esqueceu da cena em que Mufasa, o leão que reinava sobre todos os animais do

22 SALGADO, Lucas. **O Rei Leão**. Disponível em: https://www.adorocinema.com/filmes/filme-10862/.

Serengeti, morre ao tentar salvar seu filho, Simba. O leãozinho estava prestes a ser atropelado por antílopes e outros animais, que fugiam apavorados de uma emboscada armada por hienas, a comando de seu tio traidor, e o seu pai morre, ao tentar resgatá-lo. Depois de termos enxugado as lágrimas com esta que foi considerada uma das mais tristes cenas do cinema[23], ficou mais fácil entender exatamente o que quer dizer a expressão "seguir a manada". Assim como as zebras e os gnus daquela animação, nós, humanos, também podemos perder a nossa individualidade e imitar cegamente os outros, tomados pelo medo, pelo pânico ou, algo também lamentável, pelo irresistível impulso de acompanhar algum modismo.

Devemos prestar atenção a essas tentações e decisões influenciadas pelo comportamento dos demais, pois elas surgirão a todo momento em nosso caminho e são movimentos meramente emocionais. No plano profissional, isso pode se materializar das mais diversas formas. Por exemplo, decidirmos trocar de profissão e nos tornarmos chefs de cozinha sem analisar se temos as habilidades necessárias ou se poderemos nos manter financeiramente até que essa atividade nos remunere de maneira satisfatória, se é que isso irá acontecer algum dia. Outra reação, esta influenciada pelo medo, desistirmos da carreira que estávamos seguindo por termos sido demitidos ou criticados por uma eventual má performance, no lugar de avaliarmos nossas falhas enfrentá-las e corrigi-las.

Tentações são diferentes de oportunidades. Estas últimas quase sempre surgem dentro da nossa área de atuação e interesse, enquanto as tentações tendem a ser estranhas ao que gostamos e sonhamos em fazer. Não devemos abandonar os nossos propósitos, objetivos e a nossa essência por algum modismo ou qualquer desconforto momentâneo com o que fazemos. Os resultados dessas atitudes súbitas são efêmeros, se esgotam rapidamente e não trazem benefícios sólidos e continuados. Na medida em que sabemos o que queremos, teremos condições de reconhecer oportunidades consistentes e realizar as ações necessárias para poder aproveitá-las. Desconforto e desafios? Da mesma forma, saberemos enfrentá-los com positividade.

Sente-se no sofá e feche os olhos... Cada vez fala-se mais em meditação. Chega a parecer que meditar é uma cura milagrosa para qualquer dificuldade. Eu não penso assim, mas admito para você que medito com regularidade, e isso me

---

23 NASCIMENTO, Lucas. **O Rei Leão, Titanic e os Filmes que Mais nos Fizeram Chorar**. Disponível em: https://observatoriodocinema.uol.com.br/listas/2019/07/o-rei-leao-titanic-e-os-filmes-que-mais-nos-fizeram-chorar.

faz muito bem. Muita gente tem uma visão, que considero equivocada, sobre o que seja de fato meditar. Acham que devemos nos sentar com as pernas cruzadas, em determinada posição, ficar repetindo *Ommmm* e... puff! Algo mágico acontece!

O que é mais proveitoso para mim, no entanto, é considerar a meditação como um mergulho em si mesmo, um instante de solitude e recolhimento que dedicamos a refletir sobre um tema que esteja demandando a nossa atenção ou nos deixando ansiosos e tensos. Não é preciso acender incensos ou seguir alguma liturgia religiosa. Mas podemos colocar uma música suave, diminuir as luzes e escolher um local silencioso da casa. Depois de nos sentirmos mais serenos e relaxados, trazemos à consciência a questão que está girando em nossa mente. Podemos refletir sobre nossas reações diante de fatos incômodos, tomar decisões sobre nossos próximos passos profissionais, realizar uma checagem interna das nossas motivações e desejos.

Não recuse convites para conversar – Houve um momento, quando estava em transição de um trabalho para outro, em que fui convidado para uma entrevista com a direção de uma empresa, que atuava em uma área pela qual eu não tinha grande interesse. Mesmo assim, fui até a reunião e conversei longa e atenciosamente com aquelas pessoas. Fiquei grato pelo interesse delas, mas de fato não fechamos qualquer acordo quanto a uma possível contratação minha. Contei o caso a um conhecido, que possuía larga experiência no recrutamento de executivos. Ele aplaudiu a minha atitude. Disse que pessoas que agiam assim aumentavam muito suas chances de empregabilidade. Em primeiro lugar, porque só podemos saber com certeza as oportunidades que uma organização oferece se conversarmos com pessoas que nela trabalham.

A outra vantagem, disse este meu conhecido, é a de que termos o nosso perfil profissional avaliado por possíveis empregadores é uma preciosa ocasião para vermos o que o nosso currículo guarda de mais significativo e em que pontos ele precisa ser aperfeiçoado. Havia ainda um outro aspecto. Comparecermos a essas entrevistas serve como um treinamento para sabermos nos expor de maneira mais assertiva diante de potenciais oportunidades de trabalho. Em resumo, nunca diga 'não' a um convite para conversar. Se você vai aceitar as propostas que receber, essa já é outra questão. Mas não se furte a aumentar a sua rede de contatos e conhecimentos. Tenho feito isso. O Tio Patinhas também nunca deixou de examinar todas as oportunidades. É dessa maneira que nós dois viemos colhendo excelentes resultados.

Se possível, faça um retiro de algumas horas, um dia ou de um final de semana sozinho, para refletir sobre o que você gosta, sobre os seus desejos, o que te faz brilhar os olhos e o que não gosta, o que não tolera o que não quer para sua vida profissional nos próximos um, três e cinco anos. Coloque tudo que vier à sua cabeça por escrito e reflita sobre o que deseja, o que te motiva.

Questione-se!

3

Planejamento não se faz para o dia seguinte. Escalone o seu projeto ao longo do tempo.

Desde criança, Renan foi apaixonado por helicópteros. Desenhava essas aeronaves com seus lápis de cor, corria para a janela de casa quando ouvia algum passar, fazia voar e planar pelos quartos, salas e corredores, caixas, garrafas, sapatos... qualquer objeto que a sua imaginação infantil fosse capaz de moldar na forma de um rápido e ágil helicóptero.

Quando já era um adolescente, guardou o dinheiro que eventualmente ganhava dos pais, avós e outros parentes e comprou um helicóptero telecomandado, que voava movido a bateria e guiado por um controle. Renan se sentiu, literalmente, nas nuvens. Não ia a lugar algum sem levar o equipamento.

Filho único, mas sobrinho de muitos tios, ele mostrava a sua destreza pedindo-os para ficarem parados, de pé, enquanto ele fazia o mini-helicóptero rodeá-los, em um círculo perfeito. Os controles eram sensíveis e complexos. A manobra não era uma brincadeira de criança. Os tios se divertiam com o entusiasmo do sobrinho e respiravam aliviados com o fim da exibição. Afinal, a hélice, que girava rapidamente, lembrava um liquidificador.

PENSAR NO FUTURO

Como o tempo também voava, chegou o momento em que Renan deveria começar a pensar na sua vida profissional. A família queria saber que carreira ele desejava seguir. Renan considerava a pergunta quase tola: "Ué, piloto de helicóptero. Vocês não sabiam?" O pai de Renan sabia, até as árvores da rua sabiam, mas insistia que Renan prestasse um vestibular. "É preciso ter uma profissão que garanta o seu futuro, filho!"

Discussões subiam, desciam e planavam sobre a mesa do almoço, do jantar e do café da manhã. Finalmente, Renan decidiu recuar. Avisou que faria o vestibular, "só para agradar o pai". O que ele seria mesmo, jurou, era um piloto de helicóptero. Inscreveu-se em Engenharia Mecânica na FAAP e na Universidade Mackenzie, instituições de ensino disputadas em São Paulo. Foi aprovado nas duas, mas nunca se matriculou. Seu projeto era outro, seu plano era de voo. Para ser piloto de helicóptero, o ensino médio completo é suficiente.

Havia, no entanto, um desafio à frente. Aulas de pilotagem de helicópteros são caras. À época em que Renan prestou o vestibular, uma hora com um instrutor de voo valia mil reais. Um curso integral não sairia por menos de 100 mil[24]. A família de classe média, embora solidária, não tinha como bancar o número de aulas necessário para Renan conseguir a sua licença de piloto comercial.

Era preciso planejar, desenvolver uma estratégia para chegar lá. Um amigo da família, ouvindo a história, fez uma sugestão. Ele conhecia alguém que trabalhava exatamente em um hangar no Aeroporto de Congonhas, no qual sempre havia helicópteros. Que tal dar um pulo lá e conversar?

TELHAS E LÁGRIMAS

No dia seguinte, Renan já estava empregado, como ajudante de contabilidade, naquela empresa proprietária do hangar. O salário não era lá essas coisas, ninguém lhe daria aulas de pilotagem de graça e a possibilidade de uma carona nos helicópteros também era remota. Nada disso o desanimou. Seu plano era ficar ali, juntar o dinheiro na medida em que isso fosse possível e, somando com um presente de aniversário ali, uma ajudinha dos avós aqui, fazer as aulas.

Em um dos primeiros voos de instrução que teve, Renan avisou, no grupo de WhatsApp da família, a hora que iria estar no ar. Com a permissão do instrutor e sob a sua supervisão, pairou o helicóptero sobre a casa do avô. O barulho e a trepidação assustaram os vizinhos, talvez tenham até arrancado telhas e, certamente, fizeram rolar algumas lágrimas dos parentes emocionados.

A pandemia do coronavírus atrasou o seu projeto. A empresa chegou a demiti-lo, quando a queda no número de voos impactou a receita do hangar. Temendo não recuperar essa oportunidade, Renan chegou a se sentir deprimido. Quando a situação começou a melhorar, no entanto, seus chefes o chamaram de volta. Seu local de trabalho passou a ser uma pequena sala, sem janelas, na qual ele controlava, no computador, os números da empresa. Isso não diminuiu em nada a sua disposição. Algum tempo depois, ele conseguiu a licença para voar em categorias menores, amadoras. Há ainda um caminho a percorrer.

Renan nos oferece lições preciosas. A mais visível é a comprovação do que sempre falamos: o planejamento é vital para produzir bons resultados no desenvolvimento de uma carreira. Outro ensinamento é o de que quando esse planejamento é escalonado com metas a serem atingidas em prazos determinados, por

---

24 *Como se Tornar Piloto de Helicóptero.* Disponível em: https://goair.com.br/como-se-tornar-piloto-de-helicoptero/.

exemplo em um, três ou cinco anos, ele pode tornar-se ainda mais eficiente, até porque, fatores exógenos, que não controlamos, ocorrem e, sabendo aonde queremos chegar, seremos capazes de redirecionar nossas ações e continuarmos focados em nossas metas.

DORES E ALEGRIAS

Embora a história de Renan seja verdadeira (ela me foi contada por um amigo comum), não sei exatamente como ele fixou suas metas ao longo do tempo. Mas acredito não estar errado ao imaginar que a primeira etapa que ele determinou para si mesmo foi trabalhar em um local em que pudesse estar próximo dos helicópteros e de seus pilotos, para conhecer como era a rotina dessa atividade profissional.

Estando ali, em um hangar no aeroporto, ele poderia fazer amizade com os profissionais e conhecer quais eram as suas dores e alegrias. Quanto tempo eles precisavam se dedicar à própria formação? Onde estavam as melhores oportunidades de trabalho? Quais eram as categorias de licença necessárias para os diversos modelos de helicópteros? Como era a relação entre pilotos e empregadores? Talvez Renan precisasse de um ano, um ano e meio, ou mais para conhecer todo esse universo.

Se depois desse período, vamos chamá-lo de aclimatação, ele ainda continuasse disposto a seguir essa carreira, seria o momento de investir todas as suas fichas na sua formação como piloto. Quanto tempo isso levaria? Provavelmente dois, três anos... os candidatos a piloto devem fazer cursos teóricos e práticos, além de somar horas de voo. As aulas são caras, ele teria de economizar, o que exigiria mais um tempo a ser acrescentado ao planejamento. Dando tudo certo, ele receberia o certificado para Piloto Privado, o que permitiria voar em helicópteros, mas não profissionalmente. Talvez precisasse de uns dois anos mais para, enfim, receber a licença como piloto comercial[25].

25 Idem.

ESTRATÉGIA SWOT

Os projetos profissionais podem mirar o ar, o mar, um escritório, uma sala de cirurgia, uma cadeira na universidade ou um laboratório da Nasa. Mas para chegar a qualquer um deles, o primeiro passo é você saber quais são as suas verdadeiras aspirações e desejos. E isso não se limita a pessoas, como Renan, que estão se iniciando no mercado de trabalho. Também aqueles que já estão em um ponto mais além da carreira e desejam redirecionar a sua trajetória só conseguirão fazer um planejamento de médio ou longo prazo se entenderem com clareza o que desejam para si.

Para qualquer momento da vida profissional, há um instrumento clássico, utilizado há décadas na Administração, que considero uma ferramenta de grande valor para nos ajudar no planejamento da carreira, notadamente quando pretendemos que ele seja escalonado em metas, em prazos definidos. Chama-se análise SWOT e, apesar do nome imponente[26], é um exercício simples, capaz de nos dar subsídios importantes sobre as decisões que devemos tomar para dirigir a nossa carreira para a direção desejada. A análise SWOT é uma ferramenta determinante para você entender como está no presente momento. Quais são suas qualificações atuais, seja no campo do conhecimento ou comportamentais.

O SWOT é utilizado, sobretudo, por empresas. Mas nada impede que ele possa servir como um roteiro para o planejamento de pessoas físicas em relação às questões internas e externas que podem ter impacto na nossa vida[27]. Usando essa ferramenta, você irá listar as características que considera como os seus pontos fortes, que irão favorecer o desenvolvimento da sua carreira, e aqueles que são os pontos fracos, contra os quais você precisa adotar comportamentos proativos.

Nestes pontos mais frágeis entrarão questões como a ausência de conhecimentos teóricos ou técnicos para desenvolver determinada tarefa; dificuldades financeiras; fortes influências de outras pessoas e até dúvidas íntimas e pessoais. Os pontos fortes, por seu lado, dizem respeito às qualidades e habilidades que você tem e podem ser relevantes para alavancar a sua carreira e alcançar os seus desejos. Conhecimentos já adquiridos, cursos técnicos, experiências, resiliência,

---

26 A sigla SWOT é formada pelas iniciais das palavras em inglês Strengths (pontos fortes), Weaknesses (pontos fracos), Opportunities (oportunidades) e Threats (ameaças). NAKAGAWA, Marcelo. Ferramenta: Análise Swot (Clássico). Disponível em: https://www.sebrae.com.br/Sebrae/Portal%20Sebrae/Anexos/ME_Analise-Swot.PDF.

27 Idem.

energia, entusiasmo, facilidade em aprender, disciplina, constância, são alguns dos pontos fortes que o ajudarão na sua vida profissional.

FORA DO CONTROLE

Estas são as questões internas. Já na outra dimensão, externa, estão as oportunidades e as ameaças que podem se materializar diante de você. São aquelas ocasiões em que surge uma boa oportunidade de negócio, uma oferta de trabalho, um curso que o tornará mais competitivo. As ameaças também são variadas: uma crise econômica que abale os negócios, ser demitido ou perder o contrato de trabalho, ter a sua função substituída por uma máquina. Todas estas oportunidades e ameaças são externas; fogem do nosso controle.

É certo que não seremos capazes de prever todas as oportunidades que possam surgir ou escapar de todos os perigos. Mas, mapeando alguns deles, estabeleceremos estratégias que, além de atenuar essas ameaças, poderão ser usadas em situações que, no momento, são imponderáveis. Da mesma maneira, podemos nos enganar quanto ao que consideramos ser as nossas fortalezas, ou mesmo nos preocuparmos excessivamente com algum ponto fraco imaginário que, para o mercado, é irrelevante.

No entanto, ao fazermos um mapa mental indicando que caminho profissional queremos percorrer e tentar prever, com as informações que podemos conseguir, que dificuldades e facilidades surgirão à nossa frente, estaremos, sim, realizando um planejamento de carreira. Com esse roteiro, será bem mais simples organizar o escalonamento do seu progresso em uma linha do tempo, com metas a serem atingidas em períodos determinados.

Como já afirmei, não conheci o Renan pessoalmente, o jovem aficionado por helicópteros. Mas vou usar o que sei da sua trajetória e adicionarei algumas pitadas de imaginação às questões que desconheço, para montar, seguindo a metodologia SWOT, uma tabela que ele poderia usar para planejar a sua carreira.

PLANO DE VOO DO RENAN[28]

	AJUDA A CARREIRA	ATRAPALHA A CARREIRA
ASPECTOS INTERNOS	**Pontos fortes** • Determinação • Disciplina • Facilidade em aprender • Networking • Curso técnico em mecânica de aeronaves	**Pontos fracos** • Demissão • Conflito com a família • Insegurança por não ter curso superior • Não ter poupança
ASPECTOS EXTERNOS	**Oportunidades** • Mercado para helicópteros em alta • Já contratado em um negócio do setor • Empregadores gostam dele • Convívio com pessoas do mercado de voos comerciais de helicóptero	**Ameaças** • Preço muito alto das aulas • Para tornar-se profissional, é preciso investir em novos cursos • Pode ser demitido antes de completar o curso • Mercado pode se tornar saturado • Talvez tenha de se mudar de cidade, pois um dos melhores mercados está nas plataformas petrolíferas, no litoral fluminense

Um roteiro, mesmo simples como esse, permite às pessoas vislumbrar exatamente onde devem empenhar seus esforços, em que devem investir seu tempo e dinheiro, que ameaças podem surgir. São indicadores que podem trazer insights de como se preparar para as turbulências e tirar proveito dos ventos favoráveis que sempre se alternam ao longo das nossas vidas, e vejam que, como disse anteriormente, este quadro nos mostra em que estágio estamos e, sabendo aonde queremos chegar, podemos dar o segundo passo: entender a lacuna que precisamos preencher para alcançar o nosso objetivo, estabelecendo o plano dentro de um cronograma factível.

Com esse planejamento em mãos, portanto, Renan poderia fixar marcos a serem vencidos ao longo do tempo. Por exemplo, no quesito "networking", que é um dos seus pontos fortes e lhe garantiu até mesmo o emprego no hangar, ele

---

28 Idem.

poderá fortalecê-lo ainda mais, mantendo contatos com outras empresas da área, participando de eventos, se apresentando pelas redes sociais, fazendo visitas. Dessa maneira, caso o seu trabalho atual seja terminado, ele terá outros locais para onde enviar o seu currículo. Poderá decidir que, a cada uma ou duas semanas, irá conhecer alguém relevante da área e marcar uma conversa para reforçar os laços de conhecimento.

O alto preço das aulas é um obstáculo não tão simples de ser superado. Para isso, Renan faria uma reserva financeira mensal, estenderia o período morando com os pais e, quando juntasse o montante suficiente, no prazo que a sua poupança permitisse, iniciaria as aulas necessárias. Também tentaria amortecer os eventuais conflitos com o pai, que ansiava por vê-lo com um diploma, programando-se para tocar no assunto em momentos calculados para que, com uma estratégia de calma e paciência, pudesse contornar e pacificar aos poucos os desentendimentos.

Nunca é demais repetir e revisitar o planejamento de carreira, com a ajuda de uma ferramenta SWOT, ou qualquer outra estratégia que permita planejar de antemão os seus passos. Isso é algo que pode e deve ser feito em qualquer momento da sua vida, em que a mudança de área de atuação se configure como um desejo.

O QUE FAZER?

Um desenho vale mais do que mil elucubrações – Certa vez, conversava com uma pessoa que acabara de conhecer em uma palestra, quando começamos a falar sobre estratégias de planejamento. O meu interlocutor, um médico, contou como elaborou o projeto de construir a sua própria clínica. Ele estava nos primeiros anos de carreira e não possuía os recursos necessários para saltar do seu consultório para um empreendimento maior. Começou, então, a desenhar em um papel como seria a distribuição das salas e corredores da sua sonhada clínica.

Durante muito tempo, ele registrou elementos, como a posição da sala de espera, do corredor, do consultório, de que maneira os pacientes circulariam, em que cômodo ficariam os equipamentos. Desenhava no papel, apagava, fazia de novo, até conseguir a configuração que ele considerou ideal. Finalmente, esse médico construiu a sua clínica da maneira que havia projetado, e conquistou uma vasta clientela. Ele me explicou por que esse exercício de imaginação foi decisivo para o seu projeto. Segundo disse, registrar o sonho, por escrito ou com imagens, funcionou como um combustível para mantê-lo focado e determinado.

Ao se concentrar sobre aquela planta baixa, ele refletia sobre as decisões que deveria tomar para que a clínica saísse do papel. Dessa maneira, vislumbrou que o projeto era possível, estava ao seu alcance. Não devemos entender "desenhar" no seu sentido estrito, mas expressar os projetos no papel, no computador, tablet ou smartphone é uma prática que, sabe-se já há muito tempo, expande a consciência e traz ótimos resultados.

Seja 3% – Se há algo que sempre me entristeceu nos meus anos de carreira, foi ouvir, em especial, duas frases ditas por pessoas que se veem diante de desafios. A primeira, "não dá para fazer nada!" e, a outra, "ninguém me responde! E agora?". Nunca fiz um levantamento sistematizado da ocorrência dessas posturas entre profissionais, mas minha experiência me permite calcular que 97% das pessoas reagem automaticamente dessa maneira ao ter de enfrentar dificuldades, ou quando alguém lhes chama a atenção por alguma tarefa que não foi realizada a contento.

Essa é uma postura destrutiva e derrotista. Primeiro, porque sempre há o que fazer. Depois, se você sente que as pessoas à sua volta não estão lhe dando a ajuda ou o apoio que você considera merecido, este é um ótimo incentivo para que você resolva as questões de maneira autônoma e com o espírito da iniciativa. Mesmo que todos nós dependamos uns dos outros, há um amplo espaço que podemos ocupar. Pensar o contrário é se entregar à preguiça, à insegurança ou ao vitimismo.

Faça parte dos 3% que não se intimidam diante das exigências do dia a dia no trabalho ou atravessam com coragem as fases duras da vida profissional. Você se sentirá fortalecido e motivado quando riscar o "não há o que fazer" da sua mente. Então, fará parte do pequeno grupo de gente inovadora e destemida que faz a roda girar. As outras pessoas vão perceber isso. Planejar te dá a direção e o foco necessário para realizar o seu sonho! A falta de planejamento gera confusão e desperdício de energia, dinheiro e outros recursos valiosos. Pense nisso!

Planeje-se!

4

Vai mudar o rumo da vida profissional? Teste, antes, a nova estrada que você quer trilhar

De tempos em tempos, canais da TV paga ou serviços de streaming tomam algumas doses de otimismo e tentam ampliar o cardápio das preferências esportivas dos brasileiros com algumas modalidades que, apesar de todo esforço de marketing, ainda falham em despertar o apetite nacional. Exemplos dessas modalidades são o beisebol, o futebol americano e o rúgbi.

Devemos resistir à tentação de concordar com aquela explicação apressada, que afirma que essa indiferença nacional se justifica por serem estes esportes produtos exógenos, estrangeiros, que não fazem parte da nossa cultura. Afinal, se o Brasil se orgulha de ser o país do futebol, recebeu as suas chuteiras dos ingleses, que organizaram a modalidade na sua forma atual em 1840[29]. Já são quase 130 anos de bola rolando pelos campos verdes e amarelos[30].

Por outro lado, também, não foi por antiguidade que o futebol prevaleceu sobre aqueles outros esportes. O rúgbi surgiu antes, em 1823[31], e deu origem tanto ao nosso futebol, que se joga com os pés, como ao futebol americano, que já era praticado, com seus empurrões e rasteiras, na Universidade da Pennsylvania, em 1872[32].

ANALOGIAS FÁCEIS

Modalidades esportivas coletivas, como o futebol, o vôlei, o basquete e até algumas menos populares, como a corrida de revezamento ou o nado sincronizado, costumam render analogias fáceis, que defendem a excelência do trabalho

29 A História do Futebol pelo Mundo, Crenças, Culturas, Religiões e Violência. Disponível em: https://universidadedofutebol.com.br/2008/07/28/a-historia-do-futebol-pelo-mundo--crencas-culturas-religioes-e-violencia-2/.

30 O futebol foi introduzido no Brasil por Charles Miller em 1894. Disponível em: https://bit.ly/3AY3onO.

31 BATISTA, Rafael. Rúgbi. Disponível em: https://brasilescola.uol.com.br/educacao-fisica/rugbi.htm.

32 GUTOWSKY, Nicholas. Penn Football: Origins to 1901 – Varsity Team History. Disponível em: http://www.archives.upenn.edu/histy/features/sports/football/1800s/origins1.html.

em grupo, a importância da liderança ou tratam dos bons resultados alcançados quando uma equipe tem um claro objetivo comum.

Temos, no entanto, uma boa razão para lamentar que o rúgbi não tenha conquistado os nossos corações. Pois ele, sim, nos fornece uma analogia que é mais poderosa e, no mínimo, menos desgastada do que as que citei no parágrafo anterior. Estou falando do *Scrum*, um processo de gestão de projetos que tem como um dos seus dois criadores o piloto de caças na Guerra do Vietnã e desenvolvedor de softwares americano, Jeff Sutherland[33].

No rúgbi, o scrum é uma posição em que jogadores dos dois lados se amontoam no meio do campo, formando um círculo compacto de 16 atletas, oito de cada time. Os atletas de cada lado se seguram firmemente pela cintura e forçam, com os ombros, os adversários que estão à frente. É possível imaginar a pressão que é exercida nessa espécie de cabo de guerra no qual os participantes não são puxados, mas empurrados com vigor.

A bola é, então, lançada no meio desse amontoado humano que se agita tentando fazer com que os rivais percam o equilíbrio e recuem. Com os pés e as mãos, os que estão no centro tentam lançar a bola, que é oval, para os companheiros que estão atrás (no rúgbi não é permitido fazer passes à frente, só para trás ou para o lado). Entre caneladas, mãos pisadas e arranhões, um dos times toma posse da bola e corre para tentar avançar sobre o campo do adversário[34].

COMPORTAMENTO ELÁSTICO

Jeff e o seu sócio, Ken Schwaber, escolheram o nome dessa jogada, scrum primeiro para fazer referência aos benefícios do trabalho em equipe, a importância em ter um objetivo comum, etc. Mas a analogia ganha um toque de inovação quando se sabe que, para os autores, tão interessante quanto ter uma equipe unida é ter um planejamento elástico, que comporte mudanças rápidas de rumo, sem que a equipe fique paralisada, não saiba o que fazer ou atrase as suas entregas.

---

33 Quem é Jeff Sutherland? Conheça o "Pai" do Scrum e sua Trajetória. Disponível em: https://www.ieepeducacao.com.br/jeff-sutherland/.

34 **Rugby for Dummies Cheat Sheet.** Disponível em: https://www.sd43.bc.ca/school/summit/SportsMusicClubs/Documents/RUGBY%20FOR%20DUMMIES%20CHEAT%20SHEET.pdf.

Os fundamentos dessa metodologia foram destrinchados por Sutherland no seu livro *Scrum: a arte de fazer o dobro do trabalho na metade do tempo*[35]. Embora este método de gestão de projetos tenha sido criado por Jeff e Ken especialmente para empresas, nas quais o trabalho é desenvolvido por equipes, podemos adaptar algumas das suas propostas para ajudar você a tornar mais ágil e maleável o seu planejamento de carreira.

Veja algumas dessas sugestões:

- Sutherland defende que um planejamento super detalhado é contraproducente. Isso pode fazer com que você se torne resistente e pouco disposto a fazer mudanças, quando elas forem necessárias. Se você fez um planejamento rígido para desenvolver sua carreira e algo não sair exatamente como o esperado, esta sua falta de elasticidade (ou flexibilidade) pode fazer com que seus movimentos travem, seu desenvolvimento se dê com atrasos e até haja uma paralisação definitiva.
- A metodologia *Scrum* também defende que as metas propostas (no nosso caso aqui, para sua carreira) estejam sempre sendo revisadas e, caso você considere que elas ficaram defasadas em virtude de mudanças no cenário ou até dos seus desejos, o aconselhável é fazer as adaptações rapidamente.
- A avaliação do andamento do processo e de até onde se evoluiu deve ser feita constantemente. Dessa forma, se houver necessidade de ajustes, estes serão feitos nas primeiras etapas. Errar no início sai mais barato e exige menos esforço do que um erro tardio, afirma Jeff Sutherland.
- A divisão do planejamento em etapas é algo capaz de aumentar as chances de você atingir seus objetivos. Se você tem como meta, por exemplo, fazer, daqui a um ano, uma imersão no exterior para melhorar o seu inglês, isso pode ser dividido em alguns passos. Você pode, além de ir economizando o dinheiro necessário, fazer um curso online gratuito e colocar como objetivo ler um livro em inglês depois de três meses de estudo. Mais tarde, terá como meta assistir a filmes com legendas em inglês e, depois, sem qualquer legenda. Assim, quando for para o exterior, estará pronto para desenvolver o seu inglês muito mais rapidamente.
- Outra sugestão do *Scrum* é dar a maior visibilidade possível aos passos do seu projeto. Essa é uma atitude semelhante àquela que contei no

---

35 SUTHERLAND, Jeff. **Scrum**: a arte de fazer o dobro do trabalho na metade do tempo. Rio de Janeiro: Sextante, 2019.

capítulo anterior, na qual um conhecido desenhava continuadamente a sua futura clínica médica para manter ativo o seu desejo de ampliar o negócio. Na proposta do *Scrum*, caberia colocar lembretes ou mesmo cartazes no seu escritório ou nas paredes de casa com referências ao que você deve fazer e quando, para chegar aos seus objetivos.

MANOBRAS RÁPIDAS

Eu me sinto ainda mais à vontade em afirmar que as propostas apresentadas pelo *Scrum* se adequam a projetos individuais de carreira quando examino aquele que eu considero um dos seus mais criativos pontos, o *sprint*[36]. Talvez pelo seu passado de militar e de piloto de avião a jato, Jeff Sutherland é um adepto de manobras rápidas e da velocidade. Entre outras recomendações, ele defende que as reuniões das equipes sejam feitas com todos de pé e durem, no máximo, 15 minutos[37].

O *Sprint*[38] incorpora, portanto, o espírito da velocidade. Nele, é proposto que se trabalhe com um conjunto de tarefas, no lugar de grandes objetivos de longo prazo. As metas, afirma Sutherland, devem ser resolvidas, no máximo, em um mês. Em alguns casos, esses prazos são ainda menores. Isso acontece em grandes empresas que trabalham seguindo diretrizes do *Scrum*. O Google é uma delas. A empresa pratica *sprints* que determinam que um novo software ou produto tem um prazo de até uma semana[39] para se mostrar viável. Após esse período, caso não se comprove como algo proveitoso, ele é abandonado.

---

36 Não é possível traduzir para o português, com uma única palavra, o termo inglês "sprint" . Seu significado é "correr em velocidade máxima, especialmente em uma distância curta". Sprint é, no atletismo, uma modalidade de corrida na qual o atleta tenta imprimir a sua mais alta velocidade, em uma pista e tempo curtos. Sprint (corrida). Disponível em: https://stringfixer.com/pt/Sprint_event.

37 SUTHERLAND, Jeff, **Scrum – A Arte de Fazer o Dobro do Trabalho na Metade do Tempo**, Ed. LeYa, 2016

38 O *Sprint* é considerado, hoje, uma metodologia de criação de novos projetos, que surge a partir do *Scrum* e de outros métodos ágeis de gestão, que foi desenvolvida no Google. Para saber mais, leia o livro: *Sprint: o método usado no Google para testar e aplicar novas ideias em apenas cinco dias*, dos autores Jake Knapp, John Zaratsky e Braden Kowitz, Intrínseca, 2017.

39 O que é um Scrum Master e qual o Seu Papel. Disponível em: https://www.ieepeducacao.com.br/scrum-master/.

MERGULHO NO TRABALHO

Não estou dizendo que alguém que está planejando uma transição de carreira que exija novos conhecimentos, habilidades e mudança de área ou até de cidade tome decisões em uma semana. A maneira como eu transponho o conceito do *Sprint* para esses movimentos individuais é sugerindo um mergulho rápido no novo ambiente ou trabalho para o qual se pretende migrar, para avaliar se é aquilo que realmente poderá nos trazer realizações e satisfação profissional.

Um exemplo de *Sprint* é o que foi feito por um amigo meu, jornalista. Durante muito tempo, ele imaginava que se sairia bem e se divertiria mais tornando-se publicitário. Acompanhava de perto essa indústria, conversava com quem trabalhava nesta área, assinava publicações especializadas. Um dia, decidiu que faria um curto estágio em uma grande agência de publicidade. Tirou férias na editora em que estava empregado e foi trabalhar como redator publicitário por um mês, inclusive sem receber salário. Já na primeira semana, percebeu que o seu desejo era movido por uma fantasia, e a realidade era bem outra. Desistiu de seu projeto, sem nunca se arrepender, pois pôde verificar, na batida do dia a dia, que não era exatamente aquilo que desejava.

O QUE FAZER?

Check-list da sua rotina – Desconfio de listas de coisas a fazer, quando soam muito definitivas. Elas costumam ser reducionistas, parciais, e, por isso, devemos entendê-las mais como um incentivo a uma reflexão sobre como estamos gerenciando a nossa carreira do que como um diagnóstico. Assim, uma pergunta importante que devemos nos colocar com frequência é: quanto tempo estamos dedicando à concretização do nosso objetivo profissional? Essa dedicação significa o quanto você está lendo artigos, livros, fazendo pesquisas ou se encontrando com um mentor.

Acredito que quando alguém dedica menos de 20% do seu tempo para gerenciar a carreira, isso deve ser entendido como um sinal de alerta. Talvez indique que a motivação esteja baixa ou mesmo inexistente. Caso isso esteja acontecendo com você, sugiro uma reflexão sobre os possíveis motivos do seu entusiasmo pelo trabalho ou pelos seus objetivos profissionais estarem tão baixos. Faça-se perguntas como estas:

Será que é isso mesmo o que eu quero? Eu tenho medo da mudança? Por que eu teria medo, onde está esse fantasma que me assusta? Estes são questionamentos que trazem importantes elementos para o autoconhecimento.

Outra pergunta seria se você revisa periodicamente o ambiente profissional que o cerca. Ou seja, se verifica se o caminho que pretende seguir continua fazendo sentido diante das mudanças econômicas, políticas e tecnológicas pelas quais passa a sociedade. Também devemos nos perguntar se os nossos projetos estão em harmonia com a nossa vida pessoal. É provável que seus planos serão fortemente influenciados por questões como um casamento, uma separação do cônjuge, o nascimento de um filho, a morte de alguém próximo. Por essa razão, devemos estar preparados para ajustá-lo ou reformatá-lo inteiramente, caso seja necessário.

Pude comprovar pessoalmente a importância que aquele *sprint*, que é proposto na metodologia *Scrum*, tem para a definição dos nossos projetos profissionais. Houve uma época em que fiquei fascinado com a ideia de tornar-me piloto de aviões. Procurei um curso de pilotos, me matriculei e consegui o meu brevê. No entanto, o meu entusiasmo esfriou quando comecei a conviver com pilotos profissionais e me dei conta de como era a rotina que eles enfrentavam. Este era o ponto. Eles não viviam uma rotina de horários definidos. Trabalhavam as horas que a empresa determinava, não tinham feriados ou finais de semana. Às vezes passavam dias longe de casa e da família. Este ponto, tenho certeza, foi o que me fez desistir daquela carreira. À época, eu era solteiro, mas não imaginava a minha vida sem me casar, ter um lar, filhos. E queria conviver com a minha família, ver as crianças crescerem de perto, participar dos campeonatos, festas e estar presente nos desafios que eles tivessem de enfrentar. Talvez eu não conseguisse nada disso se fosse piloto em alguma empresa de aviação.

Aquela rápida imersão no mundo da aeronáutica, um *sprint*, afinal, me fez ver que havia uma grande incompatibilidade entre os meus projetos pessoais e uma potencial profissão a seguir. Escolhi priorizar a vida familiar e escolher uma atuação profissional que me permitisse ter uma rotina de convívio com a minha família. Porém, outras pessoas podem ter objetivos diferentes e desejarem uma carreira que não siga uma rotina estabelecida. Não faço juízo de valor. Todas as escolhas têm relevância, mas recomendo firmemente que você faça um *sprint* antes de tomar decisões profissionais definitivas.

Antes de mergulhar de cabeça, faça experimentos rápidos!

Flexibilize-se!

PARTE IV

Atitudes e comportamentos para prosperar em sua carreira

1

Como você se sente no domingo à noite diz muito a respeito da sua relação com o trabalho.

Não importa qual seja o seu posicionamento ideológico ou preferência partidária; acredito que você deveria concordar comigo de que Tancredo Neves (1910-1985) foi um dos mais relevantes políticos brasileiros. Em uma carreira pública que se estendeu por 50 anos, Tancredo ocupou os cargos de vereador; deputado federal, por três mandatos; senador e governador por Minas Gerais; primeiro-ministro, ministro da Justiça e, finalmente, foi eleito Presidente da República[1].

Neste mesmo meio século, que vai de 1935 a 1985, o Brasil atravessou tempestades políticas intensas. Houve três golpes de Estado (perpetrados por Getúlio Vargas, em 1937, e pelos militares, em 1945 e 1964); o suicídio de Vargas (1954); a renúncia do presidente Jânio Quadros (1961); a deposição do presidente João Goulart (1964) e a volta à democracia, em 1985, após a passagem pela Presidência da República de cinco mandatários militares eleitos indiretamente[2]. Em todos estes momentos, Tancredo Neves esteve presente, e com uma atuação importante.

IRONIA DO DESTINO

Se essa impressionante folha corrida já não fosse suficiente para garantir o seu lugar na memória nacional, o último ato político de Tancredo Neves o colocaria, não sem uma grande dose de ironia, na galeria dos fatos inusitados da História do Brasil. Tancredo Neves foi uma das figuras centrais nas tratativas políticas para permitir a volta dos civis à Presidência da República. Sua moderação e habilidade política o tornaram confiável tanto para os militares quanto para aqueles que faziam oposição ao regime[3].

---

1 RAMOS, Plínio de Abreu; CAMPOS, Patrícia. Tancredo Neves. Disponível em: http://www.fgv.br/cpdoc/acervo/dicionarios/verbete-biografico/tancredo-de-almeida-neves.

2 QUEIROZ, Tulio. História do Brasil. Disponível em: https://mundoeducacao.uol.com.br/historiadobrasil.

3 DIAS, Rodrigo Francisco. Tancredo Neves e a Redemocratização do Brasil. Disponível em: https://periodicos.ufmg.br/index.php/temporalidades/article/view/5654/3587.

Costurou alianças e comprometeu-se em negociações que culminaram com a sua indicação, em uma eleição ainda indireta por um Colégio Eleitoral, como o primeiro presidente civil após 21 anos de ditadura militar. Mas foi neste momento que o destino começou a se mostrar inacreditavelmente irônico.

No dia 14 de março de 1985, véspera da sua posse como presidente, Tancredo sofreu fortes dores abdominais. Uma apendicite foi diagnosticada. No dia 15, quando deveria receber a faixa, foi operado de urgência em Brasília. O vice-presidente da sua chapa, José Sarney, é quem tomaria posse[4]. Embora a cirurgia tenha sido realizada com sucesso, logo surgiriam complicações no pós-operatório. Seu estado de saúde piorava de maneira contínua. Em 34 dias, ele seria submetido a sete operações[5]. Em 21 de abril de 1985, Tancredo Neves faleceu, no Instituto do Coração, em São Paulo. Era o primeiro presidente do Brasil eleito a morrer antes da sua posse.

POLÍTICO MINEIRO

Em seus 50 anos de carreira política, Tancredo Neves foi um dos melhores exemplos do que o folclore nacional classifica como "político mineiro". Alguém que evita declarações radicais; tenta ao máximo não externar a sua própria opinião; e que quando se vê em um ambiente em que dois lados divergem fortemente entre si, busca a conciliação, não concordando, nem discordando, de nenhum dos dois lados em conflito. Há quem não goste de gente assim. Os consideram dissimulados, omissos. Outros têm admiração pelas suas habilidades interpessoais, a capacidade de conciliação, o esforço em evitar conflitos. Acompanhe um exemplo de como Tancredo Neves era habilidoso em desviar-se de situações potencialmente desconfortáveis.

Em 1983, quando se despedia do Senado Federal para assumir o governo de Minas Gerais, Tancredo afirmou em seu discurso que campanhas eleitorais eram "uma luta para machos"[6]. A frase, obviamente, caiu mal entre as mulheres

---

4 RAMOS, Plínio de Abreu; CAMPOS, Patrícia. Tancredo Neves. Disponível em: http://www.fgv.br/cpdoc/acervo/dicionarios/verbete-biografico/tancredo-de-almeida-neves.

5 Idem.

6 SAVARESE, Maurício. Centenário do Nascimento de Tancredo Neves é Comemorado Amanhã; Confira Frases do Presidente que Nunca Governou. Disponível em: https://noticias.uol.com.br/politica/ultimas-noticias/2010/03/03/dez-frases-para-entender-tancredo-neves.htm.

em geral, e particularmente entre aquelas que tinham cargos políticos e, portanto, também haviam participado do corpo a corpo intenso que envolve a luta por votos.

Entre estas, estava Ruth Escobar (1935-2017), atriz de grande prestígio nacional eleita duas vezes deputada federal por São Paulo e presidente do Conselho Nacional dos Direitos da Mulher[7]. Ruth protestou, mas Tancredo nem piscou: "Não é nada disso, minha filha. Macho, hoje, é uma palavra unissex."[8]

TEMOS A ETERNIDADE

Tancredo Neves era dono de uma enorme disposição para o trabalho. E foi essa energia, que colocava no dia a dia profissional, que lhe fez cunhar a talvez mais conhecida de suas frases. Seus parentes e amigos, alarmados com o fato de que ele, já septuagenário, trocava o dia pela noite, viajava para todos os lados e pulava refeições, pediam para que ele não se esforçasse tanto assim. "Dr. Tancredo, talvez já seja a hora de descansar", pediam. A isso, ele sempre respondia com o mesmo bordão: "para descansar, temos a eternidade".

Nascido em São João Del Rei (MG), no início do século passado, Tancredo era por demais conservador, formal e pudico para definir-se como alguém que tinha 'tesão' pelo trabalho. Mas ele era, sim, uma dessas pessoas e este é um dos motivos que explica por que ainda estamos falando dele já há quase 40 anos após a sua morte.

Há vários, podemos assim chamar, pré-requisitos para que sejamos capazes de prosperar e termos sucesso na nossa carreira. Por exemplo, precisamos possuir as habilidades técnicas exigidas para a função que vamos exercer e, também, algumas atitudes e habilidades comportamentais, como uma boa comunicação, disposição em trabalhar em grupo, sermos respeitosos. Somados estes dois conjuntos de qualidades, estaremos em condições de desempenhar satisfatoriamente em nosso trabalho.

---

7 Ruth Escobar (ex-Parlamentar) Disponível em: https://www.al.sp.gov.br/deputado/?matricula=300147.

8 SAVARESE, Maurício. **Centenário do Nascimento de Tancredo Neves é Comemorado Amanhã;** Confira Frases do Presidente que Nunca Governou. Disponível em: https://noticias.uol.com.br/politica/ultimas-noticias/2010/03/03/dez-frases-para-entender-tancredo-neves.htm.

Além desses pontos, há um terceiro viés. Este diz respeito a como nos sentimos em relação à nossa lida profissional. Se não gostamos do trabalho que desenvolvemos, andaremos com dificuldade ou ficaremos empacados no meio do caminho profissional.

Precisamos sentir prazer com o que fazemos no nosso dia a dia e considerar que o nosso trabalho tem alguma utilidade que vá além de, simplesmente, nos trazer dinheiro. Estudos mostram isso. Um deles foi realizado na Universidade de Duke, na Carolina do Norte (EUA), pelo professor de psicologia e economia comportamental, Dan Ariely.

MONTAR BONECOS

O experimento consistia na formação de duas equipes, às quais eram dados blocos de Lego para que construíssem bonecos. Pela primeira figura construída, eram pagos 3 dólares. Se o participante desejasse montar um segundo boneco, receberia 2,70 dólares. Pelo terceiro, um valor um pouco menor, e assim por diante. O experimento só terminava quando a pessoa não desejasse mais montar qualquer boneco[9].

As regras e os valores pagos eram rigorosamente os mesmos para os dois grupos. A diferença entre eles era que, no primeiro grupo, o pesquisador ia colocando os bonecos construídos dentro de uma caixa. Já no segundo, o pesquisador desmontava o boneco assim que ele era concluído e convidava o participante a fazer o próximo com aquelas peças que ele, pesquisador, havia acabado de desmontar do modelo anterior.

Os resultados nos dois grupos foram diferentes. Aqueles que estavam na equipe em que os bonecos não eram desmontados se interessaram mais pela tarefa e fizeram, em média, 11 bonecos, cada um. Já no grupo que via o trabalho ser destruído assim que concluído os integrantes desistiam da atividade mais cedo. Em média, faziam 7 bonecos, cada.[10]

"Quando trabalham (...), as pessoas também reagem dessa maneira. Elas precisam ter um tema, um propósito maior para que seu trabalho faça sentido",

---

9 ARIELY, Dan. What Makes us Fell Good about our Work. Disponível em: https://www.ted.com/talks/dan_ariely_what_makes_us_feel_good_about_our_work?language=pt.

10 Ibidem.

afirma o autor e cofundador do *Instituto Capitalismo Consciente no Brasil*[11], Maurício Goldstein. Ele comentou a pesquisa de Dan Ariely em seu livro *Novas Organizações para uma Nova Economia*[12].

SÍNDROME DO FANTÁSTICO

É possível detectarmos sintomas de que estamos nos sentindo desestimulados quanto ao trabalho que estamos desenvolvendo. Um dos mais claros é o desânimo, que pode escalar até mesmo para o desespero. É aquele mal-estar que surge quando acordamos e nos sentimos péssimos por precisarmos trabalhar. Lembro de conhecidos meus, que se sentiam mal em suas profissões, me relatarem algo que poderia chamar de "Síndrome do Fantástico". Era a tristeza e o desalento que sentiam no domingo à noite, quando ouviam a música de introdução do programa "Fantástico", da Rede Globo. Aquilo significava, para eles, que o fim de semana estava chegando ao fim e, no dia seguinte, deveriam voltar ao trabalho.

Se temos esse propósito, do qual nos fala Maurício Goldstein, não vemos o tempo passar no nosso dia de trabalho. A mesma satisfação, tranquilidade e alegria que sentimos quando estamos em férias com a família, acredite, pode ser equivalente, ainda que seja uma natureza diferente, àquela que temos quando estamos em um ambiente profissional. Escutar a vinheta do *Fantástico*, no domingo à noite irá apenas sinalizar que está começando um programa de televisão e não que um tormento nos aguarda no dia seguinte.

O QUE FAZER?

A boa notícia é que não temos escolha – Há momentos em que nos sentimos cansados ou intimidados na nossa carreira. Muitos fatos podem nos empurrar para essa situação. Desafios de ordem pessoal, questões de saúde, relacionamentos ruins no trabalho... Nestas ocasiões, podemos sentir vontade de nos encolhermos e ficarmos quietos, sem sermos notados no nosso trabalho, camuflados atrás de uma mesa. Esse mesmo comportamento encaramujado pode surgir

11 **Instituto Capitalismo Consciente no Brasil**. Disponível em: https://ccbrasil.cc/.

12 GOLDSTEIN, Mauricio. **Novas Organizações para uma Nova Economia**. Rio de Janeiro: Elsevier, 2014.

quando estamos convencidos de que já fazemos o suficiente no trabalho e nossos pares e superiores estão felizes com a nossa performance.

No entanto, essa postura é insustentável. Se nos acomodamos e não somos notados como pessoas que trazem soluções, inovam, tomam iniciativas nos momentos em que os negócios exigem movimentos criativos, certamente seremos lembrados quando a empresa precisar diminuir sua folha salarial, cortar gastos, dispensar colaboradores. Por essa razão, nos recolhermos não é uma boa possibilidade. Todos nós precisamos nos mexer, nos destacar pela nossa proatividade. Isso nos trará oportunidades reais de progredirmos na nossa carreira e sermos, aos olhos do mercado, alguém que traz valor para os negócios. Portanto, não termos escolha, neste contexto, não deixa de ser uma boa notícia, não é mesmo?

Deixo aqui o que de melhor podemos fazer: buscar sempre o autoconhecimento e descobrir quais são os nossos valores! Autoconhecimento é de fundamental importância para sabermos o que faz os nossos olhos brilharem, o que nos faz levantar da cama com disposição, o que nos faz arriscar novos modelos e soluções, o que nos torna criativos e, por fim, felizes em servir a um propósito. Você não sente o tempo passar em seu trabalho? Acomoda-se em fazer o mínimo necessário? Passa a semana se arrastando, com a cabeça no fim de semana, que parece demorar tanto para chegar? Então...

Autoconheça-se!

2

A fórmula 8x8x8 pode trazer o equilíbrio entre o trabalho, o lazer e as suas horas de descanso

Que atire o primeiro travesseiro quem nunca desejou, quando se sente exausto ou entediado no trabalho, saber como hibernar, dormir vários dias, semanas ou meses seguidos, como fazem alguns animais, a exemplo dos ursos. Embora pesquisas sérias sobre a possibilidade de os seres humanos serem capazes de desenvolver essa habilidade estejam em andamento[13], isso é algo que, por enquanto, está restrito aos filmes de ficção científica.

Mais próximo à realidade está a aspiração de termos mais tempo livre à nossa disposição. É aquela oportunidade de ficar em casa com a família, curtir os filhos, assistir às séries na TV, viajar, encontrar com os amigos, namorar, meditar, se exercitar na atividade que mais gosta ou, quieto no sofá, ler um livro, fuçar as redes sociais. Ainda mais radical: não fazer rigorosamente nada, apenas ficar parado, fitando o teto. Todos nós sabemos como é relaxante e revigorante termos um período do nosso dia a dia em que podemos fazer coisas que nos deem prazer e nos afastem das exigências, conflitos e tensões que costumam fazer parte da vida profissional.

Já falei algumas vezes neste livro sobre a importância de percebermos as nossas atividades profissionais como algo positivo, de trabalharmos com prazer, sem perceber a passagem das horas. Mas não há satisfação que resista a um número exagerado de horas passadas trabalhando, como se tornou frequente para muitos profissionais de hoje. Os males que isso provoca são bem conhecidos: dores de cabeça e de estômago, fadiga, diminuição da libido etc.

Quando trabalhamos em excesso, ficamos também emocionalmente perturbados, o que provoca aumento da pressão arterial, distúrbios cardíacos e dermatológicos. Por ficarmos o dia inteiro frente a um computador, sofremos com problemas advindos de posturas incorretas, falta de sono, sedentarismo e má

---

13 A Agência Espacial Europeia conta com um time de especialistas que pesquisa a possibilidade de colocar o ser humano em um estado de suspensão semelhante à hibernação. O objetivo é possibilitar aos futuros astronautas a capacidade de empreender viagens interplanetárias que, com a tecnologia atual, demandam um longo tempo. Para se ter uma ideia, para cobrir a distância entre a Terra e Marte, uma espaçonave leva cerca de oito meses. VYAZOVSKIY, Vladyslav. **Could Humans Hibernate?** Disponível em: https://www.ox.ac.uk/research/could-humans-hibernate-0.

alimentação[14]. Isso sem falar das repercussões pessoais, como dificuldades de relacionamento, distância da família, não acompanhar a vida dos filhos...

BRASILEIROS ESTRESSADOS

Para quem acredita que moramos em um país tropical, abençoado por Deus, bonito por natureza, onde a vida é mansa e divertida como um interminável carnaval, talvez possa ter razão nos três primeiros itens, mas as pesquisas mostram que os brasileiros são o segundo povo mais estressado do planeta, atrás apenas do Japão[15].

De acordo com o levantamento feito em 2018 pela ISMA-BR, *International Stress Management Association*, entre os cinco países com maior número de problemas relacionados ao excesso de trabalho, 70% dos japoneses; 30% dos brasileiros; 24% dos chineses; 20% dos americanos e 17% dos alemães sofreriam de burnout[16].

Em toda a nossa vida, incluindo nela o período em que estamos economicamente ativos – formalmente, no Brasil, este intervalo se estende dos 10 aos 65 anos de idade[17] –, nos ocupamos de muitas atividades. No entanto, elas sempre estarão, obrigatoriamente, em uma das três dimensões que citamos aqui: *Dormir*, *Trabalhar* e *Lazer*.

É no equilíbrio entre essas três esferas que está (e acredito fortemente nisso) a receita para que tenhamos uma vida de realizações, saudável e feliz. Repito a

---

14 DIALMA, Roberta. Os Perigos do Excesso de Trabalho. Disponível em: https://vocesa.abril.com.br/carreira/os-perigos-do-excesso-de-trabalho/.

15 Ibidem.

16 A psicóloga Christina Maslach, da Universidade de Berkley na Califórnia, define o burnout como um quadro de exaustão emocional, no qual as pessoas costumam compartilhar comportamentos semelhantes. Alguns deles: a) fadiga crônica; b) raiva em relação àqueles que lhe fazem demandas; c) grau elevado de autocrítica quando atendem a tais demandas; d) cinismo, negatividade e alto nível de irritabilidade; e) sensação de estar sitiada, presa em um lugar sem saída e; f) um poço de emoções represadas pronto para explodir. MASLACH, Christina; LEITER, Michael P., Understanding the Burnout Experience: Recent Research and its Implications for Psychiatry. Disponível em: https://www.ncbi.nlm.nih.gov/pmc/articles/PMC4911781/.

17 Esse intervalo pode variar em diferentes países. Em nações mais desenvolvidas, ele costuma ser considerado entre os 15 e os 60 anos de idade. REIS, Tiago. População Economicamente Ativa: o que é e como Funciona esse Indicador. Disponível em: https://www.suno.com.br/ artigos/populacao-economicamente-ativa/.

palavra "equilíbrio" para que fiquemos precavidos contra o impulso de inflar demasiadamente as esferas "Dormir" e "Lazer" e reduzir o "Trabalho" ao menor tamanho que conseguirmos.

QUANTO DORMIR?

Entre os estudiosos, não há uma unanimidade quanto ao número exato de horas que devemos dormir. Mas, com exceção dos recém-nascidos e das crianças até 13 anos de idade, que necessitam de 17 a 11 horas de sono diárias, a partir dos 18 anos, um período de 7 a 8 horas de sono é considerado perfeitamente adequado[18].

No entanto, há um firme consenso de que dormir pouco, ou passar noites em claro seguidamente, traz um indiscutível impacto sobre a saúde física e mental das pessoas. O efeito da falta de sono é cumulativo sobre as pessoas. Um experimento feito por pesquisadores da Universidade da Pensilvânia, publicado em 2003[19], mostrou que pessoas que dormem menos do que o necessário desenvolvem falta de atenção à maneira como se comportam e têm dificuldades para solucionar problemas e desempenhar tarefas.

Há, ainda, um outro efeito que considero particularmente perverso. Nesse estudo, que envolveu 48 voluntários, foi constatado que estas pessoas, quando estavam com déficit de sono, ignoravam completamente suas evidentes dificuldades cognitivas. Isso, dizem os pesquisadores, lhes dava a falsa impressão de que dormir poucas horas seria algo benigno, capaz de trazer vantagens, como ter mais tempo disponível para o trabalho.

Não é difícil imaginar o que pode acontecer com alguém que dirige automóveis, pilota aviões, toma decisões cruciais no trabalho e na vida pessoal, mas está sem o controle total sobre a sua capacidade de entender problemas e tomar decisões. Como ele ignora esse estado precário da sua mente e corpo, segue em frente como se estivesse totalmente em forma. É de arrepiar, não é mesmo?

---

18 SUNI, Eric; SINGH, Abhinav. How Much Sleep Do We Really Need? Disponível em: https://www.sleepfoundation.org/how-sleep-works/how-much-sleep-do-we-really-need.

19 VAN DONGEN, Hans; MAISLIN, Greg; MULLINGTON, Janet M.; DINGES, David F.. **The Cumulative Cost of Additional Wakefulness:** Dose-Response Effects on Neurobehavioral Functions and Sleep Physiology From Chronic Sleep Restriction and Total Sleep Deprivation. Disponível em: https://www.med.upenn.edu/uep/assets/user-content/documents/ VanDongen2003CumulativeCost.pdf.

UM AMARGO *FAR NIENTE*

E o lazer? Podemos talvez pensar que, se o aumentássemos ao máximo o tempo de lazer, a vida seria bem mais cor-de-rosa. Sinto muito, mas parece que não é bem assim. Artigo publicado em 2021 pela Associação Americana de Psicologia, em seu *Journal of Personality and Social Psychology*[20], defende que nós costumamos nos sentir mal quando temos pouco tempo de lazer. Porém, quando é colocado de maneira frequente ao nosso dispor um número exagerado de horas nas quais não nos sintamos produtivos, isso não nos trará bem-estar nem felicidade. Ao contrário, não ter o que fazer poderá nos deixar estressados!

Este estudo, que analisou informações de 35.375 norte-americanos e dados de dois experimentos[21], sugere, ainda, que a quantidade ideal de tempo livre seria de três horas e meia diárias. Quando temos este tempo de lazer, percebemos uma sensação de bem-estar. No entanto, à medida em que mais horas são adicionadas, este bem-estar começa a diminuir. Quando essas horas de lazer chegam a sete, as pessoas começam a se sentir mal, infelizes[22].

É preciso fazer aqui uma distinção entre o que a pesquisa da Associação Americana de Psicologia considera como "lazer" e o que é, para mim, a "dimensão lazer", que está ao lado daquelas do Trabalho e do Dormir. De maneira simples, classifico como lazer tudo aquilo que não engloba as horas trabalhadas ou na cama, dormindo. É tempo de deslocamento, seja com qual tipo de transporte for, desde o viário ao aéreo, o cuidado com os filhos, o tempo dedicado às atividades físicas, à meditação, à leitura e, claro, também ao ócio puro e simples. Lazer, para mim, nunca é ficar parado, fitando as paredes.

O equilíbrio para o nosso bem-estar, sobre o qual eu falo, está ancorado em uma fórmula: 8x8x8. Ou seja, nas 24 horas do dia, o equilíbrio estaria em dedicar oito horas ao sono; outras oito ao trabalho e oito horas ao lazer, na acepção que eu expus anteriormente.

---

20 SHARIF, Marissa A.; MOGILNER, Cassie; HERSHFIELD, Hal E.. **Having Too Little or Too Much Time Is Linked to Lower Subjective Well-Being.** Disponível em: https://www.apa.org/pubs/journals/releases/psp-pspp0000391.pdf.

21 Idem.

22 CARROLL, Linda, Yearning for Free Time? Too Much of it Can Take a Toll on your Mental Well-Being. Disponível em: https://www.nbcnews.com/health/mental-health/yearning-free-time-too-much-it-could-take-toll-your-n1278848.

Com certeza, nem sempre será possível fazermos a divisão do tempo com este rigor aritmético. Isso não é um grande problema. O que proponho é nos disciplinar e tentar chegar o mais próximo desse fracionamento que pudermos. Isso evitará os riscos que a escassez e o excesso trazem para nós.

HOME OFFICE EM ALTA

Para atingirmos esse equilíbrio, teremos de ter alguma disciplina no nosso dia a dia, especialmente quando a pandemia do coronavírus nos apresentou uma nova forma de trabalhar. Me refiro aqui ao significativo aumento de pessoas e empresas que passaram a trabalhar sob o regime do home office, o trabalho feito de casa intermediado por uma conexão pela internet.

No momento em que escrevo este livro, as vantagens e desvantagens do home office ainda suscitam debates. Não há dúvida de que trabalhar de casa nos livra dos deslocamentos pelo trânsito intenso das cidades, algo que, em alguns casos, pode agregar até duas ou mais horas à esfera do lazer ou do dormir. Contudo, também escuto amigos se queixando de que o número de reuniões aumentou de maneira exponencial, e as solicitações e contatos passaram a ser feitos a qualquer hora do dia e da noite. Isso exige das pessoas uma prontidão de 12, 14, 18 horas por dia.

Se a disciplina já era a melhor postura para garantir que estivéssemos pelo menos próximos do esquema 8x8x8, no trabalho remoto ela é muito mais relevante. Eu defendo que, ainda que estivermos exercendo a nossa profissão de casa, devemos manter a disciplina em buscar o mesmo horário do período anterior à pandemia, em que acordávamos, tomávamos o café da manhã e começávamos a trabalhar.

VESTIDO DE QUALQUER JEITO

Vou mais além. Sugiro que as pessoas tomem banho, tirem o pijama e se vistam com uma roupa com a qual teriam coragem de ir até o escritório ou atender a um cliente. Digo coragem, porque mais de uma vez vislumbrei nas redes sociais que as pessoas se vangloriavam de se vestir de qualquer jeito, descuidadas, o que significa roupas velhas, mal-ajambradas, descalças, despenteadas ou sem estarem devidamente asseadas.

Considero estratégico mantermos bem definidos e com fronteiras claras o tempo que dedicamos ao trabalho, ao lazer e ao dormir. Preservar uma rotina – algo que trataremos com maior profundidade no próximo capítulo – é uma atitude que a minha experiência pessoal sempre confirmou como uma postura positiva para nos deixar preparados para tirar proveito das oportunidades que surgem na nossa vida. Recomendo.

O QUE FAZER?

O excesso de trabalho pode estar na xícara de café – Ninguém é capaz de trabalhar em um escritório todos os dias, ou ir a clientes, sem ter algum relacionamento social com as pessoas que estão ali. Falamos da família, da série que estamos assistindo, do clima, do tráfego. Essa convivência é saudável, torna o dia a dia menos áspero e, ainda é uma oportunidade de networking. No entanto, não é raro que essas conversas se transformem em enrolação. Há aqueles que tomam demorados e repetidos cafezinhos, dão uma olhada na rede social, vão à mesa do colega e conversam alguma banalidade, voltam para tomar outro café... Muitas vezes, passam-se duas horas antes que a pessoa engate no trabalho propriamente dito. Dessa maneira, tarefas que demandariam apenas seis horas se estendem por nove, dez horas. Disciplina exige, também, autocontrole e autocrítica.

Temos certeza de que não iremos nus ao trabalho – Sempre falo das vantagens que ser disciplinado pode trazer para uma vida mais equilibrada. Há pequenos gestos que podemos tomar para fazer o nosso dia mais fácil. Como exemplo, algo que sempre faço. À noite, antes de me deitar, separo a roupa que irei usar no dia seguinte pela manhã. Se for fazer ginástica, já deixo separado no quarto o que vou vestir para correr ou ir à academia. O compromisso no dia seguinte cedo é uma reunião formal? Meu terno e gravata estarão à mão. Isso me parece algo tão lógico. Eu sei que não irei nu para o escritório, nem para correr pelo parque. Então, por que acordar no dia seguinte e ser surpreendido pela necessidade de me vestir? Ganho alguns minutos preciosos que, somados, transformam-se em horas no final do mês. Há outras providências semelhantes que tornam a vida mais prática e geram mais tempo a ser distribuído entre as três esferas às quais me referi. Não deixar relatórios de trabalho para a última hora, noite adentro diante de um computador. Se temos três, cinco dias para fazê-lo, porque não escrevê-lo em partes, a cada dia? Tirar a comida congelada com antecedência, abastecer o carro em um momento mais tranquilo do dia, para não perder tempo pela manhã, quando temos de ir ao trabalho. Escolher horários mais tranquilos para ir ao local de trabalho. Disciplina e organização é sabedoria. Então deixo as seguintes perguntas: como você tem passado o tempo de sua vida? Para quais áreas da vida você menos tem dedicado tempo? Para quais tem direcionado tempo em excesso? O que pode fazer para reequilibrar a distribuição de seu tempo?

Experimente o 8 X 8 X 8!

3

Cuide bem da sua rotina. Ela precisa absorver os desafios e abrir espaço às boas oportunidades

Todo dia ela faz tudo sempre igual
Me sacode às seis horas da manhã
Me sorri um sorriso pontual
E me beija com a boca de hortelã

Todo dia ela diz que é pr'eu me cuidar
E essas coisas que diz toda mulher
Diz que está me esperando pr'o jantar
E me beija com a boca de café

Todo dia eu só penso em poder parar
Meio-dia eu só penso em dizer não
Depois penso na vida pra levar
E me calo com a boca de feijão[23]

Um dos grandes sucessos do compositor Chico Buarque de Holanda, a canção *Cotidiano*, da qual as três estrofes iniciais abrem este capítulo, foi escrita há mais de 50 anos. Porém, como várias outras composições deste artista, em atividade desde 1965[24], ela continua a ser ouvida em diferentes formatos de mídia e sendo regravada por artistas de gerações mais novas.

Cotidiano, que foi inclusive tema de abertura de telenovela[25], discorre sobre a angústia e o tédio que uma rotina repetitiva, na qual os fatos parecem girar em

23 HOLANDA, Chico Buarque. Cotidiano. Álbum Construção, Phonogram/Phillips, 1971.

24 Chico Buarque. Disponível em: https://enciclopedia.itaucultural.org.br/pessoa12512/chico-buarque.

25 Cotidiano foi usada como tema de abertura da novela Como Salvar Meu Casamento. Curiosamente, esta telenovela, dirigida por Atílio Riccó e exibida entre 1979 e 1980 pela extinta TV Tupi, passou para a história da TV brasileira como uma obra inacabada. Apesar de o programa ter atingido bons índices de audiência, a TV Tupi, em crise, se viu obrigada a demitir todo o seu núcleo de dramaturgia, e os últimos 20 capítulos nunca foram exibidos. SANTANA, André, Como Salvar Meu Casamento: Há 38 Anos, Tupi Cancelou Novela sem um Desfecho. Disponível em: https://observatoriodatv.uol.com.br/noticias/como-salvar-meu-casamento-ha-38-anos-tupi-cancelou-novela-sem-um-desfecho.

um eterno looping, pode provocar. O eu lírico[26], que canta os versos na obra de Chico Buarque, queixa-se da monotonia do seu relacionamento amoroso, chega a desejar quebrar este círculo que se repete[27], mas desanima ao pensar "na vida para levar" e se cala, resignando-se a continuar naquela enfadonha sucessão de fatos.

Essa repetição de movimentos, da qual fala Chico Buarque, pode até dar samba, mas na vida real soa muito mais como uma valsa da despedida de qualquer possibilidade de levarmos uma vida profissional que nos traga prazer e nos torne pessoas que produzam algo que beneficie efetivamente os outros.

A rotina sobre a qual eu falo (e defendo que tenhamos) é bem outra. Nela, o que está no foco principal é a disciplina, ponto que também foi levantado no capítulo anterior. Na direção contrária ao movimento circular que caracteriza a sequência improdutiva de hábitos mecânicos pontuada por Chico Buarque, a rotina funcional e inteligente é primordial para alcançarmos o sucesso em nossos projetos profissionais. Portanto, devemos aperfeiçoar e cuidar bem dela.

DOMAR A NATUREZA

Para fazermos isso, é provável que muitos entre nós tenham, de alguma maneira, de tentar domar e subverter a sua própria natureza. Há aqueles que, desde muito jovens, têm um comportamento disciplinado. Você deve ter alguns deles na sua família. Um sobrinho, primo ou irmão que, mesmo procedendo como qualquer outra criança, sempre manteve os seus pertences arrumados. Tomava banho e almoçava na hora certa. Cumpria diariamente as tarefas escolares e ia bem nas provas. Se você for um desses, parabéns!

Do outro lado, estão aqueles que deixavam tudo para a última hora e relutavam em cumprir suas obrigações. Quase sempre iam mal na escola e se metiam em confusões. Desdenhavam dos disciplinados, faziam bullying contra eles, os chamavam de "caxias ou nerds" e nomes piores. Mas, quando chegavam os exames escolares, corriam até eles pedindo ajuda.

---

26 "Eu lírico" refere-se ao "eu" que fala no verso. Pode ser entendido como a expressão de um "eu" do autor ou de um "eu" fictício. SILVA, Fabio Mário. Eu Lírico. Disponível em: https://edtl.fcsh.unl.pt/encyclopedia/eu-lirico.

27 TRUZ, Igor. Ao retratar cotidiano brasileiro, Chico Buarque construiu canções em forma de crônica. Disponível em: http://www.usp.br/aunantigo/exibir?id=7091&ed=1236&f=3.

Uma parte dos desorganizados termina por alcançar, com um esforço que poderia ter sido minorado lá no início, um estilo de vida mais assertivo. Mas há aqueles que ainda permanecem destrambelhados.

O caminho para engajar-se na rotina funcional e inteligente, que nos permite executar tarefas no tempo que foi planejado para elas, começa com ações singelas de organização da própria vida, como fazer os deveres de casa ou arrumar a cama. *Arrume a sua Cama*, aliás, é o título de um best-seller que vendeu mais de 4 milhões de exemplares em todo o mundo[28].

DEZ INSIGHTS

Escrito pelo almirante William McRaven, que serviu por 37 anos a Marinha americana e, entre outras missões, comandou operações especiais, como a da captura e morte do terrorista Osama bin Laden[29], a obra traz dez insights que, de acordo com o autor, são capazes de transformar uma pessoa ou o mundo. Em resumo, elas seriam as seguintes[30]:

1. **Comece o seu dia com uma tarefa completa** – Sim, arrumar a cama é um ótimo começo de dia. Este pontapé inicial o deixará motivado para continuar disciplinado e organizado ao longo da jornada.
2. **Não faça as coisas sozinho** – Seu sucesso depende dos outros. Encontre parceiros confiáveis, faça o maior número possível de amigos. A vida é dura, é preciso ser parte de um time para atingir as suas metas.
3. **Talento nada vale, sem coragem e determinação** – Tamanho, força, riqueza e poder não valem tanto quanto o coração. Tudo que nos

---

28 MCRAVEN, William H.. Arrume a Sua Cama: pequenas Atitudes que Podem Mudar a Sua Vida… e talvez do Mundo. São Paulo: Academia, 2022.

29 O saudita Osama Bin Laden (1957-2011) foi apontado como um dos idealizadores do atentado contra as Torres Gêmeas, em Nova York, em 11 de setembro de 2001. Foi morto em uma operação especial norte-americana no Paquistão, em 2 de maio de 2011. COELHO, Penélope. *"Estamos mais Seguros Hoje", Afirma Supervisor da Operação que Matou Bin Laden em 2011.* Disponível em: https://aventurasnahistoria.uol.com.br/noticias/historia-hoje/estamos-mais-seguros-hoje-diz-supervisor-da-operacao-que-matou-bin-laden-em-2011.phtml.

30 LINDQUIST, Rick. Notes and Takeaways from Make Your Bed. Disponível em: https://www.ricklindquist.com/notes/make-your-bed.

propusermos a ser ou a fazer deve levar em conta a crença de que somos capazes e vamos fazer acontecer.

4. **A vida não é justa, mas não se importe com isso** – Nem sempre você será recompensado ou elogiado por algo que fez, mesmo que tenha cumprido o que foi pedido. Injustiças e ingratidões acontecerão. Ignore-as.
5. **Não tenha medo de falhar, pois isso é inevitável** – Não existe quem esteja imune a fracassar no que faz. Isso sempre acontecerá. Não há outra possibilidade a não ser seguir em frente, o que o fará mais forte.
6. **Tome riscos calculados** – Mudanças sempre são arriscadas. Mas corra o risco de maneira atenta, sensata e planejada. Isso exigirá que você supere ansiedades, acredite nas suas habilidades e conheça seus limites.
7. **Enfrente os provocadores** – Valentões estão em todo lugar. Nas escolas, empresas. Eles se energizam na intimidação. Não demonstre fraqueza. Dentro de você há coragem necessária para fazer frente a eles.
8. **Nos piores momentos, mostre o seu melhor** – Todos nós sofremos perdas terríveis, como a morte de quem amamos. Mas, acredite, é nestes momentos que somos capazes de externar as nossas melhores qualidades.
9. **Nas horas de escuridão, traga esperança** – A esperança é a maior força no universo. Basta uma pessoa para inspirar mesmo um grande grupo que está atravessando momentos difíceis. Seja você essa pessoa.
10. **Nunca desista** – Se você passar os seus dias se queixando e com autopiedade por seus problemas, a vida ficará mais dura. Sempre haverá alguém pior do que você, e seguindo em frente. Não desista.

Vários pontos que são levantados por William McRaven apontam para os bons resultados que uma rotina planejada é capaz de proporcionar. Mesmo sendo alguém da mais absoluta paz, que nunca tenha sequer pensado em participar de operações perigosas, que envolvam armas ou caçar inimigos em países estrangeiros, planejamento de carreira e uma rotina disciplinada, sem dúvida, permitem alcançar conquistas transformadoras, como as que foram apontadas por esse almirante.

Nas empresas e trabalhos em que me envolvo, reuniões frequentes com as equipes e acompanhamento individual dos colaboradores dos times que gerencio sempre constam da minha rotina. Essa é uma maneira de assegurar que o trabalho em equipe será feito da maneira mais transparente e igualitária possível. Isso, com certeza, me permitiu liderar times que alcançavam suas metas. Da mesma maneira, essa postura me possibilitou enfrentar desafios, obstáculos, "armadilhas" e o não reconhecimento pelos bons resultados alcançados com coragem e sem perder a esperança, e muito menos ficar me lamentando pelos cantos.

A rotina inteligente tem o poder de nos proteger com uma couraça emocional. Isso acontece por termos a certeza de que os nossos movimentos foram pensados em função de resultados acordados com outros, com vistas ao bem comum. Algo diferente é andarmos pela vida de maneira reativa, usando de expedientes de última hora para tentar tirar proveito de algo ou nos defender de desafios que eram previsíveis, mas não levamos em conta.

Nunca deixará de existir a possibilidade de termos de enfrentar tristezas, decepções, problemas. Não sabemos quando eles podem surgir. Mais uma vez, uma rotina planejada é a melhor forma de atravessar por esses mares turbulentos, na medida em que ela irá apontar para as providências a serem tomadas no presente de forma eficiente. Apenas imaginar o futuro, sem estruturar minimamente os passos para conquistar seus objetivos, é pura emoção, e a emoção costuma ser inimiga das boas decisões[31].

O QUE FAZER?

Não jogue o despertador no chão, ele é o seu amigo – Introduzir uma nova atividade à sua rotina costuma ser um desafio. Quando a nossa vida está organizada, é normal resistirmos à ideia de "mexer no time que está ganhando" e termos um novo compromisso que poderá atrapalhar o nosso dia a dia. Ter uma rotina não significa de forma alguma sermos contrários à inovação e a introduzir avanços na nossa jornada. No meu caso, considero que o despertador é um grande aliado. Um recurso que mesmo os smartphones mais simples têm disponível. Até que uma tarefa se automatize na nossa mente, podemos usar o recurso simples de agendarmos micrometas para serem cumpridas em horários pré-determinados. Foi o que eu fiz quando comecei a escrever livros de ficção[32]. Estabelecia como meta, por exemplo, que a obra estivesse concluída em um ano. Marcava, portanto, o dia, dali a doze meses, que eu deveria terminar de escrever o último capítulo.

---

31 BONOLDI, Uranio, *Decisões de Alto Impacto*, Alta Books, 2021.

32 BONOLDI, Uranio, *A Contrapartida*, Valentina, 2019.

Calculava o número aproximado de páginas que a publicação deveria ter e, a partir daí, determinava o número de páginas mensais, semanais e diárias a escrever. Decidi, ainda, a que horas iria começar a escrever naquele dia, pois essa atividade iria dividir o tempo com o meu trabalho de consultor. Escolhi um toque de campainha diferenciado, que me lembrava, a determinado momento do dia, que era preciso me isolar do mundo, me sentar e escrever.

Se você é daqueles que tem dificuldade em estabelecer rotinas e se planejar, junte-se a quem sabe fazê-lo e compense esse seu lado desorganizado – De maneira informal ou formalizada, procure se juntar a um profissional, a alguém da família ou um amigo que o ajude a se disciplinar. Não tenha vergonha de reconhecer esse lado indisciplinado e busque ajuda. A rotina disciplinada é de fundamental importância para se atingir os objetivos que desejamos para as nossas vidas, para os sonhos que desejamos realizar. Sendo assim, procure apoio.

Não deixe a rotina desbotar a sua criatividade – Já expliquei que a rotina inteligente não é algo engessado que o obriga a trabalhar como se fosse um robô. Ela é a materialização do planejamento das suas atividades, e devemos sempre estar dispostos a introduzir novidades que possam melhorar o nosso desempenho e facilitar o caminho para as conquistas que desejamos. Há, claro, rotinas repetitivas e estéreis. Já vi muita gente que se queixa, se vitimiza, de que não cresce na carreira, que não é valorizada. Quando olhamos de perto o seu comportamento, constatamos que a pessoa está trabalhando como uma alienada. Está todos os dias no escritório, mas apenas de corpo presente. Faz o mínimo possível, sem ambições e sem energia. Essa é uma rotina particularmente perigosa, porque costuma ser invisível. Quem está nela se acomoda, não se dá conta da própria improdutividade. Por essa razão, não consegue perceber o porquê de que, enquanto muitos avançam, ela continua ali presa, no seu canto, como se anestesiada.

Reveja como está sua rotina hoje. Você considera que ela está te ajudando a avançar rumo ao alcance de seus objetivos?

Rotine-se!

4 Accountability, a mais habilidosa maneira de beneficiar o trabalho, os colegas e a você mesmo

É difícil deixar de nos impressionar quando vemos a foto do comodoro Edward John Smith. Sua barba totalmente branca, cuidadosamente aparada; o olhar sério, fixo de maneira firme nos olhos do observador, quase altivo, mas sem qualquer arrogância. Há, ainda, o quepe branco, com a sua pala ornamentada; o bem cortado paletó de cor escura, com seus botões dourados; a gravata; duas medalhas no peito[33]. Todo esse conjunto materializa-se em torno de Edward Smith como uma atmosfera serena, que nos passa uma sensação de segurança e confiança na sua capacidade de tomar decisões e liderar.

Nascido em 1850, em Stoke-on-Trent, na Inglaterra, ao longo de 25 anos Edward Smith comandou inúmeros navios, entre eles vários transatlânticos. O último deles foi o *Titanic*[34]. A dramática história desse enorme navio de passageiros é bastante conhecida. Em 14 de abril de 1912, às 23h40, o transatlântico se chocou com um iceberg, abrindo um extenso rombo no seu casco[35]. O navio não afundou imediatamente, permitindo que passageiros e membros da tripulação tentassem escapar nos botes salva-vidas.

No entanto, a maioria dos que viajavam no gigantesco transatlântico não encontraria lugar nestes botes. Embora a ocupação máxima do Titanic fosse de 3.511 passageiros, havia barcos suficientes para apenas 1.178 pessoas, menos da metade da sua lotação permitida[36]. Mesmo que isso nos pareça absurdo, este reduzido número de botes para tais emergências estava de acordo com a legislação da época[37].

---

33 BENSON, Kit; BENSON, Morgan. Edward John Smith. Disponível em: https://pt.findagrave.com/memorial/3042/edward-john-smith.

34 TIKKANEN, Amy. Edward J. Smith – British Captain. Disponível em: https://www.britannica.com/biography/Edward-J-Smith.

35 FERREIRA, Igor. Os 10 Maiores Desastres Marítimos da História. Disponível em: https://www.linkedin.com/pulse/os-10-maiores-desastres-mar%C3%ADtimos-da-hist%C3%B3ria-igor-ferreira-/?originalSubdomain=pt.

36 Como Foi o Naufrágio e a Redescoberta do Titanic. Disponível em: https://www.nationalgeographicbrasil.com/historia/2019/08/como-foi-o-naufragio-e-redescoberta-do-titanic.

37 Infográfico: o Naufrágio do Titanic. Disponível em: https://super.abril.com.br/mundo-estranho/infografico-naufragio-do-titanic/.

O pânico e a confusão do momento tornaram a situação ainda mais dramática, com alguns botes sendo lançados na água sem serem totalmente ocupados, desperdiçando a chance de salvar mais vidas. Os que saltaram no mar, na esperança de serem resgatados, sucumbiram em poucos minutos à temperatura da água, próxima a zero grau[38].

CARGA DE CONTRASTES

Aquela seria a viagem inaugural do Titanic. Com seus 270 metros de comprimento, o transatlântico havia partido de Southampton, na Inglaterra, com destino a Nova York quatro dias antes do naufrágio. Uma viagem que deveria durar sete dias[39]. De Liverpool, fez escalas nos portos de Cherbourg, na França, e de Queenstown, na Irlanda, para depois seguir para o oeste, em direção aos Estados Unidos[40].

O navio atravessava o Atlântico Norte carregando contrastes. Seus 1.324 passageiros se dividiram entre três classes bem distintas. O maior grupo, 826 pessoas, descia as escadas até a parte mais baixa do navio, onde estavam os cômodos da terceira classe. Lá, ouvindo o barulho incessante das máquinas, repartiam com outras 10 pessoas o espaço de uma única cabine. Mais desafiante ainda, havia apenas dois banheiros para essa multidão. Eram quase todos migrantes[41].

Aqueles que haviam adquirido um tíquete para a segunda classe dormiriam em beliches. Mas eram consolados por algumas amenidades colocadas ao seu dispor, como pias e espelhos, chá da tarde acompanhado por um piano, uma biblioteca. Poderiam, ainda, caminhar por passadiços, com vista para o mar.

---

38 *Como Foi o Naufrágio e a Redescoberta do Titanic*. Disponível em: https://www.nationalgeographicbrasil.com/historia/2019/08/como-foi-o-naufragio-e-redescoberta-do-titanic.

39 The Greatest Ship Ever Made. Disponível em: http://fourlanes-jun.hants.sch.uk/wp-content/uploads/2020/06/Tuesday-English-Titanic-Comprehension.pdf.

40 1912, April, 15 – Titanic Sinks. Disponível em: https://www.history.com/this-day-in-history/titanic-sinks.

41 What Was Life Like on Board Titanic? Disponível em: https://www.bbc.co.uk/bitesize/topics/z8mpfg8/articles/zkg9dxs.

A primeira classe era a mais majestosa entre todos os transatlânticos de luxo da época[42]. Os 324 passageiros que nela embarcaram[43] possuíam acesso a vários cafés, um restaurante com orquestra, sala de fumar, outra de leitura, de escrever. As suítes se dividiam em dois cômodos, dois closets e banheiro privativo. Painéis e móveis em carvalho e mogno. Piscina, ginásio esportivo e vários salões de jogos.

CAPITÃO DOS MILIONÁRIOS

Mas havia ainda uma outra atração para os participantes daquela viagem inaugural: o próprio capitão Edward John Smith. Costume nas viagens marítimas até hoje, o capitão se relacionava de maneira muito mais próxima com os passageiros da primeira classe, algo que Smith parecia saber fazer com desenvoltura. Tanto assim que recebeu o apelido de *Capitão dos Milionários*, pela sua popularidade junto aos viajantes mais endinheirados[44]. Era notório também o respeito e o carinho com que a tripulação enxergava Edward John Smith[45]. Enfim, alguém educado, de maneiras gentis, um gentleman[46].

Em meio a todas as imagens que a tragédia do Titanic deixou impressas em nossa mente, destaca-se, em meio às mortes, ao medo e à dor, a figura do cavalheirismo, da civilidade e da consideração encarnadas por Edward John Smith. Ele se comportou dessa maneira durante as 2h40 de caos e terror, que separaram o instante do choque com o iceberg e o da submersão final do Titanic[47].

Há várias visões, ainda que imprecisas, devido à grande confusão que estava ali estabelecida, sobre as ações de Smith na ocasião. Ele teria salvo, a nado, um

---

42 Idem.

43 *The Greatest Ship Ever Made.* Disponível em: http://fourlanes-jun.hants.sch.uk/wp-content/uploads/2020/06/Tuesday-English-Titanic-Comprehension.pdf.

44 TIKKANEN, Amy. *Edward J. Smith - British Captain.* Disponível em: https://www.britannica.com/biography/Edward-J-Smith.

45 Ibidem.

46 BENSON, Kit; BENSON, Morgan. **Edward John Smith.** Disponível em: https://pt.findagrave.com/memorial/3042/edward-john-smith.

47 *Infográfico: o Naufrágio do Titanic.* Disponível em: https://super.abril.com.br/mundo-estranho/infografico-naufragio-do-titanic/.

garoto; ordenado que mulheres e crianças tivessem preferência nos botes salva-vidas; encorajado a tripulação a não se acovardar e a "agir como britânicos"[48].

ENGOLIDO PELO MAR

O que se sabe ao certo é que o corpo do capitão nunca foi encontrado e de que diversas testemunhas o viram na ponte de comando[49], no momento em que o Titanic, já destroçado, foi engolido pelo mar. São duas crenças fortes e recorrentes, a de que mulheres e crianças precisam ser tratadas com prioridade na hora do perigo e a de que o capitão deve afundar com o seu navio.

Tanto é assim que a historiadora e professora na Universidade Cambridge, no Reino Unido, Lucy Delap, cita o episódio do naufrágio em um trabalho no qual analisa a evolução do "cavalheirismo", sobretudo britânico, nos séculos XIX e XX[50]. A historiadora sugere que esse "cavalheirismo" seria "democrático", ao igualar homens de todas as raças e origem socioeconômica nessa atitude galante diante das mulheres.

Admiro, me impressiono e me emociono com a atitude que o capitão Edward John Smith, a exemplo de muitos outros líderes, assumiu diante do que acreditava ser a sua responsabilidade com as pessoas sobre as quais ele tinha aos seus cuidados. Sua postura é similar àquela das pessoas que são accountables, tendo desenvolvido a accountability, uma habilidade e grande qualidade cada vez mais necessária e desejada no mundo corporativo.

POSICIONAMENTO MORAL

O mentor, palestrante e autor João Cordeiro[51] define accountability como uma responsabilidade moral que vai além dos compromissos formais e

---

48 MORGAN, Lesley. Be British, My Men, Capt. Smith's Order. Disponível em: https://www.encyclopedia-titanica.org/be-british-my-men-capt-smiths-order.html.

49 TIKKANEN, Amy, Edward J. Smith - British Captain. Disponível em: https://www.britannica.com/biography/Edward-J-Smith.

50 DELAP, Lucy. 'Thus Does Man Prove His Fitness to Be the Master of Things': Shipwrecks, Chivalry and Masculinities in Nineteenth- and Twentieth-Century Britain. Disponível em: https://www.tandfonline.com/doi/abs/10.1191/1478003805cs044oa.

51 *Accountability Academy.* Disponível em: https://joaocordeiro.com.br/academy/.

convencionais que nos são exigidos nos cargos corporativos que ocupamos[52]. Por ser um posicionamento moral, a accountability se sustenta nas virtudes pessoais, em nossas soft skills.

De maneira resumida, podemos dizer que alguém accountable possui uma grande dose de empatia; capacidade de entender o funcionamento e a relação entre as diferentes áreas no ambiente profissional em que está inserido. É dono, ainda, de destemor e autoconfiança suficientes para responder pelos seus atos, tenham eles produzido bons resultados ou não. Sente-se, também, responsável pelo desempenho harmonioso do negócio e empenha-se para que este traga bons resultados.

De toda esta lista de boas atitudes, considero que a que melhor define alguém accountable é essa pessoa sentir-se responsável pelo andamento e resultados do trabalho que realiza. Ela toma iniciativas. É proativa. Está presente, não apenas em situações emergenciais. Ao contrário, o seu trabalho é capaz de diminuir a possibilidade de que ocorram eventos adversos nas organizações. Isso porque a sua atuação faz com que as várias instâncias se entendam e, caso entrem em desarmonia, saberão que podem contar com o esforço do accountable para aplainar desavenças e trazer o entendimento entre as partes.

RESULTADOS NA RÉGUA

Tais virtudes, claro, também são preciosas e trazem bons resultados no nível pessoal. Nas relações familiares, com amigos e os vizinhos. Mas quase sempre o termo accountability refere-se a um comportamento funcional profissional. De novo, o accountable é hábil em assumir responsabilidades, em se comportar no ambiente corporativo como se quase tratasse os fatos profissionais como uma questão pessoal, moral, conduzindo-os com a mesma seriedade e cuidado que assume ao tratar dos seus interesses particulares.

Por fim, a régua que mede a excelência da atitude accountable irá sempre levar em conta os resultados para o negócio. Ninguém irá questionar as grandes vantagens de trabalhar em um ambiente em que o líder, por ter um posicionamento accountable, é capaz de gerar confiança, assertividade e bons relacionamentos entre as pessoas e as áreas.

---

52 Accountability na Prática – feat. João Cordeiro. Disponível em: https://www.youtube.com/watch?v=3tehS-u0WN8.

No entanto, caso ele falhe em tornar aquele negócio autossustentável, capaz de recompensar seus integrantes e garantir a sua perenidade, sua presença não fará sentido do ponto de vista corporativo.

Edward John Smith gerou, com sua conduta accountable, resultados palpáveis. A perda de vidas no naufrágio do navio do qual era capitão foi catastrófica sob qualquer ângulo que seja examinada. Dos 2.222 passageiros a bordo, apenas 712 sobreviveram[53]. No entanto, um exame mais atento desses números mostrará a marca da mão firme e generosa deste capitão. Entre aqueles que viajavam no Titanic, 1.691 eram homens e os 531 restantes, mulheres e crianças. A fatalidade entre eles chegou a 1.360, ou seja, 80% dos passageiros masculinos. Em relação às mulheres e às crianças, 273 perderam a vida, 51%[54]. A accountability, estava presente.

O QUE FAZER?

Cada coisa em seu lugar – Por se sentir parte e também responsável de maneira integral com os rumos e resultados dos negócios em que está envolvida, uma pessoa que é accountable tem a postura de reconhecer e interagir com todos os níveis da operação. Não praticam a accountability aqueles que se limitam a responder às funções que lhe foram passadas e pouco se interessam pelo andamento dos projetos e pelo que fazem os demais integrantes de um time.

No entanto, se interessar pela totalidade de um negócio nada tem a ver com invadirmos áreas alheias e atropelar decisões de colegas. A hierarquia e atribuições dadas devem ser respeitadas. Este é um cuidado que deve ser tomado principalmente nas reuniões, quando representantes de diferentes áreas costumam deliberar sobre temas relevantes.

Sempre tomei o cuidado de adotar uma postura sóbria nesses momentos. Em mais de uma vez percebi que algum colega ou subordinado estava com dificuldades a respeito do tema que estivesse sendo ali tratado. Eu evitava dizer algo ou fazer alguma crítica diante dos demais. Não queria constranger ninguém com alguma observação que pudesse ser mal interpretada. Ao término da reunião,

---

53 *The Greatest Ship Ever Made*. Disponível em: http://fourlanes-jun.hants.sch.uk/wp-content/uploads/2020/06/Tuesday-English-Titanic-Comprehension.pdf.

54 *Infográfico: o Naufrágio do Titanic*. Disponível em: https://super.abril.com.br/mundo-estranho/infografico-naufragio-do-titanic/.

chamava discretamente a pessoa de lado e me prontificava a ajudar, caso ela precisasse de algo. Ou conversava sobre a sua postura e desempenho de maneira serena, sem expô-la, evitando provocar algum stress. Eu estava ali com a intenção genuína de ajudá-la.

EU TAMBÉM QUERO SER ACCOUNTABLE, COMO EU FAÇO?

Ser accountable é algo que pode ser aprendido e treinado. Talvez a primeira coisa seja não dar ouvidos a um mau conselho que se escuta com frequência: "Faça a sua parte do trabalho, que eu faço a minha. Eu não entro no seu quintal e você não entra no meu." Claro, você não vai fazer o trabalho dos outros, nem ser invasivo. Mas, na medida em que se esforça para conhecer como as peças se encaixam para fazer um negócio girar, mais eficiente será o seu trabalho. Suas ideias serão cada vez melhores e seus líderes rapidamente vão perceber como você é valioso para a empresa ou projeto de negócios no qual está envolvido.

É preciso, também, desenvolver a sua empatia. Coloque-se no lugar dos colegas. Entenda as suas dificuldades, os seus desejos. Você poderá ajudá-los, fazendo com que suas funções se harmonizem com o trabalho deles. Todos vão sair ganhando. Visite outros departamentos e converse com as pessoas que desenvolvem outras funções. De novo, entender como as várias atividades se interligam o tornará mais produtivo e aumentará a sua contribuição ao negócio. Conheça os indicadores usados por áreas diferentes das suas, perceba de que forma interagem com os seus indicadores, leia os relatórios que as demais áreas produzem. Faça perguntas. Coloque-se à disposição para auxiliar os demais e, humildemente, peça ajuda, se precisar. As pessoas gostam de ajudar e de ter suas expertises reconhecidas. Esteja sempre aberto a contribuir!

Pense como dono!

5

Alinhar a sua forma de pensar, falar, sentir e agir é indispensável para conquistar a confiança dos outros

Advogado, ativista social, escritor e político, o indiano Mahatma Gandhi (1869-1948) garantiu o seu lugar na história mundial por várias razões. A mais visível delas foi ser o principal protagonista do movimento de oposição ao controle da Grã-Bretanha sobre a Índia. Tal domínio, que se estendeu por 250 anos, iniciou-se em 1600, com a criação da Companhia Britânica das Índias Ocidentais, experimentou o seu apogeu durante a segunda metade do século XIX, e encerrou-se em 1947, com a independência do país e a sua consequente divisão entre a Índia hinduísta e o Paquistão, de maioria islâmica[55].

Desde a chegada dos conquistadores europeus à Índia, a população local lutou contra o domínio estrangeiro sobre o país. Foram muitas, e sangrentas, as guerras contra os dominadores empreendidas pelos diferentes povos que habitam o subcontinente indiano[56]. Gandhi, portanto, não foi o único a se opor à ocupação da Índia pelos britânicos. No entanto, ele esteve entre aqueles que mais efetivamente conduziram e organizaram os indianos na resistência aos britânicos, levando-os, ao final, à independência total do país.

Mas Gandhi se diferenciou de uma maneira ainda mais profunda, como ativista pela autonomia do país. Líderes de nacionalidades oprimidas que conseguiram mobilizar povos contra os países colonialistas frequentemente convocavam seus compatriotas para a guerra e os levavam a confrontos violentos e destrutivos. Mahatma Gandhi fez o contrário disso. Sua oposição ao domínio colonial se fundamentava em uma resistência pacífica, embora ativa. Sob a sua orientação, milhões de indianos boicotaram produtos britânicos, recusaram-se a pagar impostos, fizeram marchas e outros atos de desobediência civil[57].

---

55 CROUZET, Guillemette. Les Indes : Apogée et Déclin d'un Empire au Sein de l'Empire Britannique. Disponível em: https://ehne.fr/fr/encyclopedie/thematiques/l'europe-et-le-monde/expansion-coloniale-et-impérialismes.

56 Idem.

57 FRAZÃO, Dilva. Mahatma Gandhi: Líder Pacifista Indiano. Disponível em: https://www.ebiografia.com/mahatma_Gandhi/.

SAL PROIBIDO

Um desses movimentos, a *Marcha do Sal*, foi uma das maiores mostras do poder e, sobretudo, da confiança que Mahatma Gandhi despertava em milhões dos seus conterrâneos. O protesto liderado por ele era uma reação ao *Britain's Salt Act*, estabelecido em 1882, que proibia os indianos de recolher sal do mar e de comercializá-lo. Este era um privilégio reservado aos empreendedores britânicos[58]. Além dos preços elevados, a população ainda era obrigada a pagar aos colonizadores um pesado imposto sobre o sal que comprava.

Essa injusta reserva de mercado, comparável ao que fazem hoje as milícias, sobretudo no Rio de Janeiro, que obrigam as pessoas, com ameaças e violência, a comprar a preços elevados itens básicos, como botijões de gás, exclusivamente de comerciantes indicados por estes criminosos[59], estava estabelecida já há quase cinco décadas, quando Gandhi decidiu desafiá-la abertamente.

No dia 12 de março de 1930, este líder indiano e alguns de seus discípulos iniciaram uma caminhada, que se estenderia por 385 quilômetros, de Ahmedabad, onde Gandhi vivia, até Dandi, na costa do Mar Arábico[60]. A cada povoado pela qual passava a Marcha, que duraria 25 dias, aumentava o número de seguidores. Na manhã do dia 6 de abril, Gandhi começou a retirar, com as suas próprias mãos, sal do mar, o que, tecnicamente, se configurava como um desafio à lei[61].

Durante dois meses, ele manteve o movimento de desobediência ao monopólio do sal. Apesar de toda a manifestação ter se mantido pacífica, o governo britânico reagiu agredindo e prendendo os manifestantes, inclusive o próprio Mahatma Gandhi. Ao final de 1930, 60 mil pessoas estavam na prisão[62].

---

58 Salt March. Disponível em: https://www.history.com/topics/india/salt-march.

59 MAZZEI, Maria; JANONE, Lucas. RJ: 3,7 milhões vivem em áreas controladas por criminosos e pagam mais caro no gás. Disponível em: https://www.cnnbrasil.com.br/nacional/rj-37-milhoes-vivem-em-areas-controladas-por-criminosos-e-pagam-mais-caro-no-gas/.

60 MARASCIULO, Marília. O que Foi a Marcha do Sal, Protesto Liderado por Mahatma Gandhi. Disponível em: https://revistagalileu.globo.com/Cultura/noticia/2018/10/o-que-foi-marcha-do-sal-protesto-liderado-por-mahatma-gandhi.html.

61 PIETCHER, Kenneth. Salt March: Indian History. Disponível em: https://www.britannica.com/event/Salt-March.

62 Idem.

MORTO A TIROS

A partir desse episódio Gandhi se firmaria como uma personalidade mundial e como a materialização de uma peculiar e poderosa forma de resistir à dominação e repressão das forças políticas que impunham seus interesses sobre os povos. A *Marcha do Sal* seria, ainda, a primeira manifestação da *Satyagraha*[63], o estilo de ação política não-violenta, protagonizado por Gandhi.

Esta postura pacifista não o blindaria, no entanto, da violência política. Em 30 de janeiro de 1948, em Nova Déli, quando se dirigia para uma das suas tradicionais preces noturnas, Gandhi foi morto a tiros por um jovem hindu fanático[64].

A taxa sobre o sal cobrada pelos colonizadores fora de fato extinta, em 1947, quando a Índia conquistou a sua independência do domínio britânico, quase duas décadas depois do início daquela marcha. No entanto, os estudiosos estão de acordo que aquela inusitada caminhada de 385 quilômetros marcou o início de um movimento que resgatou de tal forma a dignidade e a autoconfiança dos indianos que estes reuniram a energia e a determinação necessárias para tornar o seu país independente[65].

Pode-se especular longamente sobre as razões que levaram Mahatma Gandhi a conquistar o respeito e a confiança dos indianos, que à época da sua morte somavam 358 milhões de pessoas[66]. A explicação que eu considero mais satisfatória é aquela dada pelo escritor e jornalista inglês Edmund Candler (1874-1926), que se tornou reconhecido pelas várias obras nas quais retratou a cultura da Índia, onde viveu por vários anos.

Em 1922, Candler, que conheceu Gandhi pessoalmente, produziu, em um artigo publicado na revista americana *The Atlantic*, um preciso e longo perfil deste líder indiano e uma análise do porquê os indianos o admirarem tão

---

63 Satyagraha, palavra em sânscrito que pode ser traduzida como "insistir pela verdade", era usada por Gandhi para designar o fundamento e o núcleo da prática da não-violência FILHO, Pedro Paulo, Satyagraha. Disponível em: https://www.oabsp.org.br/sobre-oabsp/grandes-causas/satyagraha.

64 NANDA, B.R. Mahatma Gandhi: Indian Leader. Disponível em: https://www.britannica.com/biography/Mahatma-Gandhi.

65 SCHWAB, Hans. La Marche du Sel avec Gandhi, 1930. Disponível em: https://www.alternatives-non-violentes.org/Revue/Numeros/156_La_non-Violence_en_marches%E2%80%A6_de_Gandhi_a_demain/La_marche_du_sel_avec_Gandhi_1930.

66 O'NEILL, Aaron. Population of India from 1800 to 2020. Disponível em: https://www.statista.com/statistics/1066922/population-india-historical/.

profundamente. O ponto central do que ele escreveu é o seguinte: *Gandhi é, de maneira transparente, desprovido de orgulho ou afetação (...). O que o separa de outros líderes extremistas indianos é a sua coragem em tomar a voz em uma assembleia e dizer verdades desagradáveis para o seu próprio povo. Gandhi não os lisonjeia, e o povo o segue, porque reconhece que ele é desprovido de medo, tanto moral quanto físico*[67].

UM EXEMPLO A SEGUIR

Na avaliação de Edmund Candler, Gandhi possuía a virtude de trazer alinhadas as suas formas de agir, sentir, pensar e falar. Essa coerência fazia com que os demais o percebessem como alguém sem medos mentais ou físicos e, ainda, a acreditar que as suas ações mostravam de maneira clara qual era a sua verdadeira essência. Essa percepção é preciosa para construirmos a nossa reputação, mas, ainda mais importante, para que sejamos capazes de desenvolver confiança em nós mesmos. Devemos enxergar essas características de Gandhi como bons exemplos a serem seguidos.

É dito que a nossa relevância enquanto seres humanos é verdadeira não pelo que dizemos de nós mesmos, mas sim pela maneira como nos comportamos, fazemos coisas ou reagimos em momentos críticos. As pessoas irão confiar em nós e desenvolver uma atitude positiva a nosso respeito se observarem que, quando estivermos diante de desafios, pressões e situações potencialmente perigosas, não iremos renunciar aos nossos valores, não ocultaremos o que pensamos para agradar aos outros e nem tentaremos nos esquivar das consequências do que fizermos.

Gerar confiança é algo essencial para que os nossos objetivos se tornem realidade. Se temos uma posição de liderança na nossa vida profissional, só conseguiremos que nossas ideias e orientações sejam levadas em conta se gozarmos da confiança dos outros. Como Mahatma Gandhi fez. Seja em todo um país ou na área da empresa em que você trabalha, eles só seguirão diretrizes se estas emanarem de alguém que seja visto como uma referência moral e profissional.

---

67 CANDLER, Edmund. Mahatma Gandhi. Disponível em: https://www.theatlantic.com/magazine/archive/1922/07/mahatma-gandhi/306373/.

FÉ CEGA

Termos introduzido este capítulo descrevendo a trajetória de um líder mundial histórico nos dá a oportunidade de refletir sobre um tipo de confiança que considero problemática. Na verdade, seria mais acurado não a chamar de confiança, mas de fé, uma fé cega. Esse é um tipo de engajamento prejudicial tanto para aquele que é admirado como para os que o veem de uma maneira que considero ingênua, emocional.

A fé cega, que também poderíamos chamar de fanatismo, não passa pela necessária avaliação crítica com a qual todo líder deve ser observado. Como eu já disse, é a retidão com que um líder age, faz suas escolhas e toma as suas decisões somadas à coerência entre os seus atos e o seu discurso, que o irão habilitar a ser visto como alguém que vale a pena ser admirado, seguido e ter suas orientações acatadas.

Se nos deixarmos seduzir exclusivamente pelo carisma, pelo discurso charmoso, pela beleza física ou pela desenvoltura de alguém, poderemos trocar o nosso senso crítico e pensamento racional por esse fascínio pessoal. Como consequência, tenderemos a tomar decisões incorretas ou a ter atitudes e ações que não estão de acordo com os nossos valores.

Da mesma maneira, se a confiança que os demais têm em nós está alicerçada nesses mesmos argumentos emocionais e subjetivos, não iremos usufruir do respeito deles por muito tempo. Se eles não levam em conta a nossa essência e têm uma visão frívola a nosso respeito, de um minuto para o outro podem deixar de confiar em nós ou até mesmo passar a não gostar do que fazemos ou somos. É como se, em algum momento, saíssemos de moda, como acontece com cantores de rock ou atores, que são trocados facilmente por algum outro personagem do momento.

Esta é uma questão séria e não envolve apenas ser ou não querido pessoalmente. No ambiente corporativo não é raro que os líderes se vejam sendo obedecidos de uma maneira mecânica, burocrática, por seus colaboradores. Esta atitude é um sinal claro de que o engajamento deles está deixando a desejar e que a reputação e capacidade de influência desses líderes foi comprometida pela ausência de uma confiança sólida por parte dos demais.

RESPOSTAS SURPREENDENTES

Essa situação pode sinalizar que você não está dando oportunidade para os demais exporem suas opiniões ou participarem da tomada de decisões no dia a dia do trabalho. Dialogar com os membros do seu time e perguntar como eles estão percebendo a direção que você está dando para as atividades pode trazer respostas que nos surpreendam como um "não, não acho que estamos indo no caminho certo!"

Nesse momento, a percepção de que havia uma admiração sincera por parte de seus colaboradores se mostrará um equívoco. O que havia de fato ali era apatia ou descrença. Mas como devemos nos posicionar diante de uma reação negativa ao nosso desempenho?

A primeira coisa a fazer é, certamente, levá-la a sério. Devemos examinar os argumentos contrários. Deixar de lado a vaidade e evitar nos sentirmos ofendidos com os comentários desfavoráveis. De coração aberto, é preciso verificar se, de fato, estamos agindo de maneira inadequada ou insuficiente para produzirmos resultados e possibilitar que aqueles que estão no nosso entorno trabalhem com harmonia e eficiência.

No entanto, se após uma reflexão honesta e profunda, nos convencermos de que, sim, estamos trabalhando de uma maneira ética, inclusiva e sincera, devemos confiar em nós mesmos. Se estamos bem com os nossos valores, devemos nos tranquilizar e relativizar o que as pessoas podem estar falando sobre nós.

O QUE FAZER?

As aparências enganam, aos que odeiam e aos que amam – Esta frase poética não é de minha autoria. Está na letra de uma antiga música gravada pela cantora Elis Regina (1945-1982)[68] e me parece perfeita como um alerta aos possíveis equívocos que podemos cometer quando depositamos a nossa confiança em alguém movidos exclusivamente por nossas emoções. A possibilidade de nos decepcionarmos com aquela pessoa que até então admirávamos será grande, se agirmos assim.

---

68 NATUREZA, Sérgio; TUNAI. *As Aparências Enganam*, álbum *Essa Mulher*, WEA, 1979.

Pessoalmente, passei por uma situação semelhante. Tenho um amigo muito assertivo. Pragmático, para ele tudo é ou A ou B, nunca se deixa distrair e sempre é capaz de tomar as melhores decisões. Em uma ocasião, ele me confidenciou, em tom de queixa: "Minhas filhas não gostam de mim!". Logo entendi o porquê. Tão focado, tão rigoroso, ele impunha suas vontades, o que, certamente, desagradava às filhas, que provavelmente se sentiam sufocadas.

Aquela constatação de alguma maneira me fez rever a forma com que eu o via. Para mim, ele era alguém sem problemas, incapaz de ações negativas, talvez quase perfeito. Mas me trouxe uma boa reflexão. É claro que todas as pessoas têm suas falhas, o seu lado B. Mas, mesmo assim, mantêm as suas melhores qualidades. Devemos entender isso e não prestar atenção demasiada aos defeitos que consideramos que os outros tenham. A fé cega sempre fechará os nossos olhos para a realidade. Devemos confiar naqueles que se mostram íntegros e éticos, mas sempre os observando com sabedoria, o que significa estarmos atentos aos nossos valores.

Avalie se suas atitudes e ações estão alinhadas à sua comunicação e ação. As pessoas do seu time recorrem a você com frequência para as ajudar na solução de problemas? Elas falam abertamente com você sobre os erros que cometem? A ideia aqui é você perceber o quanto tem inspirado confiança ou não naqueles com os quais trabalha.

Alinhe-se!

6

Ousadia, flexibilidade e estar sempre disposto a aprender são qualidades essenciais para o sucesso

Ao longo de muitas décadas, o Brasil frequentou o inconsciente gastronômico mundial como o país da feijoada e da caipirinha. Estes dois itens, ao lado das praias, do Carnaval e do futebol, sempre foram atrações inegociáveis nos guias das agências de viagem e personagens obrigatórios da lista dos estereótipos fáceis para referenciar o nosso país.

Se os banhos de mar, o samba e as chuteiras farão parte da nossa essência verde e amarela, ao que parece, ainda por muitos anos, no plano da culinária um petisco vem se firmando internacionalmente como o mais novo ícone dos sabores brasileiros. Estou falando do mineiríssimo pão de queijo[69], que tem em sua receita ingredientes como polvilho de mandioca, leite, ovos e Queijo de Minas curado, que tornam esse simpático "pãozinho", quando servido quente, um perfeito exemplo do conceito de *comfort food*.[70]

Há evidências de que o pão de queijo vem sendo consumido no Brasil desde o século XVIII, tendo se originado nas fazendas de Minas Gerais. A partir dos anos 1950, expandiu-se para grande parte do Brasil, tornando-se uma preferência nacional[71]. Se essas informações são relativamente vagas, por outro lado os personagens e as circunstâncias responsáveis por terem transformado-o em uma estrela de brilho internacional são bem conhecidos.

---

69 BALSTON, Catherine, Top 10 Foods to Try in Brazil. Disponível em: https://www.bbcgoodfood.com/howto/guide/top-10-foods-try-brazil.

70 Termo que passou a ser amplamente utilizado a partir dos anos 1990, comfort food, que pode ser traduzido como "comida reconfortante", diz respeito a alimentos capazes de provocar bem-estar ou a sensação de consolo. Na maioria das vezes, são alimentos que remetem a lembranças da infância ou a ambientes caseiros e familiares. Comfort Food, Você Sabe o que é Isso? Disponível em: https://hirota.com.br/comfort-food-voce-sabe-o-que-e-isso/.

71 Você Conhece a História do Pão de Queijo? Descubra Aqui. Disponível em: https://massamadreblog.com.br/know-how/curiosidades/voce-conhece-a-historia-do-pao-de-queijo-descubra-aqui/.

RECEITA DE DONA DALVA

Trata-se de uma história na qual se sucederam uma tragédia, uma ousada criatividade e uma determinação digna dos mais intrépidos aventureiros. A figura central dessa narrativa chama-se Maria *Dalva* Couto Mendonça, que daria um empurrão decisivo para o nascimento, crescimento e chegada à vida adulta da *Forno de Minas*[72]. Atualmente um poderoso player do segmento alimentício, a empresa tem Helder Mendonça, filho de dona Dalva, como o seu CEO.

Casada aos 17 anos, dona Dalva vivia com o marido e os quatro filhos em uma fazenda na cidade mineira de João Pinheiro, a 400 quilômetros de Belo Horizonte[73]. Lá, levavam uma vida típica interiorana, com a esposa em casa cuidando da família e o esposo como provedor. Em 1971, a família se mudou para a capital mineira. Mas, dois anos depois, aconteceria a tragédia: o marido de dona Dalva faleceria em um acidente de trânsito[74].

A nova situação obrigou dona Dalva a ir para o mercado de trabalho. E mais: para melhor qualificar-se profissionalmente, precisou voltar a estudar. Já não era possível, portanto, estar presente em tempo integral no dia a dia dos filhos. Para minimizar o impacto da sua ausência, esta chefe de família passou a deixar alimentos congelados para os filhos. Entre eles, pães de queijo, cuja receita encantava a todos os que os experimentavam. Estava dado o primeiro passo para um negócio que se provaria disruptivo e lucrativo.

DISRUPÇÃO NO FREEZER

Algum tempo depois, Helder, em uma aposta na qualidade da receita de sua mãe, comprou uma pequena lanchonete, na qual o pão de queijo figuraria como carro-chefe do cardápio. Foi, ali, no freezer do estabelecimento, que surgiria a disrupção: inspirado pelos hábitos de consumo dos americanos, que

---

72 Conheça a História da Dona Dalva, Fundadora do Forno de Minas. Disponível em: https://3talheres.com.br/conheca-a-historia-da-dona-dalva-fundadora-do-forno-de-minas/.

73 Ibidem.

74 CESTAROLLI, Priscila. Reconstruindo a História da Marca: os Aprendizados da Forno de Minas. Disponível em: https://endeavor.org.br/desenvolvimento-pessoal/forno-minas-reconstruir-marca/.

conhecera quando estudara nos EUA[75], Helder decidiu oferecer ao mercado pães de queijo congelados.

Há 40 anos, este era um movimento ousado, especialmente em Minas Gerais. Pães de queijo eram algo que se fazia em casa, com receitas passadas de geração para geração, nunca para ser comprado de terceiros. E ainda por cima congelados? Era muita novidade para a desconfiança mineira e dos brasileiros de modo geral[76]. O preconceito contra alimentos congelados era persistente no Brasil. O seu consumo só começaria a se popularizar no início dos anos 1990, época em que, há décadas, ele já era corrente na Europa[77].

Driblando todos estes desafios, o negócio prosperaria. Um novo sócio se juntaria à empresa, trazendo capital e expertise, o que faria com que a produção saltasse de 60 quilos para 1,2 tonelada por dia[78]. As suspeitas dos mineiros se renderiam à praticidade e à qualidade daqueles pães de queijo, enquanto o resto do Brasil acenderia alegremente o forno para desfrutar do produto que, em muitas regiões, ainda era uma novidade.

O sucesso da *Forno de Minas* logo chamaria a atenção dos maiores players do segmento. Em 1999, a americana *Pillsbury* comprou o negócio, que pouco tempo depois, seria incorporado à gigantesca *General Mills*, uma multinacional, também americana, presente em cerca de 100 países[79]. Com uma respeitável soma no bolso, os Mendonça se afastaram do livro de receitas e procuraram negócios em outras frentes.

---

75 Ibidem.

76 "O Empreendedor Não Pode se Acomodar", Diz Fundador da Forno de Minas. Disponível em: https://revistapegn.globo.com/Negocios/noticia/2017/12/o-empreendedor-nao-pode--se-acomodar-diz-fundador-da-forno-de-minas.html.

77 *Comida Congelada ainda Enfrenta Preconceito.* Disponível em: https://www.bemparana.com.br/publicacao/blogs/comerecurtir/comida-congelada-ainda-enfrenta-preconceito/.

78 *#BeDetermined: A Forno de Minas e o Pão de Queijo Mineiro que Conquistou o Brasil e o Mundo.* Disponível em: https://portal.apexbrasil.com.br/bedetermined-a-forno-de-minas--e-o-pao-de-queijo-mineiro-que-conquistou-o-brasil-e-o-mundo/.

79 General Mills, 2022 Annual Report. Disponível em: https://s22.q4cdn.com/584207745/files/doc_financials/2022/ar/Final-GMI-2022-Annual-Report.pdf.

MENOS QUEIJO

Durante uma década, a nova administração esteve à frente da empresa, mas foi gradativamente perdendo a mão sobre o negócio. Para aumentar a sua lucratividade, acabou por cometer o que os consumidores parecem ter considerado um pecado mortal: mexeu na receita do petisco, tendo reduzido a quantidade de queijo que era usada na receita original[80]!

O pão de queijo perdeu a sua alma. Ficou sem gosto, farinhento. O mercado não perdoou a afronta. A marca viu seu prestígio ser desidratado. Os pedidos dos grandes varejistas começaram a ser suspensos. As vendas caíram para 30% do que era comercializado anteriormente[81]. Diante destes empecilhos, a multinacional americana se desinteressou pelo negócio.

E foi neste ponto que os Mendonça revelaram o seu lado ousado e empreendedor. Em 2009, dez anos depois de tê-la vendido, a família faz uma oferta para comprar de volta a sua antiga empresa. A *General Mills* aceita a proposta. Os valores não foram revelados, mas estimativas do mercado à época davam conta de que Helder Mendonça, que havia recebido algo próximo a 130 milhões de dólares pela companhia, a teria recomprado, uma década mais tarde, por um valor próximo a 10% deste total[82].

A antiga receita de dona Dalva voltava a vigorar. Nos anos seguintes, a marca recuperaria o respeito por parte dos consumidores e uma forte presença no mercado. Quatro anos mais tarde, em 2013, a exportação de seus produtos seria ampliada para o Canadá, Portugal, Uruguai e os Estados Unidos, onde foi aberta uma filial na Flórida[83]. Atualmente, as vendas se espalham para quase todos os continentes, incluindo países árabes e latino-americanos, além da China, Japão e Inglaterra[84].

---

80 ARANHA, Carla. Hora de Começar de Novo na Forno de Minas. Disponível em: https://exame.com/pme/comecar-de-novo-2/.

81 TOLEDO, Letícia, A História da Família que Popularizou o Pão de Queijo no Brasil. Disponível em: https://www.infomoney.com.br/negocios/forno-de-minas-a-historia-da-familia-que-popularizou-o-pao-de-queijo-no-brasil/.

82 ARANHA, Carla. *Hora de Começar de Novo na Forno de Minas*. Disponível em: https://exame.com/pme/comecar-de-novo-2/.

83 Liga o Forno que Vem Coisa Boa. Disponível em: https://fornodeminas.com.br/institucional/.

84 De Minas para o Mundo. https://fornodeminas.com.br/vendas/exportacao/.

CONSUMIDORES INSPIRADOS

Gosto bastante desta saga da família Mendonça. Ela é um dos bons exemplos de como a disposição de sempre estar aberto ao aprendizado, a adaptar-se a novas situações e mesmo a desafiar realidades que parecem imutáveis trazem bons resultados. Foram essas atitudes que inspiraram os consumidores a deixar de lado preconceitos e hábitos arraigados e, mais surpreendente ainda, deram aos Mendonça a convicção de que poderiam recuperar o negócio que haviam vendido a terceiros.

Eu acredito que, no mundo atual, que está muito mais competitivo do que há 20 anos, ninguém pode mais se considerar como ex-aluno de qualquer coisa ou imaginar que já aprendeu tudo o que seria necessário no mundo do trabalho. Perderemos nossas melhores oportunidades se desenvolvermos esse mindset limitado e estanque.

Estamos na era do *lifelong learning*, o aprendizado constante, para toda a vida. Falando ainda mais uma vez sobre a experiência de Helder Mendonça, ele e seus familiares poderiam simplesmente aplicar a pequena fortuna que receberam e se acomodar, passando o resto da vida vivendo de rendimentos dos investimentos. Mas nunca perderam o impulso de empreender. Quando retomaram o negócio, o ampliaram, aprenderam novas estratégias. Ganharam mais dinheiro e, certamente, a impagável satisfação de ver o seu projeto de vida ser vitorioso.

O processo de aprendizagem sobre o qual eu falo é capaz de gerar benefícios que vão além da absorção de novas informações, como costuma acontecer quando frequentamos algum curso ou estudamos de maneira formal algum tema. Quando acionamos a nossa curiosidade e tomamos a iniciativa de conhecer coisas novas e aprendermos novas habilidades, desenvolvemos um processo mental que torna mais aguçada a nossa intuição e atenção. Ficamos estimulados a nos movimentar, a usar mais a nossa razão e a fazer melhores escolhas.

ESPÍRITO DE AVENTURA

Uma postura mental que vejo associada ao mindset que está disposto a sempre aprender é a que chamo de espírito de aventura. Se nos lembrarmos do que são feitos muitos dos grandes aventureiros da história, como o navegador português Fernão de Magalhães (1480-1521)[85] ou o aviador americano Charles Lindbergh (1902-1974)[86], veremos que são pessoas que, antes de tudo, possuíam uma grande curiosidade e um forte desejo de aprender.

Seus grandes feitos sempre foram antecedidos pelo estudo minucioso dos meios e das condições externas que lhes permitiriam alcançar os seus objetivos. Não havia neles uma mente impulsiva, um desejo suicida de enfrentar perigos. Foram grandes planejadores e só se lançavam à aventura quando dominavam os conhecimentos necessários para o empreendimento que desejavam realizar. Esse espírito de aventura é, afinal, o desejo de aprender coisas novas. Podemos, todos nós, portanto, sermos aventureiros sem sair do escritório e, até mesmo, nos envolvendo em empreendimentos singelos, como, por exemplo, produzir pães de queijo.

O QUE FAZER?

Não seja o último a saber – Manter-se atualizado com o que acontece ao seu redor é algo de importância fundamental. Um evento que ocorra do outro lado do mundo pode trazer tanta repercussão para você como se tivesse acontecido na sua rua, logo ali na esquina. Fatos econômicos, inovações em negócios, mudanças na condução da política, guerras, pandemias, descobertas científicas... tudo isso poderá transformar de maneira definitiva o seu dia a dia.

Acompanhar as notícias de fontes qualificadas e a análise que se faz do possível impacto delas é uma forma de aprendizado. Para a nossa carreira, o hábito de manter-se informado pelos jornais, revistas, livros e internet é tão vital quanto

---

85 Tendo conquistado seu lugar na História como o descobridor do estreito, no extremo sul da América do Sul, que leva o seu nome e permite o trajeto marítimo entre os Oceanos Atlântico e o Pacífico, Fernão de Magalhães é considerado o primeiro a comandar uma expedição de circum-navegação da Terra. Comandando uma esquadra de quatro naus espanholas, que se fez ao mar em 20 de setembro de 1519, o navegador português, no entanto, não concluiu todo o trajeto, tendo sido morto por uma flecha envenenada em um conflito com nativos na ilha de Mactán, nas Filipinas. Fernão de Magalhães e o estreito que tem hoje o seu nome. Disponível em: https://nationalgeographic.pt/historia/grandes-reportagens/3019-fernao-de-magalhaes-e-o-estreito-que-tem-hoje-o-seu-nome.

86 Em maio de 1927, o americano Charles Lindbergh tornou-se o primeiro aviador a realizar um voo transatlântico. O voo partiu de Nova York, EUA, e chegou a Paris, na França, depois de 33 horas sobrevoando, sem paradas, 5.800 quilômetros sobre o Oceano Atlântico. Charles Lindbergh, American Aviator. Disponível em: https://www.britannica.com/biography/Charles-Lindbergh.

frequentar uma faculdade ou um curso. O ambiente de trabalho é sempre competitivo e está em constante transformação. Se você não acompanhar as mudanças e as tendências em curso, provavelmente irá perder oportunidades importantes que, talvez, não voltem mais.

Pessoas bem informadas mantêm-se relevantes ao aprender coisas novas e adaptando-se a este momento, em que tecnologias disruptivas surgem incessantemente. Abrindo a sua mente para novas ideias, você será capaz de construir perspectivas inéditas e ganhar maleabilidade mental, enxergando os diferentes lados de uma mesma situação e, assim, sendo capaz de formar a sua própria opinião.

Acompanhar os fatos também nos deixa melhor preparados para nos adaptarmos às mudanças inesperadas que, para os bem informados, nem serão tão inesperadas assim. Teremos mais confiança em nossas próprias capacidades e nos sentiremos encorajados e prontos a enfrentar desafios.

Portanto, pense o que você pode fazer, a partir de hoje, para desenvolver o seu espírito de aventura. Não se conforme com sua situação atual. O que você pode aprender para ser um profissional melhor?

Ative-se!

7

Hábitos que freiam a sua trajetória profissional, e outros capazes de acelerar seu crescimento

Dirigir é algo perigoso. Principalmente porque costumamos pensar que somos bons motoristas e que acidentes são eventos que só acontecem com os outros, aqueles condutores sem noção, inabilidosos ou irresponsáveis. Contudo, se refletirmos de maneira calma e honesta, é provável que iremos reconhecer que, em muitas oportunidades em que estávamos na direção de um veículo, fizemos coisas tolas e perigosas, por estarmos com pressa, desatentos ou com raiva daqueles que dividiam as ruas e avenidas conosco.

Além destas, há uma outra razão potencialmente perigosa para os motoristas, a qual relutamos em reconhecer: a nossa falta de habilidade para enfrentar condições desafiantes que, volta e meia, surgem nas ruas e estradas. São muitas as situações desfavoráveis: a neblina, a escuridão e as chuvas estão entre elas.

Em particular, conduzir um automóvel debaixo de uma tempestade pode ser algo extremamente perigoso. O grande risco está no fato de que a água sobre a pista, o vento e as rajadas de chuva fazem com que o veículo se comporte de uma maneira totalmente diferente de quando está sobre uma pista seca[87]. A começar pelo mais óbvio, a visibilidade diminui dramaticamente, tanto pela água que cai sobre o para-brisas, como pelos vidros embaçados pela diferença de temperatura entre o interior e o exterior do carro.

A aderência dos pneus com o calçamento é prejudicada e pode acontecer de o contato com o piso ser completamente perdido, tornando grande a chance de um acidente. Os freios, molhados, demoram mais a responder ao comando do motorista, e os caminhões e outros veículos pesados criam um spray de água enlameada, que reduz ainda mais a visibilidade[88].

---

87 Dirigir na Chuva: Saiba Quais os Riscos, como Evitar e Itens de Segurança. Disponível em: https://www.meucarronovo.com.br/blog/post/Dirigir-na-chuva-saiba-quais-os-riscos-como-evitar-e-itens-de-seguranca/.

88 A ocorrência de um grande volume de chuva pode provocar a formação de uma camada de água sobre o piso das ruas e estradas, fazendo com que o veículo "flutue", ou aquaplane, ao passar sobre ela, impedindo que o motorista tenha controle sobre o veículo. Pneus gastos e velocidade alta potencializam esse fenômeno e os seus riscos. Aquaplanagem: O que É e como Evitá-la. Disponível em: https://seguros.sompo.com.br/aquaplanagem-o-que-e-e-como-evita-la/.

REI DA CHUVA

Se conduzir um automóvel comum sob a chuva, a 60, 80, 100 quilômetros por hora, já é uma tarefa que exige grande atenção, imagine pilotar em uma pista encharcada um carro de Fórmula 1, que chega fácil aos 300 km/h[89]. Era isso que fazia, com grande maestria, o piloto brasileiro Ayrton Senna (1960-1994), que ganhou o apelido de "Rei da Chuva"[90] por essa habilidade que lhe valeu várias vitórias nos circuitos da Fórmula 1.

Sempre gostei de automobilismo e acompanhei de maneira atenta a carreira do grande piloto que foi Ayrton Senna. Trago-o aqui neste capítulo não como fã, mas por achar precioso o seu exemplo, de como se aplicou, com tenacidade, para superar uma deficiência que enfrentava como piloto de carros de corrida. Tal deficiência era, exatamente, a dificuldade de correr em pistas molhadas.

Senna sabia que o crescimento profissional e a excelência no que alguém se propõe a fazer nunca vêm facilmente. Não seria possível esperar sentado na poltrona, ou melhor dizendo no cockpit do seu Fórmula 1, que ele conquistasse a destreza e o respeito necessários para se fazer notar entre tantos outros pilotos campeões, com os quais disputava as corridas.

Foi ainda nos tempos em que pilotava karts no Autódromo de Interlagos, na cidade de São Paulo, que Ayrton Senna percebeu que teria de aperfeiçoar o seu controle de direção em pistas molhadas. Na primeira corrida que fez, aos 13 anos de idade[91], o asfalto estava encharcado pela chuva.

A sua performance foi desastrosa. Derrapou, rodou na pista, bateu. Voltou para o circuito e rodou mais algumas vezes até ser obrigado a abandonar a disputa, antes do final. Foi um momento de revelação para Senna. Desde então, ele decidiu que passaria a aprimorar de maneira aplicada a pilotagem em pisos

---

89 DEMARTINI, Felipe. Qual a Velocidade Máxima de um Carro de Fórmula 1? Disponível em: https://canaltech.com.br/entretenimento/velocidade-maxima-carro-formula-1-218945/.

90 MAGALHÃES, Sérgio, Ayrton Senna, o Rei da Chuva. Disponível em: http://www.jornaldosudoeste.com.br/noticia.php?codigo=206196.

91 Por que ainda Hoje Ayrton Senna É tão inesquecível? Confira Detalhes Inéditos sobre a sua História. Disponível em: https://www.desafiomundial.com/por-que-ainda-hoje-ayrton-senna-to-inesquecvel-confira-detalhes-inditos-sobre-sua-histria/.

molhados[92]. Era só começar a chover, que ele rapidamente ia para a pista e treinava por horas a fio[93].

VITÓRIAS INESQUECÍVEIS

Esse esforço gerou incríveis resultados. Para se ter uma ideia, dos 41 triunfos de Ayrton Senna na Fórmula 1, 13 se deram debaixo de chuva[94]. Os fãs deste piloto são capazes de lembrar ainda hoje, quase três décadas após a sua morte, das suas grandes vitórias em pista molhada. Uma das mais icônicas se deu em 11 de abril de 1993, no circuito de Donington Park, na Inglaterra[95], considerada por muitos como a melhor corrida de Senna em toda a sua carreira[96].

Quarto colocado na prova de classificação, pilotando uma McLaren menos potente que as duas Williams-Renault, conduzidas pelo pole position, o francês Alain Prost, arquirrival de Senna na pista, e pelo inglês Damon Hill, na segunda colocação, a McLaren de Senna tinha também um motor inferior à Benetton-Ford do alemão Michael Schumacher, terceiro colocado no grid de largada. A chuva, no entanto, criava o ambiente favorável para que Ayrton Senna se valesse das suas habilidades em correr na pista molhada.

Não deu outra. Já na primeira volta, assumiu a ponta. A partir daí, passou a aumentar gradativamente a distância para os demais competidores. Senna venceu a corrida com uma volta à frente de Alain Prost (algo constrangedor na Fórmula 1), que ficou na terceira posição, e impôs 1m23s, também quase uma volta inteira, sobre o segundo colocado, Damon Hill[97].

---

92 Segredos da Pista Molhada. Disponível em: https://www.ayrtonsenna.com.br/piloto/arte-de-pilotar/segredos-da-pista-molhada/.

93 Ibidem.

94 MAGALHÃES, Sérgio. *Ayrton Senna, o Rei da Chuva*. Disponível em: http://www.jornaldosudoeste.com.br/noticia.php?codigo=206196.

95 GRÜNWALD, Alexander. Há 20 Anos, 'Show' de Ayrton Senna sob Chuva Encantava a Fórmula 1. Disponível em: https://ge.globo.com/motor/formula-1/noticia/2013/04/ha-20-anos-show-de-ayrton-senna-sob-chuva-encantava-formula-1.html.

96 LOPES, Rafael. #TdT: Que Fim Levou o Troféu do Sonic de Donington Park-1993? Disponível em: https://globoesporte.globo.com/blogs/voando-baixo/post/2019/02/13/tdt-que-fim-levou-o-trofeu-do-sonic-de-donington-park-1993.ghtml.

97 European GP - XXXVIII Sega European Grand Prix 1993. Disponível em: https://www.chicanef1.com/racetit.pl?year=1993&gp=European%20GP&r=1.

Ayrton Senna poderia ter desistido ali, aos 13 anos, diante da péssima corrida que fez com o seu kart. Ninguém consideraria como um gesto inesperado se ele decidisse que aquilo não era para ele e, a partir daí, desenvolvesse o pensamento derrotista de que nunca seria capaz de dirigir um kart, muito menos um Fórmula 1. Afinal, tudo parecia indicar que ele não sabia pilotar debaixo da chuva.

O desânimo e a baixa autoestima são obstáculos graves ao desenvolvimento de uma carreira. São sentimentos negativos, mas poderosos e, naquele momento, teriam força suficiente para negar ao mundo a figura inspiradora que Senna se tornaria. Talvez o piloto nunca tenha ouvido esta frase do pensador francês Jean Paul Sartre (1905-1980): “O importante não é o que fizeram de nós, mas o que nós fizemos com aquilo que fizeram de nós”[98]. Costumo levar este enunciado de Sartre para uma perspectiva de vida: o importante não é o que a vida faz de nós ou faz com a gente, mas o que nós fazemos com aquilo que a vida nos apresenta. Voltando ao Senna no Kart, percebemos que ele agiu como se fosse movido por esta mesma convicção. Senna transformou aquilo que foi colocado diante dele, no caso os desafios de pilotar em uma pista molhada, em uma grande vantagem competitiva.

RESILIÊNCIA E DETERMINAÇÃO

O que eu considero de grande relevância nessa declaração de Sartre é o encorajamento a desenvolvermos a resiliência e a determinação em seguirmos o caminho que melhor nos apraz. Certamente, Senna deveria achar tediosa a repetição dos treinos debaixo de chuva e frio. Como nós também nos irritamos com as tarefas burocráticas e chatas que muitas vezes temos de assumir.

Mas, assim como deve ter acontecido com o piloto, nós também podemos encontrar a energia necessária para seguir em frente motivados pelo prazer que, sabemos, iremos sentir quando virmos o resultado dos nossos esforços. Este é um sentimento de grande importância, pois o nosso progresso profissional será muito mais acelerado se estivermos felizes e nos identificarmos com o trabalho que exercemos.

98 L’important n’Est pas ce qu’on Fait de Nous, Mais ce que Nous Faisons Nous-Même de ce qu’On A Fait de Nous. Disponível em: https://www.dicocitations.com/citations/citation-15322.php.

Se nos convencermos de que estamos em um caminho seguro para atingir os objetivos que desejamos, as nossas energia e motivação se manterão altas, mesmo se, eventualmente, surgirem dificuldades pela frente. Devemos saber que tais obstáculos poderão ter diferentes naturezas. Eles serão eventos negativos externos, como uma pandemia, guerras, crises econômicas, e provavelmente nos deixarão na defensiva e amedrontados. Também não faltarão desafios pessoais, como doença, perda de entes queridos ou relacionamentos que não estão andando bem... são provações que também podem nos fragilizar emocionalmente, com impactos na nossa vida profissional.

Nenhum de nós conseguirá escapar de ser afetado, em algum momento, por eventos negativos. Mas devemos nos esforçar para acreditar que estes, na grande maioria das vezes, serão passageiros. Podemos nos sentir momentaneamente desencorajados, mas, mantendo uma mente positiva, sempre teremos a capacidade de reagir e fazermos boas escolhas. Entenderemos que nossas conquistas não virão de maneira fácil, em um estalar de dedos, mas o mundo não irá acabar se perdermos o nosso trabalho, nos desentendermos com um amigo ou derraparmos no caminho.

Cultivar a paciência, a perseverança e a resiliência está ao alcance de todos. Essas qualidades nos habilitarão a tirar proveito das oportunidades quando elas surgirem. Assim como os obstáculos, as ocasiões favoráveis também aparecem de repente, sem aviso. Temos de estar preparados para esses dois momentos.

Ayrton Senna não temia a chuva, os raios ou os trovões. O que o amedrontava era a possibilidade de que o mau tempo prejudicasse seus resultados na pista. O nosso temor também deve ter um endereço certo. Não é a derrota do nosso candidato, um empregador que nos dispensa, o fim de um relacionamento que devemos temer, mas em que isso pode nos afastar dos nossos valores e dos nossos objetivos.

O QUE FAZER?

Cuidado com seus medos – Não é incomum que deixemos de fazer algo por medo de fracassarmos, por achar que não temos capacidade ou para evitar desapontar pessoas com as quais nos relacionamos. Mas por que esses temores surgem em nossa mente? Eles costumam ser alimentados por maus hábitos que temos, muitas vezes mantidos de maneira inconsciente, que têm, também, impactos negativos sobre o nosso crescimento profissional. Veja alguns deles:

- **Não ter clareza sobre o seu valor** – O primeiro passo para que as outras pessoas reconheçam a sua contribuição e o vejam como alguém confiável e agregador é você mesmo ter consciência das suas qualidades. Autossabotagem, visões autodepreciativas, complexo de inferioridade só farão com que você convença os outros de que nada tem a contribuir. Isso fará com que você perca potenciais oportunidades, clientes, projetos, promoções e parceiros. Compararmo-nos com os outros é um equívoco. Todos nós temos qualidades e pontos que podemos melhorar. Não há super-heróis, alguém que seja superior aos demais. Circunstâncias momentâneas podem fazer um ou outro estar em evidência, mas, na nossa essência, somos todos muito parecidos e capazes de feitos extraordinários.
- **Engajar-se em relações e atividades que não fazem bem** – É preciso entender que nossas mentes são porosas, absorvem fácil e rapidamente o nosso entorno e são por ele influenciadas. Por essa razão, devemos estar atentos aos ambientes que frequentamos, os colegas, amigos, hábitos e estilos de vida que adotamos. Eles podem nos fazer crescer, mas também nos induzir a assumir crenças e posturas incorretas que poderão nos prejudicar seriamente. É impossível vivermos como uma ilha, afastados dos demais. No entanto, devemos sempre nos perguntar se os que nos cercam agregam valor, dão apoio e nos incentivam a atingir os nossos objetivos.
- **Deixar-se abater por reveses** – Todos nós, em algum momento, fracassamos em atingir os nossos desejos. Contratempos sempre irão surgir à nossa frente. Os bons líderes usam o fracasso como combustível para manter a coragem e a perseverança sempre em movimento. Se reformularmos a nossa mente para aceitar o fracasso como um importante ingrediente na construção do sucesso, nos sentiremos mais positivos e trataremos os fatos menos favoráveis com mais serenidade e sabedoria.
- **Acreditar que o caminho só pode seguir uma única direção** – Se pensarmos que o sucesso e a nossa satisfação só serão alcançados se seguirmos com rigor uma única maneira de fazer as coisas, isso nos deixará rígidos e com dificuldade de nos adaptarmos às inevitáveis mudanças de cenário, que sempre ocorrerão. As pessoas mais bem-sucedidas não

têm medo de se desviar do caminho previsível e buscam, de bom grado, educação, habilidades e experiências complementares que enriqueçam sua jornada, acrescentem à sua história profissional e ajudem a diferenciá-las de seus pares.

Então, reflita: quais hábitos estão te limitando e contribuindo para que você não atinja seu pleno potencial? O que você pode fazer para se libertar deles?

Persevere!

8

Trocar sempre de trabalho ou ficar anos num emprego na mesma função são atitudes malvistas pelo mercado.

Se você acha que a sua vida anda agitada, com altos e baixos, que já passou por muitas mudanças, trocas de emprego, de profissão e de cidades, conheça a história do escritor americano Jack London (1876-1916). Esta, sim, foi uma existência frenética, repleta de reviravoltas surpreendentes.

London, cujo nome real era John Griffith Chaney, dedicou-se à ficção e foi autor de obras notáveis, que alcançaram sucesso internacional, várias delas publicadas no Brasil[99]. Seu êxito como escritor deveu-se à excepcional capacidade de narrar as experiências inusitadas pelas quais passou. Praticamente todas as suas mais relevantes obras trazem o ambiente e os personagens com os quais ele teve contato nas extraordinárias aventuras que viveu.

O fascínio pela trajetória de London não é só meu. Vários autores, das mais diversas nacionalidades, vêm escrevendo sobre ele há décadas. O pequeno resumo da vida desse incrível personagem que se segue, a não ser quando outra fonte for indicada, foi extraído de uma tese de doutorado em Filosofia, submetida em 1977 por P.N. Limaye[100], à Ravishankar University, em Raipur, índia[101].

Os desafios para Jack London começaram antes mesmo de seu nascimento. Aos 31 anos, sua mãe, Flora Wellman (1843-1922)[102], engravidou. O fato, no entanto, não foi bem recebido pelo seu companheiro e futuro pai de Jack, William

---

99 Algumas das obras mais conhecidas de Jack London: **Caninos Brancos**, FTD, 2018; O Chamado Selvagem, Editora Arqueiro, 2022; *O Lobo do Mar,* Clássicos Zahar, 2015. Suas obras mais famosas foram adaptadas para o cinema, a exemplo de *Caninos Brancos*, dirigido por Reindel Kleiser e lançado em 1992 pela Walt Disney Pictures. Disponível em: https://www.adorocinema.com/filmes/filme-7123/; e o *Chamado da Floresta*, direção de Chris Sanders, com Harrison Ford no papel principal, uma produção de 2020 lançada pela 20th Century Studios. Disponível em: https://www.adorocinema.com/filmes/filme-259759/.

100 LIMAYE, P. N. Jack London: The Man, His Popular Novels and Social Works. Disponível em: https://shodhganga.inflibnet.ac.in:8443/jspui/handle/10603/44289.

101 Pt. Ravishankar Shukla University, Raipur Chhattisgarh, India. Disponível em: https://www.prsu.ac.in/.

102 STASZ, Clarice. Flora Wellman (Chaney) London. Disponível em: https://london.sonoma.edu/biographies/flora-wellman-chaney-london.

Chaney (1821-1903)[103], de 53 anos. William, que ganhava a vida como astrólogo, exigiu que Flora, com quem vivia na cidade de San Francisco (EUA), abortasse.

Flora Wellman, no entanto, não era uma mulher submissa. Nascida em uma família que havia perdido a sua fortuna, ela havia sido educada com um ideário progressista, no qual defendia-se o abolicionismo, a igualdade de direitos para as mulheres e a defesa do acesso universal à educação[104]. Ela não iria interromper a sua gravidez. Quem mandava em seu corpo era ela. Diante dessa decisão, seu companheiro não só rejeitou assumir a paternidade como a abandonou.

EX-ESCRAVA E AMA DE LEITE

Em toda a sua vida, Jack London ressentiu-se e envergonhou-se por ser um filho ilegítimo. Quando era um jovem adulto, tentou contato com o seu pai. Mas este, mais uma vez, recusou-se a aceitá-lo como seu filho legítimo. Jack ficou chocado com a recusa. Flora Wellman também foi terrivelmente afetada pela atitude de William Chaney. Sua saúde se deteriorou a tal ponto que o seu filho recém-nascido precisou ser amamentado por uma ama de leite, a ex-escrava Jenny Prentiss. Jenny teria uma grande relevância na vida dos London, inclusive foi ela que deu o apelido "Jack" ao pequeno John Chaney[105].

Pouco tempo depois do nascimento de seu filho, Flora se casaria com John London, um carpinteiro. Dele, Jack tomaria o nome pelo qual seria mundialmente conhecido. A vida dos London seria árdua. Mesmo que John fosse reconhecidamente um incansável trabalhador e Flora desse a sua contribuição ao orçamento familiar ministrando aulas de piano e fazendo pães, os negócios não decolavam, obrigando-os a constantes mudanças de cidade.

Coube a Jack parte desse esforço pela sobrevivência. A partir dos 11 anos, ele começou a trabalhar e teve diferentes ocupações. De cada uma, registraria lembranças que mais tarde agregaria às suas obras. Trabalhos como arranjador de pinos nas pistas de boliche, vendedor de gelo, faxineiro em saloons e jornaleiro o deixavam permanentemente exausto, faminto e com raiva.

---

103 William Henry Chaney. Disponível em: https://www.encyclopedia.com/science/encyclopedias-almanacs-transcripts-and-maps/chaney-william-henry-1821-1903.

104 STASZ, Clarice. *Flora Wellman (Chaney) London*. Disponível em: https://london.sonoma.edu/biographies/flora-wellman-chaney-london.

105 Ibidem.

Essa situação de penúria, no entanto, iria diminuir quando Jack, agora aos 15 anos tornou-se dono de um pequeno barco e um habilidoso marinheiro. No ano seguinte, graças a um empréstimo de 300 dólares, que lhe foi cedido por sua antiga ama de leite, Jenny Prentiss, Jack comprou um veleiro de um conhecido "pirata de ostras"[106] que atuava na Baía de San Francisco. Tornou-se, ele também, um desses piratas. Esta seria a primeira incursão de Jack London em uma atividade ilegal.

BEBERRÃO E VAGABUNDO

Com essa e outras atividades, London começou a ganhar dinheiro. Segundo seus biógrafos, foi quando desenvolveu uma postura que se estenderia por toda a sua vida, a de gastar dinheiro de maneira insolente e ostensiva. Em apenas uma noite, ele teria gasto 180 dólares, uma pequena fortuna há 130 anos, com bebidas e outros excessos. Jack tornou-se um beberrão, um fumante compulsivo e um vagabundo, metido em brigas, negócios escusos e mulheres.

London, no entanto, era dono de uma mente complexa e inescrutável. Em uma reviravolta típica da sua personalidade, tornou-se, subitamente, patrulheiro na Baía de San Francisco. Agora, estava do lado da lei. Entre as suas funções, certamente constaria perseguir piratas de ostras, seus antigos companheiros.

Prosseguindo na sua errática escolha de carreiras, Jack London se juntaria à tripulação de uma escuna e navegaria pela Sibéria, caçando focas. Posteriormente, uma viagem de sete meses pelo mar até o Japão o tornaria um ainda mais experimentado marinheiro. Neste país, ele testemunharia um feroz tufão e se envolveria em brigas e confusões com a polícia local.

No entanto, a sua boa maré financeira o abandona, empurrando-o de volta para San Francisco. London se vê obrigado, mais uma vez, a trabalhar duro. Assim, passa doze horas por dia em uma fábrica de processamento de juta. Depois, como responsável por alimentar caldeiras com carvão, fazia o trabalho de duas pessoas, recebendo apenas um magro salário de 30 dólares mensais.

---

106 No final de século XIX, na baía de San Francisco, havia muitos criatórios de ostras. Os "piratas de ostras", como eram conhecidos, iam à noite em pequenos barcos até esses criatórios, retiravam ilegalmente uma grande quantidade desses moluscos e os vendiam, na manhã seguinte, em mercados populares. *Oyster Pirate*. Disponível em: https://memory-alpha.fandom.com/wiki/Oyster_pirate.

Exausto, infeliz e revoltado com a sua má sorte, ele alistou-se no Exército de Kelly[107], que reivindicava medidas governamentais para combater o desemprego e a pobreza. Seu entusiasmo pouco duraria. Jack London abandona o movimento e passa a viver como um vagabundo, percorrendo grande parte do país viajando, clandestinamente, em vagões de trem. Foi preso por um mês em Niagara Falls, na infame prisão do Condado do Eire.

Aos 19 anos, uma nova guinada. London decide frequentar a escola e se matricula na Oakland High School. Para se sustentar, trabalha como ajudante de zelador, varrendo as salas e lavando banheiros. Torna-se um estudante aplicado e decide tentar uma vaga na Universidade de Berkeley, na região de San Francisco. Ao longo de três meses, estuda por 19 horas todos os dias. É aprovado, com excelência.

SEM QUATRO DENTES

No entanto, a universidade não o seguraria por mais de seis meses. Em fevereiro de 1897, London toma mais uma surpreendente decisão. Deixa tudo para trás e parte para a região de Klondike, no Alaska, onde milhares de americanos dirigem-se para tentar a sorte em busca de ouro[108]. Durante um ano, ele explorou a região, mas não encontrou nem uma única pepita desse mineral. Enfrentando as duras condições daquela região gelada do Alaska, London quase morreu

107 Em 1893, os Estados Unidos passaram por uma severa depressão econômica. O número de desempregados era grande. Em alguns pontos do país surgiram os chamados "exércitos industriais" (industrial armies) integrados por trabalhadores que haviam perdido seu trabalho. A intenção era marchar até a capital do país, Washington, e reivindicar medidas de apoio econômico. O Exército de Kelly foi um deles. Cerca de 1.500 homens, liderados por Charles T. Kelly, partiram de San Francisco e viajaram até Washington. Ali, se juntaram a outros "exércitos". Ao final, as reivindicações não deram em nada. Kelly foi preso por alguns dias e os manifestantes dispersaram-se. Kelly's Industrial Army. Disponível em: https://www.encyclopedia.com/history/dictionaries-thesauruses-pictures-and-press-releases/kellys-industrial-army.

108 Conforme é contado no Capítulo 2 da parte III deste livro, a "corrida do ouro" deu-se principalmente entre os anos 1896 e 1899, atraindo cerca de 100 mil aventureiros de várias partes do mundo ao vale do Rio Klondike, no Alaska. *What Was the Klondike Gold Rush?* Disponível em: https://www.nps.gov/klgo/learn/goldrush.htm.

vítima de escorbuto[109], perdendo os quatro dentes da frente, como consequência da enfermidade.

Ao longo de toda a sua agitada vida, Jack London sempre foi um leitor ávido e um escritor constante. Suas múltiplas atividades o levaram a conhecer personagens únicos e situações que ele jamais vivenciaria, caso não fosse movido para baixo e para cima por seu inquieto espírito aventureiro. De volta do Alaska para São Francisco, ele ainda assumiria trabalhos extenuantes, como jardineiro e carteiro, mas começava a escrever com frequência, quase sempre nas madrugadas, muitas vezes após 19 horas de trabalho.

O seu início como escritor também não foi fácil. Desde que se matriculara na Oakland High School, ele escrevia ensaios, contos, versos líricos, versos trágicos e os submetia a várias publicações, sem sucesso. Levantamento feito por seus biógrafos mostrou que Jack London ouviu pelo menos 644 "nãos" de editores, quando ele lhes enviava seus trabalhos.

O que ele produzia como literatura era, no entanto, muito bom para ser eternamente ignorado. A partir do final de 1899, seus artigos e ensaios começaram a aparecer nas revistas e jornais. Pouco tempo se passou até ele se tornar um escritor conhecido e reverenciado. Em 1903, aos 27 anos, o *Chamado Selvagem* é publicado e torna-se um best-seller mundial.

Jack London ficaria, desta vez definitivamente, milionário com os rendimentos da sua carreira de escritor. Adquiriu um grande iate e fez uma viagem de dois anos e três meses pelo Oceano Pacífico. Em seu roteiro, estavam o Havaí, o Taiti e as Ilhas Salomão. Também comprou uma enorme área rural, de 570 hectares, no Vale do Sonoma[110], onde passou a viver. Porém o dinheiro não lhe traria felicidade. London desenvolveu uma grande tristeza, agressividade e negatividade.

Seu consumo excessivo de álcool cobrou um alto preço. Ele desenvolveu uma doença renal, que lhe provocava fortes dores. Em 21 de novembro de 1916, à noite, talvez ensandecido pelo sofrimento físico que sentia, Jack London deliberadamente tomou uma dose fatal de morfina. Após horas de sofrimento,

109 Doença provocada pela carência de vitamina C. Caracteriza-se por hemorragias, alteração das gengivas e queda de resistência às infecções. Dicionário Eletrônico Houaiss, Disponível em: https://houaiss.uol.com.br/.

110 BRANDT, Kenneth. The Short, Frantic, Rags-to-Riches Life of Jack London. Disponível em: https://www.smithsonianmag.com/smithsonian-institution/short-heroic-rags-riches-life-jack-london-180961200/.

morreu nas primeiras horas da manhã seguinte[111]. Estava com apenas 40 anos de idade.

MEDO ANCESTRAL

Jack London envolveu-se em mais aventuras do que contamos aqui. Viajou pelo mundo na condição de jornalista, acompanhou guerras. Sua vida pessoal foi agitada, com vários casamentos. Quando penso na trajetória deste autor, imagino que talvez lhe faltasse, diferente da maioria de nós, aquele medo ancestral, do tempo que corríamos nus pelas savanas, e que hoje ainda anuncia a sua presença no receio que temos de encarar mudanças em nossas vidas.

Mudar pode nos obrigar a correr, metaforicamente, por selvas, montanhas e pântanos, nos quais tememos nos deparar com feras, tribos inimigas, chefes exigentes e fracassos profissionais. Por isso, temos a tendência de evitar movimentos rápidos e de nos desviar daquilo que não conhecemos. Em outro capítulo deste livro falamos da importância de mantermos uma rotina, o que nos auxilia na conquista de habilidades técnicas e de bons resultados.

No entanto, ter constância nas suas atividades profissionais é algo bem diferente de se imobilizar, encolher-se em um casulo, se esconder atrás de uma mesa torcendo para que ninguém o veja. Mas não tenha ilusões, as pessoas o verão e irão pensar que você não se interessa pelo trabalho que lhe é oferecido, é alguém avesso às novidades, um acomodado que pouco contribui para o sucesso daquela comunidade profissional. O que resultará de um quadro assim não é difícil de adivinhar...

Sempre repito que devemos estar abertos a mudanças, darmos boas-vindas ao novo, acreditarmos que inovar, experimentar o novo, é essencial para sempre crescermos. Todavia, acredito que é preciso refletir com cuidado sobre tais questões. Protagonizar uma reviravolta a cada poucos meses, como fazia Jack London, é o desejável? Como distinguir uma inquietude criativa de uma dificuldade em planejar uma carreira, ter disciplina e aprofundar conhecimentos?

Se Jack London é um excelente exemplo do que é uma trajetória de aventuras, talvez não seja a melhor mostra de como se deve construir uma carreira de

---

111 Jack London Dies Suddenly On Ranch. Disponível em: https://archive.nytimes.com/www.nytimes.com/learning/general/onthisday/bday/0112.html.

maneira harmônica e consistente. Perderíamos nosso tempo especulando se London foi feliz ou infeliz com as suas escolhas. Cada um sabe a delícia e a dor de ser o que é. As suas idas e vindas, disso não há como duvidar, lhe foram preciosas como combustível para a narrativa que sustentou o sucesso das inúmeras obras literárias que produziu.

DESCONFIANÇA DOS EMPREGADORES

No entanto, para aqueles com uma carreira mais convencional, ter um currículo que registre uma sucessão de mudanças tão aceleradas e com permanências tão breves em funções profissionais, como aquelas vividas pelo escritor, talvez levante mais desconfiança do que admiração por parte de possíveis empregadores.

Há um certo consenso no mercado de trabalho em relação aos que trocam constantemente de área de atuação ou sempre estão mudando de emprego. O que se diz sobre tais comportamentos é que estes seriam sinais de que profissionais assim têm dificuldades em se ajustar aos ambientes corporativos ou, por não apresentarem uma boa entrega, são com frequência dispensados de suas posições.

Não é possível determinar exatamente qual seria um tempo mínimo necessário para que alguém dominasse a sua área o suficiente para produzir bons resultados. Isso depende, naturalmente, de vários fatores, como a área de atuação de alguém, o nível hierárquico que ocupa, o tamanho da organização em que trabalha, a complexidade das operações e as expectativas quanto às entregas, entre outras variáveis. Mas há alguns usos e costumes.

Está mais ou menos consensuado no mundo do trabalho que alguém que integre um grupo de alta gestão, num cargo de C-level, precisaria de, no mínimo, dois anos em uma posição para ter um confortável domínio do negócio e estar apto a entender todas as esferas e nuances exigidas para o seu desempenho. Não chega a ser um intervalo de tempo muito longo, quando se sabe que nesta posição é necessário que o profissional tenha uma visão holística, abrangente, do negócio dessa empresa.

Para executivos C-level, costuma ser a partir deste prazo, portanto, que estes profissionais começariam, de fato, a trazer riqueza para a organização na qual eles estão presentes. Por essa razão, os recrutadores de talentos costumam considerar que profissionais de tal nível cumpririam um ciclo apropriado se permanecerem nessa posição por seis, sete anos, pelo menos.

Em muitas ocasiões na minha vida profissional, estive na posição de examinar currículos e contratar pessoas. A questão do tempo de permanência no emprego sempre foi algo a ser levado em conta. Períodos menores do que dois anos causavam estranheza, exatamente por ser um intervalo de tempo curto para consolidar uma expertise de relevância para o profissional.

Para aquelas funções em nível gerencial, que demandam decisões e entregas menos complexas, o tempo de trabalho considerado adequado seria menor? A resposta para essa questão é "sim" e "não". O sim, é correto pensarmos, é porque algumas atribuições menos estratégicas irão exigir um investimento menor de tempo para serem inteiramente dominadas. Mas, da mesma maneira que os C-levels, gerentes e outros cargos similares precisam de tempo para que a excelência das suas entregas sejam validadas, e isso pode demandar o mesmo tempo que aquele requerido para os níveis mais altos.

Da mesma maneira, no entanto, que os empregadores em potencial levam em conta prazos mínimos de experiência, também há os prazos máximos de validade. Estes também, eu diria, estão sujeitos a algumas variáveis, mas me causa estranheza ver alguém que passe 10, 15, 20 anos em uma mesma empresa e, mais estranho ainda, em uma mesma função.

Acomodar-se no mesmo trabalho por muitos e muitos anos pode indicar que alguém está afundado preguiçosamente em sua zona de conforto. Seu desejo de aprender, de se atualizar, de evoluir ou de propor inovações possivelmente está próximo ao zero. E se alguém se mantém em um trabalho por tanto tempo sem ser incomodado, o provável é que a própria organização também tenha parado no tempo.

Isso é um mau sinal. Esta empresa, isso é certo, tenderá a se tornar irrelevante no mercado, pois deverá ser ultrapassada por outras, menos cansadas e indolentes. Com isso, a organização que emprega pessoas que já não estão se movimentando mais terá problemas. Em algum momento ou irá à falência ou começará a cortar custos.

Para quem a chefia irá olhar na hora de dispensar pessoas? Certamente irá poupar seus funcionários que ainda têm iniciativa, brilho nos olhos e, por isso, ainda poderiam somar esforços para colocar a empresa de volta aos trilhos e da renovação. Para a porta da rua serão convidados aqueles que se tornaram caros, pois os seus salários foram crescendo ao longo do tempo e transformaram-se em baixa produtividade ou até prejuízo, pelo parco resultado que geram.

O QUE FAZER?

Quando a zona de conforto é desconfortável – Se falamos neste capítulo de que devemos nos preocupar em não ficarmos tempo demasiado acomodados em um mesmo trabalho ou função, também é preciso considerar que quem pode ter se resignado ao imobilismo seria o empregador. Nos dois casos, devemos nos levantar da cadeira, sacudir a poeira e seguir em frente. Vivi uma situação dessas. Isso aconteceu quando fui convidado para ser superintendente executivo de uma organização que havia estabelecido para si metas ambiciosas de crescimento, inclusive no mercado internacional. Me envolvi completamente na busca dessas metas e me orgulho de ter contribuído para várias conquistas. Mas a partir de um determinado momento, comecei a perceber uma certa desaceleração no entusiasmo do CEO daquela empresa, que era familiar. Alguns projetos eram adiados, investimentos reduzidos... Um dia, fui até a sua sala. Levei propostas que poderiam incrementar a musculatura financeira do negócio, falei sobre possibilidades que estavam à nossa frente. Fui recebido com evasivas. Perguntei, então, se estava acontecendo algo. E aqueles projetos de expansão, ideias de novos produtos, expansão para o exterior, o planejamento estratégico? O CEO olhou para mim e disse: "Sabe o que é, Uranio? Tudo isso dá muito trabalho!"

Foi como se ele jogasse um balde de água gelada sobre mim. Percebi que o meu tempo naquela empresa havia terminado naquele mesmo instante. A única coisa que me veio à mente foi perguntar: E a situação desejada, declarada no planejamento estratégico? Fiquei sem resposta. Vazio! A organização estava em um ótimo momento e em um mercado que, apesar de estarmos em plena pandemia, era um dos poucos que oferecia enormes possibilidades naquela época de crise. Estávamos em uma etapa da vida empresarial em que era necessário investir grande energia para sair da fase da, digamos metaforicamente, adolescência do negócio para tornar-se adulto, e relevante, no mercado. Contudo não havia essa disposição por parte dos controladores. Eu poderia ter ficado tentado a permanecer ainda algum tempo por lá, confortável, recebendo uma boa remuneração. Mas não! Provoquei o diálogo franco e aberto com o CEO para entender o que de fato os controladores desejavam, tirando-os do conforto. A resposta veio, ainda que evasiva e, com isso, a minha segunda atitude naquela manhã em função da posição letárgica do CEO e a falta de uma postura empreendedora: decepcionado, concordamos que minha demissão seria o melhor caminho. E foi o melhor caminho que tomei, pois excelentes oportunidades me surgiram a partir de então.

Portanto, cuidado para não se acomodar e parar no tempo, pois você se colocará numa situação de alto risco. E mudanças de trabalho frequentes podem inviabilizar um crescimento de carreira consistente.

Apoie-se em seus valores!

9

Bom humor e leveza, além de remédio eficaz contra o estresse, traz energia e confiança ao trabalho.

Há alguns anos, em uma das organizações em que trabalhei como líder, um mistério intrigou todos os funcionários e mobilizou a empresa durante semanas. Estávamos no final do ano e, como acontecia regularmente, o RH da empresa providenciou uma decoração natalina no hall de entrada. Não era muita coisa, se resumia a um boneco do Papai Noel, junto de uma árvore de Natal e algumas caixas envoltas em papel colorido, simulando presentes.

Foi quando surgiu o mistério. A partir de certo momento, aquele Papai Noel começou a desaparecer todas as manhãs, sem explicação. A recepcionista era, em geral, a primeira a dar o alarme. "O Papai Noel sumiu!" O que teria acontecido? Um funcionário o teria furtado? Alguém invadiu a empresa? A possibilidade de haver um invasor, ou um desonesto infiltrado na empresa, gerou um princípio de pânico e a diretoria, eu incluído, e a segurança foi acionada.

Naquela época, câmeras de segurança não eram onipresentes, como atualmente. A única que existia apontava para a entrada da empresa, virada de costas para onde era colocado o agora desaparecido Papai Noel. Para surpresa de todos, alguém o encontrou num banheiro.

Passaram-se dois dias, e o Papai Noel, que havia sido recolocado no seu lugar de origem, desapareceu novamente. As opiniões na empresa se dividiram. Alguns, alarmados, pediam medidas mais severas de segurança; outros acharam aquilo divertido e traziam as mais variadas versões sobre o que estava acontecendo. Organizaram-se equipes de busca e, desta vez, o bom velhinho foi encontrado mais rapidamente: camuflado por algumas caixas de papelão, estava debaixo da mesa de um gerente, que saíra de férias.

Mais alguns sequestros foram feitos. A ausência do Papai Noel era sempre percebida pela manhã, quando chegavam os primeiros funcionários. Logo, a notícia do sumiço do boneco corria pela empresa e todos se mobilizavam, divertidos, para encontrar o seu esconderijo. Ele esteve em vários lugares, no armário do material de limpeza; atrás do refrigerador da cantina; em cima da estante da biblioteca jurídica e, grande ousadia do misterioso sequestrador, tranquilamente instalado sobre a cadeira do CEO.

Até que, finalmente, uma secretária, que chegara mais cedo do que o horário costumeiro, flagrou aquele pretenso meliante em plena ação. E ela arregalou os olhos quando identificou o culpado. O sequestrador do Papai Noel era eu!

PIADAS INGÊNUAS

Sempre fui considerado como um gestor que trabalhava de bom humor o tempo todo. E quando alguém me dizia isso, sentia-me feliz e realizado. Fazia questão de brincar com os demais e estimulá-los a também tentar manter um ambiente leve e divertido no trabalho. Eram piadas ingênuas, brincadeiras inocentes.

Se o time de alguém que era fanático por futebol perdia alguma partida, no dia seguinte, em geral uma segunda-feira, eu me juntava aos colegas adversários e atazanávamos o coitado com piadas e brincadeiras. Se alguém aparecesse com uma roupa diferente ou um corte de cabelo pouco usual, nos divertíamos zoando o colega ou a colega, mas sempre de forma agradável. Obviamente, tomava-se o cuidado de ser algo sempre leve e breve. Não se admitiam bullying, piadas de mau gosto ou qualquer comentário que denotasse qualquer tipo de discriminação. Política, religião, questões de gênero ou orientação sexual também passavam longe do nosso repertório. Estes são temas que têm um enorme potencial de ofender sensibilidades e devem ser definitivamente banidos.

Manter um ambiente leve e menos formal em uma organização traz bons resultados, tanto aqueles objetivos, quanto os subjetivos. Comprovei isso na prática, mas há também várias pesquisas que se propõem a avaliar o clima organizacional que corroboram essa minha certeza. Uma delas, publicada em 1987 na revista *Social Behavior and Personality*[112], garante que líderes que têm senso de humor são vistos por seus liderados como sendo 27% mais motivadores e admirados do que aqueles que são sérios e sisudos.

Equipes que trabalham em um ambiente mais leve seriam mais engajadas e até duas vezes mais capazes de resolver desafios que exigem criatividade. Isso, é claro, tem impacto na performance das organizações em que tais grupos estão presentes[113].

---

112 DECKER, Wayne H.. Managerial Humor and Subordinate Satisfaction. Disponível em: https://www.ingentaconnect.com/content/sbp/sbp/1987/00000015/00000002/art00012.

113 AAKER, Jennifer; BAGDONAS, Naomi. How to Be Funny at Work. Disponível em: https://hbr.org/2021/02/how-to-be-funny-at-work.

Estas conclusões vindas de pesquisas e estudos sistematizados são uma ótima notícia. No entanto, talvez nem precisássemos delas. Todos nós sabemos bem o quanto é penoso trabalhar em um ambiente pobre em interações, em que há pouca alegria, ou então dividir o espaço com alguém que se mantém mal-humorado todo o tempo.

ACABRUNHADOS PELOS CANTOS

Todos nós temos nossos momentos de mau humor. Há quem costume acordar frequentemente com um estado de espírito azedo pela manhã. Discussões com familiares, enfrentar o trânsito pesado das cidades, a chuva que arruína o fim de semana na praia, o mês que teima em se esticar mais do que o salário... Há motivos sérios e outros circunstanciais e de curta duração que nos fazem franzir a testa e ficarmos acabrunhados pelos cantos.

Não devemos nos esquecer, ainda, que o mau humor, principalmente quando se apresenta de maneira crônica, pode ser provocado por questões neurológicas. Uma dessas condições se chama distimia, um tipo de depressão que se manifesta em desânimo, irritação e mau humor[114].

Falo aqui da importância de termos um ambiente corporativo no qual aquelas posturas negativas que podem ser evitadas com um esforço individual e a ação dos colegas e líderes não se tornem sistêmicas e sejam substituídas por um astral positivo. Assim, o que será frequente nas salas e estações de trabalho serão sorrisos e a empatia.

Uma excelente forma de mantermos a leveza, segundo me diz a minha experiência, é a de nos esforçarmos para termos uma rotina saudável, tanto física quanto emocionalmente. Temos falado da importância de mantermos uma rotina voltada para o trabalho em vários capítulos deste livro.

NUNCA ATRASAR

Mas aquela que eu considero um antídoto para o mau humor diz respeito a atividades mais pessoais que, claro, têm uma repercussão direta no nosso "eu corporativo". Com isso concorda o já citado autor norte-americano William

114 Distimia. Disponível em: https://drauziovarella.uol.com.br/entrevistas-2/distimia-entrevista/.

McRaven, que trata em seu livro *Arrume a sua Cama*[115], da importância de executarmos de maneira organizada os pequenos gestos do dia a dia.

Assim como deve ter feito McRaven, eu também começo o meu dia acordando cedo e iniciando as atividades matutinas com calma e de maneira concentrada, para nunca me atrasar. Por que não atrasar? Porque chegar depois do horário estabelecido para uma reunião ou outras tarefas profissionais emite um sinal, não só para o público externo, mas também para a nossa mente, de que aqueles compromissos não têm importância, não são sua prioridade.

A consequência esperada de fazermos algo por obrigação, que não faz sentido para nós, é ficarmos entediados, insatisfeitos e, no final, mal-humorados. Uma forma de evitarmos esse sentimento negativo é tentarmos trazer aquelas posturas e estados mentais que temos quando estamos fora do trabalho para a dimensão corporativa.

Não estou dizendo que devemos organizar toda a nossa vida, desde quando decidimos acordar cedo e sermos pontuais, porque "temos de trabalhar". Agiremos assim para que a vida profissional e pessoal estejam encaixadas de maneira harmônica e suave na nossa jornada. Ao conseguirmos girar as diferentes esferas da nossa vida de maneira afinada, não haverá espaço para o mau humor, para o estresse ou para os conflitos.

BRINCAR TRAZ CRIATIVIDADE

Há outras boas qualidades que advêm do bom humor. O psicanalista inglês Donald Winnicott (1896-1971) estabeleceu sua teoria apoiada na tese de que o brincar deve acompanhar a pessoa até a fase adulta, sendo ela grande responsável pelo desenvolvimento de nossa criatividade[116]. Por "brincar" devemos entender aquelas piadas, brincadeiras, apostas e disputas amigáveis que os bem-humorados são capazes de fazer.

Quanto mais bem-humorados somos, melhor conseguiremos levar as dificuldades da vida e transformar as obrigações diárias. Pesquisas revelam que o

115 MCRAVEN, William H. Arrume a Sua Cama: Pequenas Atitudes que Podem Mudar a Sua Vida… e talvez do Mundo. São Paulo: Academia, 2022.

116 BELO, Fábio; SCODELER, Kátia. A Importância do Brincar em Winnicott e Schiller. Disponível em: http://pepsic.bvsalud.org/scielo.php?script=sci_arttext&pid=S0101-4838 2013000100007.

uso do humor no ambiente de trabalho alivia o tédio, reduz distâncias sociais, controla os efeitos negativos do estresse e ainda facilitam as interações entre as pessoas nos momentos especialmente problemáticos no trabalho[117].

Lamentavelmente, aqueles que não cultivam uma maneira de ser mais leve, menos voltada para o próprio ego, costumam ter reações desproporcionais, exageradas, diante dos desafios que sempre se interpõem à nossa caminhada. Sempre constatei como os bem-humorados levam vantagem nesses momentos. Eles são mais eficientes em colocar os fatos nas suas devidas proporções, não se levam tão a sério e são capazes de se conhecer melhor e identificar as suas próprias limitações.

Como já ficou claro a essa altura, sou um praticante entusiasta do bom humor. E trago aqui mais uma das suas boas qualidades. Ele é capaz, quando expresso com habilidade, de dispersar as nuvens negras que costumam estar presentes e serem adensadas pelas dificuldades, excesso de trabalho, frustrações, enfim, todos os sentimentos negativos que podem rondar a vida corporativa que é cheia de obrigações.

Mais de uma vez, vi colegas que sempre se mostravam aborrecidos e amargos tornarem-se mais suaves quando eram, de alguma maneira, envolvidos em um clima leve e alto astral. Não que se tornaram pessoas expansivas e de sorriso fácil, mas (e isso era bem visível) passaram a se sentir mais à vontade, não entravam em conflito com os demais e aumentaram a sua participação nas conversas e nas reuniões de trabalho.

O QUE FAZER?

O humor precisa ser administrado na dose certa – Estudiosos do tema identificam diferentes tipos de humor que costumamos manifestar. E nem todos eles provocam boas reações no ambiente de trabalho. Haveria, portanto, quatro tipos relevantes de humor[118]: o afiliativo e o autopromovedor, que são vistos como positivos; e o agressivo e o autodepreciativo, considerados negativos.

117 SOUZA, Ariana Marchezi; FELIX, Bruno; ANDRADE, Aliana Matos, Humor no Trabalho: um Estudo sobre a Relação entre Estilos de Humor, Satisfação com a Gerência e Desempenho Individual no Trabalho. Disponível em: https://www.redalyc.org/journal/2734/273462729011/.

118 Ibidem.

Aqueles que têm um humor afiliativo divertem os outros contando piadas e histórias engraçadas e têm a capacidade de engajar as pessoas em interações espontâneas e leves. Já o humor autopromovedor é praticado por aqueles que sempre veem a vida de uma maneira iluminada e são capazes de se divertir e dizer coisas positivas mesmo diante de adversidades.

O humor agressivo quase dispensa explicações. É aquele que abusa do sarcasmo, da ironia e dos comentários feitos com o propósito de irritar e desconcertar os demais. Diz coisas que soam engraçadas apenas para quem o pratica, sem levar em consideração que suas palavras têm potencial para provocar impacto negativo nos demais. Também usa, de maneira compulsiva, expressões pretensamente humoradas, com o objetivo de manipular as pessoas, as ofendendo, ridicularizando ou depreciando.

O quarto tipo de humor, o autodepreciativo, costuma trazer resultados negativos quase que exclusivamente para aquele que o pratica. São pessoas que têm a tendência a divertir os outros à sua própria custa. Eles ridicularizam a si mesmos, chamando atenção de maneira desdenhosa para as suas próprias fraquezas e incompetências. Fazem isso para tentar, por esse caminho enviesado, conquistar a atenção e aprovação dos demais. No trabalho, os colegas costumam rir daqueles que têm esse humor depreciativo e os consideram um entretenimento. Mas essa atitude demonstra que seu autor passa por carências emocionais, baixa autoestima e outros sentimentos negativos, os quais tenta esconder por debaixo do humor.

Temos de olhar para esse tema com atenção. Criar um ambiente leve e bem-humorado requer, além de alguma habilidade interpessoal, sempre olhar com respeito para os outros e, também importante, vigiar o próprio comportamento para verificar se o seu impulso de praticar o bom humor é movido pelos seus melhores valores.

E então, como anda o clima das relações na sua empresa? O que você pode fazer para tornar o ambiente de trabalho mais leve?

Alegre-se!

10 Os resultados não estão acontecendo? Por quê? Os obstáculos vêm de fora ou a questão está em você?

Lançado em 2011, o filme *Desconhecido*[119] ainda é fácil de ser encontrado nos aplicativos de streaming. Um dos seus trunfos é ter como ator principal o irlandês Liam Neeson, reconhecido mundialmente pela sua excelente interpretação do industrial alemão Oskar Schindler no premiadíssimo *A Lista de Schindler*[120]. Além dessa estrela, os tiros, o suspense, a correria, as perseguições de carros e os exageros de praxe em *Desconhecido* fazem dele um daqueles thrillers que nos empolga durante uma hora e meia e depois são arquivados na memória, com poucas chances de voltar à nossa atenção.

No entanto, este *Desconhecido* volta e meia roda na minha lembrança. Eu me recordo de como o seu argumento me remete, até com algum desconforto, a uma situação razoavelmente similar, que é recorrente no cenário corporativo. Descrevo muito resumidamente a trama para que este ponto seja compreendido.

Liam Neeson encarna, no filme, um certo Martin Harris, que viaja com a esposa, Liz (a atriz norte-americana, January Jones), para apresentar um novo e revolucionário alimento em um congresso de biotecnologia em Berlim. Quando chegam ao hotel, ele percebe que uma das suas bagagens foi deixada no aeroporto. A esposa fica no edifício, onde também seria realizado o tal congresso, enquanto ele volta ao aeroporto para recuperar o item esquecido.

No meio do caminho, sobre uma ponte, acontece um acidente. A motorista do táxi, em que Martin Harris é o passageiro, tenta desviar dos carros atravessados na pista. O veículo quebra a mureta e precipita-se no rio. Martin recupera a consciência em uma cama de hospital, após passar quatro dias em coma. Ele não sabe quem é, não se lembra do seu nome, está em um país estranho e não faz ideia como foi parar ali.

Em determinado momento, Martin escuta na TV do seu quarto uma notícia sobre o congresso de biotecnologia. Como se acendesse uma forte luz interna, ele

---

119 Desconhecido (Unkown), direção: Jaume Collet-Serra, 2011. Disponível em: https://www.imdb.com/title/tt1401152/?ref_=ttpl_pl_tt.

120 Dirigido pelo americano Steven Spielberg e lançado em 1993, o filme recebeu sete estatuetas e outras cinco indicações ao Oscar. A Lista de Schindler. Disponível em: https://www.imdb.com/title/tt0108052/awards.

se recorda de tudo. Foge do hospital e vai até o hotel. Avista, em uma recepção no salão, a sua esposa, Liz, e a chama freneticamente. Ela não demonstra que o reconhece. Ele insiste, dizendo que ele é o seu marido. Liz faz um ar de incredulidade e chama um homem ao seu lado. Este se aproxima, em seu crachá está o nome "Martin Harris". "Este é o meu marido", afirma Liz, com uma expressão impassível no rosto.

O verdadeiro Martin se exalta ainda mais. Grita que é ele o marido, torna-se agressivo e acaba expulso pelos seguranças do hotel. Ninguém acredita no que ele conta. A partir daí a trama se desenvolve entre mistérios. Surgem pistoleiros, há violência. Martin procura pela motorista de táxi, que poderia dar alguma pista para tudo aquilo. Revelam-se intrigas internacionais sinistras, serviços secretos estão envolvidos. Explosões e assassinatos se sucedem... enfim, um thriller e todos os seus inevitáveis ingredientes[121].

EXISTÊNCIA IGNORADA

Em todo este turbilhão, qual é o ponto que ficou marcado em minha memória?

O que me trouxe uma sensação de aflição é a perda da memória e da identidade. É olhar para o entorno e não mais reconhecer onde se está e qual é o seu papel ali. Sentir que a sua existência é ignorada ou que a sua ação não tem qualquer repercussão sobre o que se passa naquela dimensão.

Nas empresas, situações como essa costumam acontecer. Não têm a dramaticidade dos filmes policiais, mas também não se solucionam com um cafezinho na companhia de uma jovem e bela atriz.

Tal sensação de "perda de identidade", usualmente, assalta a nossa mente quando percebemos, ou somos avisados, de que não estamos performando como seria esperado. Queremos crescer, progredir na carreira, mas ficamos presos no mesmo lugar. Nossos chefes e colegas parecem continuar em ascensão, tudo está em movimento. Apenas nós parecemos não conhecer o nosso lugar ou saber para onde ir.

Não é hora de pânico, e sim de rever o nosso planejamento de carreira. Se nos sentimos como quem não está mais seguindo o mesmo tom que a banda está

---

121 Unknown (I) 2011, Plot Synopsis. Disponível em: https://m.imdb.com/title/tt1401152/synopsis?ref_=tt_stry_pl.

tocando, é urgente corrigir a nossa partitura. No entanto, isso pode não ser algo fácil de ser feito sozinho. Aconselho sempre que busquemos interlocutores, de preferência no próprio ambiente de trabalho. Obrigatoriamente devem ser pessoas confiáveis. Talvez um dos nossos chefes, ou colegas mais experientes. Enfim, gente disposta a doar parte de seu tempo para funcionar como mentores.

De sua parte, é importante que exponha suas dúvidas de maneira franca e esteja disposto a ouvir, talvez, considerações desagradáveis sobre a maneira como se comporta profissionalmente. Não faz sentido, nem será uma atitude adulta, tentar responsabilizar exclusivamente eventos ou personagens externos. Fuja da tendência de acreditar que a culpa por estar em dificuldades cabe sempre aos outros ou às circunstâncias externas. Não se coloque no papel de vítima injustiçada pelo destino.

Há, claro, fatos que ocorrem à nossa revelia e trazem impactos sobre os negócios e a nossa capacidade de entregar resultados. Pandemias, tumultos políticos, desastres naturais são possibilidades que raramente trazem benefícios para quem quer que seja. No entanto, quando um desses eventos lamentáveis ocorre, ninguém é preservado. Todos são afetados negativamente. Sabendo disso, não faz sentido alguém argumentar que está com uma performance particularmente inferior àquela comunidade por conta de um acontecimento que impactou a totalidade das pessoas.

RECURSOS VARIÁVEIS

É possível que tenhamos a má sorte de encontrar colegas ou chefes que sejam especialmente difíceis de lidar e até tentem agir ativamente para prejudicar o nosso desempenho e criar dificuldades no ambiente de trabalho. Os recursos que teremos para enfrentar esse desafio irão variar de acordo, entre outros, com a nossa posição hierárquica, maturidade e habilidades profissionais.

O diálogo, a ajuda de mentores ou, uma alternativa mais drástica, a mudança de emprego, serão movimentos capazes de contrapor-se a essa situação. No entanto, antes de apelarmos para esta última solução, é adequado mantermos a serenidade e nos empenharmos em uma análise interna cuidadosa, para tentar detectar os possíveis obstáculos ao nosso pleno desenvolvimento profissional. Veja a seguir algumas questões sobre as quais você pode refletir:

- **Quando olho para aqueles que trabalham ao meu lado, eu enxergo habilidades que eles têm e que eu não domino?** Esses gaps podem ser evidentes, como a falta de maestria em alguma língua estrangeira que é usada com frequência naquele ambiente de trabalho. Por exemplo, a empresa tem contatos fora do país, que devem ser feitos em inglês. No entanto, seu conhecimento dessa língua não é suficiente para conduzir uma negociação relevante, entender bem as instruções ou expor com segurança um relatório. Em uma situação como essa, é evidente que você não estará na linha de frente do negócio. A solução lógica é aprender ou se aprimorar no idioma. Já outras diferenças podem exigir que você se habilite em uma linguagem na área de TI ou aprofundar em algumas expertises em administração. Há, ainda, habilidades interpessoais relevantes que você eventualmente não domina: empatia, comunicação, controle emocional, capacidade de convencimento. Portanto, olhar em volta, com humildade e mente aberta, é um poderoso diagnóstico.
- **Hoje me sinto inadequado, mas será que não foi a própria organização que se transformou e eu não fui capaz de acompanhar ou não compreendi essa mudança?** Esta é uma reflexão que, de certa maneira, pode, no final, corroborar aquela tendência em considerar que os problemas vêm de fora. Sim, isso pode ser verdade! Mas, de novo, devemos aplicar esse raciocínio com grande sabedoria. Puxe pela memória e tente examinar como era a empresa quando você começou a trabalhar nela. Qual era o plano estratégico, como era a estrutura de comando? Se for possível, consulte documentos e histórico de números. Talvez você tenha iniciado o seu trabalho em harmonia com o que era solicitado e esperado no passado. Se, hoje, a organização e você parecem desafinados, há duas possibilidades: ou ela evoluiu para novos e melhores instrumentos, e você continuou em um samba de uma nota só; ou foi você quem tornou-se acima da média na sua especialidade, enquanto a empresa ficou quase parada no mesmo lugar, em um dois pra lá, dois pra cá. Colegas antigos podem ajudar nessa avaliação.
- **Ok, a organização continua evoluindo e caminhando para a frente e eu me mantenho atualizado e em constante aprendizagem. Mas a sensação de inadequação está presente. E agora?** A possibilidade que resta é a de que quem mudou foi você. Não necessariamente para melhor ou para pior. O que ocorre é que estamos em constante transformação

como, de resto, todo o universo. Aquilo que o movia e fazia os seus olhos brilharem quando você se engajou no seu trabalho atual pode já não o entusiasmar tanto assim. Nossos interesses e necessidades são afetados pela maneira como reagimos internamente ao que acontece no nosso entorno. Muitos eventos, sutis e densos, são capazes de nos moldar. Se nos casamos e temos filhos ou sofremos uma perda dolorosa na família, nossa visão de mundo pode mudar bastante. Conhecemos pessoas que nos trazem novas ideias e formas de ver o mundo. Nos angustiamos por termos comprado um apartamento que o nosso salário atual mal consegue pagar. Desconfiamos de que a carga horária do nosso trabalho é a responsável pela queda do nosso bem-estar e passamos a temer por nossa saúde física e mental. Eventos mundiais nos preocupam e nos fazem pensar sobre o nosso papel na sociedade... Enfim, vivemos transformações que questionam o que vínhamos fazendo até então. Se não formos capazes de influenciar positivamente os rumos da organização com a qual trabalhamos para que ela e nós fiquemos na mesma página, este pode ser o momento em que é preciso mudar de empresa.

- **Sempre contei com o apoio e incentivo do meu chefe, mas como fazer, agora que ele se foi e o meu novo líder não tem qualquer sintonia comigo, e me parece até mesmo hostil?** Aquela relação, que era um ponto forte na sua carreira, não existe mais. Com isso, há uma mudança cultural no trabalho, as ênfases, prioridades e princípios passaram a ser outros. O foco na prospecção de novos clientes, por exemplo, tornou-se diferente e você se sente uma carta fora do baralho, como se tudo o que vinha fazendo até ali estivesse errado e fosse ineficiente. É natural que o seu desempenho derrape com essa guinada na direção do negócio. De novo, como costumamos ser conservadores por natureza, iremos começar a nos queixar, criticar as mudanças, resmungar que, antigamente, as coisas funcionavam. Pode ser que você até tenha razão no longo prazo, mas resistir às mudanças a priori não é a melhor postura a ser assumida. Tente construir pontes com a nova liderança, coloque-se à disposição, esteja aberto à ideia de que, sim, talvez os novos tempos que se anunciam sejam mais eficientes do que aqueles que estavam instalados até então. Não é o momento de resistir, jogar na retranca, mas de conhecer melhor a nova situação, conversar com os recém-chegados e colocar-se à disposição com sinceridade.

O QUE FAZER?

Esteja pronto para o que der e vier - Talvez, mesmo nesta altura, eu ainda esteja me lembrando do filme *Desconhecido,* sobre o qual comentei nos primeiros parágrafos, pois vou afirmar aqui que a vida é uma eterna estreia. Não há certezas. Tudo pode mudar ao dobrar uma esquina, ou mesmo antes de chegar lá. Vamos acompanhar uma sequência de fatos que todos nós, com maior ou menor semelhança, já experimentamos alguma vez. Ela começa na noite anterior, quando o seu último pensamento antes de dormir é a lembrança de que, no dia seguinte, você fará uma importante apresentação em um auditório. De manhãzinha, você é acordado por uma daquelas tempestades que derrubam árvores e cortam a energia elétrica. Você sai e enfrenta o trânsito e as ruas alagadas.

Ao subir no palco, fala com o responsável pela infraestrutura: "Onde está o laptop com a apresentação que eu mandei por e-mail?". O outro olha para você como se estivesse ouvindo alguém falando chinês. "Que apresentação? Que e-mail? Não tenho nenhum laptop!" Você também não trouxe o seu laptop, nem o backup da apresentação em um pendrive. Na plateia, pessoas já estão sentadas, esperando que você comece a falar. Você sente um frio na espinha, pensa que vai desmaiar. Mas uma centelha selvagem de esperança relampeja em sua mente: "Quem sabe a tempestade aumente e o prédio desabe, aí me livro desse vexame!". Você olha para a janela, a chuva parou e o sol começa a brilhar por entre as nuvens.

Temos de ter sempre um plano B, e um C, e um D. Mesmo se vamos dormir pensando que controlamos tudo o que está planejado para a manhã seguinte, não há garantias do que irá acontecer. Precisamos estar preparados para as contingências, sejam elas o esquecimento de levar um laptop para uma palestra ou mudanças na direção dos negócios naquela organização em que trabalhamos há uma década. Empreendedores estratégicos incluem em seus planejamentos vários cenários, incluindo aqueles que são totalmente contrários aos seus projetos, investimentos e desejos. Assim, quando o inesperado fizer uma visita, não serão pegos completamente desprevenidos e estarão mais preparados para reagir com uma solução alternativa.

Não coloque a culpa na chuva – O fracasso da apresentação que imaginei no texto anterior também pode ilustrar uma maneira equivocada de lidar com eventuais infortúnios que surgem para nós. Tal equívoco é tentar negar a nossa responsabilidade e culpar algum evento externo, que atinge a toda a sociedade, por nossa performance infeliz. Se justificássemos a nossa impossibilidade de fazer aquela apresentação culpando a forte chuva que caía, faríamos um papel ridículo. Em primeiro lugar, porque todos aqueles que se dispuseram a assistir à nossa apresentação, também o técnico que estava a postos para nos atender, o porteiro que abriu o prédio e o pessoal da cantina que preparou o cafezinho... todos eles também enfrentaram a chuva para chegar ali e estavam prontos para cumprir suas funções.

Em segundo lugar, não podemos nos dar ao luxo de sermos surpreendidos pela chuva, o frio, o feriado, a hora do rush, a bateria do celular que chega ao fim. Estes são eventos cíclicos e, portanto, previsíveis. Se quisermos ir ainda mais fundo, não é aceitável nem mesmo que organizações se queixem de que uma crise econômica as teria colocado em maus lençóis. A economia, como as vacas, atravessa ciclos: em alguns, engordam; em outros, perdem peso. Isso acontece há séculos. Podem, portanto, ser antevistos e, por isso, antecipados, atenuados ou até anulados.

Portanto, prepare-se para lidar com as adversidades. Elas fazem parte da vida. Seu foco deve estar na resolução dos problemas e não ficar dando desculpas quando eles acontecerem. Os melhores empreendedores e executivos são aqueles que se tornam experts em lidar com obstáculos, não colocam culpa nos outros e, muito menos, no acaso.

Não se vitimize!

11

A sua carreira é o seu negócio. E negócios, para seguirem em frente, precisam de uma boa gestão com foco no cliente

Eu já fui dono de um posto de combustíveis. Aliás, de dois postos. Foi uma das minhas mais ricas experiências em gestão. Ao contrário do que pode parecer, esta não é uma operação simples. Revender combustíveis exige, como qualquer empreendimento do varejo, interações com múltiplos públicos. Temos o consumidor na ponta final e o distribuidor de combustíveis na outra extremidade. Entre estes dois, há os motoristas dos caminhões-tanque e os frentistas, abastecendo e calibrando pneus. Também estão ali aqueles que prestam serviços no lava-jato, na loja de conveniência, na venda de peças, nas trocas de óleo e, finalmente, nós, os controladores e gestores.

Pairando sobre essa estrutura estão a vigilância severa da Agência Nacional de Petróleo e do Procon. Tal fato exige a inexorável necessidade de manter a qualidade do combustível despejado nos tanques e a obrigação de realizar a auditagem das bombas, em caso de questionamento por parte dos órgãos competentes ou do próprio cliente. E, também como mais uma exigência do negócio, tínhamos de manter os dois olhos nos postos concorrentes, na luta dos preços, que muitas vezes eram empurrados para baixo com a ajuda de métodos nada ortodoxos, para não dizer outra coisa.

Para investir nesse negócio, dadas todas as suas nuances e aspectos particulares, o recomendável era me associar a alguém que já tivesse percorrido os passos daquela estrada, coisa que eu nunca havia feito. Esta me parece uma postura necessária para se iniciar em um empreendimento com o qual não temos familiaridade e, assim, ter espaço para colocar em prática nossas habilidades de gestão, assunto deste capítulo.

HABILIDADES PARALELAS

Devo colocar aqui um parêntese: habilidades de gestão, não há dúvida, são indispensáveis para aqueles que atuam em posições gerenciais, como colaboradores ou empreendedores. Os conhecimentos que habilitam alguém a ter um bom desempenho à frente de negócios, como por exemplo os meus postos, são preciosos para todos os que estão no mercado de trabalho.

Podemos traçar, nesta direção, alguns paralelos. Saber vender mercadorias obedece aos mesmos princípios que regem vender seus serviços e a sua capacidade profissional. As duas iniciativas devem levar em conta as necessidades do cliente; o que é oferecido pelos demais players, que são seus concorrentes; o que o mercado está disposto a pagar e; saber como divulgar os pontos fortes do que você oferece.

A administração da sua carreira também tem semelhanças com a gestão empresarial. Um conhecido meu, competente consultor de empresas, costuma dizer que o segredo do sucesso de uma pequena pizzaria e o de uma multinacional fabricante de aviões é o mesmo.

E, a partir daí, seguem-se outras muitas similitudes. Lidar com os concorrentes, por exemplo, que podem estar em empresas rivais. Você irá mostrar que a sua oferta atende às necessidades do potencial comprador de uma maneira muito mais satisfatória do que aquelas que os outros oferecem. É o mesmo que fazem as áreas de marketing das organizações, ao trabalharem a divulgação de produtos e serviços.

Em resumo: se você vende consultorias, é preciso saber como abordar empresas, colocando sobre a mesa os diferenciais que tornam a sua entrega única. Se você atua como um colaborador, é de grande importância saber como construir relações dentro da companhia para a qual você trabalha e ser capaz de mostrar com clareza os resultados que você alcança. A alta liderança da empresa precisa saber da sua existência e ser convencida de como a sua presença é estratégica e indispensável para que os objetivos corporativos sejam alcançados.

BENS E SERVIÇOS COM SENTIDO

Volto a um ponto, já tratado anteriormente, que deve constar nesta lista de semelhanças entre organizações e pessoas físicas: os bens que você ou uma grande empresa oferecem precisa fazer sentido para os clientes, suprir alguma necessidade deles. Isso parece algo tão evidente como o sol nascer pela manhã e se pôr no fim do dia, mas vale o alerta, pois o mercado está repleto de produtos e serviços defasados, de má qualidade ou simplesmente inúteis.

Acreditar que estamos oferecendo algo que terá um impacto positivo sobre a nossa comunidade nos tornará mais autoconfiantes e bons vendedores daquilo que oferecemos. Digo isso com grande certeza, pois percebi que foi essa postura mental que enxergou sentido em investir no negócio da venda de combustíveis. Afinal, mesmo que este não seja um negócio exatamente glamoroso, postos são instituições indispensáveis para as pessoas, mesmo para aquelas que não têm, nem pretendem ter, motos, carros, ônibus ou caminhões.

O valor que se cobra pelos combustíveis sempre terá repercussão direta na vida de todos. Quando resolvi ter um posto, decidi que me esforçaria para oferecer os seus produtos pelo preço mais baixo possível. Por essa razão, eu e meu sócio escolhemos ter um posto bandeira branca[122], focado em vender para a classe C.

Nosso plano era oferecer gasolina aditivada pelo mesmo preço da normal e buscando praticar preços 5% abaixo da concorrência local. Postos bandeira branca têm a má fama de vender combustíveis adulterados[123]. Porém, se quiséssemos colocar em prática o nosso plano, jamais conseguiríamos fazê-lo em uma operação bandeirada, cujos custos são muito mais elevados. Por isso decidimos dar atenção redobrada à qualidade dos produtos que vendíamos.

Isso nos fez recusar vários caminhões-tanque que contratávamos para abastecer nossos reservatórios. Analisávamos a qualidade do combustível em 100% dos abastecimentos do tanque do posto e, quando havia alguma inconsistência, recusávamos sem dó a mercadoria. Muitos pensam que a adulteração do combustível é feita no próprio posto. Isso também acontece, contudo são numerosos os casos em que o produto é modificado em outras etapas da logística de armazenamento e fornecimento.

Com preço mais baixo e combustíveis de boa procedência, começamos a conquistar clientes fiéis. A equação fechava principalmente porque, não tendo a bandeira de nenhuma grande marca, não precisávamos pagar os royalties que são cobrados por essas empresas petrolíferas, despesas de marketing, fundo de obras etc. Os donos de postos que trabalhavam com esses grupos costumavam

---

122 Os postos "bandeira branca" são aqueles que trabalham com marcas próprias e não são filiados às grandes distribuidoras de combustíveis, como Shell, Petrobras, Ipiranga, Ale, entre outras. FELDMAN, Boris. O que são os Postos Bandeira Branca? Eles são confiáveis? Disponível em: https://autopapo.uol.com.br/blog-do-boris/posto-bandeira-branca-o-que-e/.

123 A gasolina e o álcool são os mais comumente adulterados, com a adição de produtos químicos mais baratos do que esses combustíveis, proporcionando um lucro ilícito para os comerciantes. A adulteração da gasolina é feita utilizando-se principalmente solventes ou aumentando o percentual permitido de álcool a este combustível. Já o álcool costuma receber a adição de água por comerciantes desonestos. *Adulteração é Feita com Solvente e Água*. Disponível em: http://minaspetro.com.br/noticia/adulteracao-feita-solvente-agua/.

pagar até 20% a mais pelo litro de combustível do que nós conseguíamos das distribuidoras independentes, cujo produto, diga-se de passagem, tem exatamente a mesma procedência, ou seja, da Petrobras. Esses resultados nos permitiram abrir uma segunda unidade.

Os negócios corriam bem, porque tínhamos um processo bem estabelecido. Fazia parte dele cotar preços, organizar horários e procedimentos para receber o combustível, treinamento diferenciado dos frentistas, o controle de qualidade que fazíamos e a obediência de todas as determinações da ANP, a agência fiscalizadora, para que esta desse o aval para a comercialização. No processo estavam incluídas, também, toda a questão fiscal, a manutenção dos instrumentos de medição e outras obrigações. Nossos postos ficavam abertos 24 horas, o que tornava a administração dos empregados mais complexa, com as folgas e os adicionais de pagamento exigidos por lei.

SÓCIO RELEVANTE

Além de ter um propósito que fazia sentido para mim e para os outros – vender combustível de qualidade e ao menor preço possível – e estabelecer um processo, ou rotina, voltado a fazer com que o negócio fluísse da maneira mais previsível que pudesse acontecer, houve um terceiro e relevante fator que tornou esse meu empreendimento um sucesso: o sócio que escolhi.

A pessoa que eu busquei para empreender comigo era alguém que já possuía grande conhecimento na operação de postos de combustíveis. Foi um casamento perfeito. Ele dominava habilidades de gestão específicas que eu desconhecia e pude aprender com ele.

Talvez tão importante quanto os seus conhecimentos era o fato de que ele vinha de uma história na qual revelou uma grande afinidade com os meus princípios: meu sócio havia desistido da sociedade em um outro posto, porque o seu antigo companheiro de empreitada não era totalmente alinhado a princípios éticos.

O fato de este meu sócio já ter experiência com esse empreendimento não nos isentou de fazer várias pesquisas para montarmos o nosso plano de negócios. Esses levantamentos e a conversa com pessoas da área, inclusive distribuidoras e até concorrentes, foram essenciais para que eu entendesse de maneira mais profunda onde eu estava colocando os meus pés.

De novo, vender combustíveis, oferecer troca de óleo e lavagem para carros ou calibrar pneus não é um negócio que irá tornar você alguém famoso, um influencer, convidado para festas ou procurado para dar entrevistas. Chefs de cozinha, por exemplo, atraem mais seguidores em redes sociais, podem ser convidados para apresentarem programas na televisão. No entanto, eles também têm de enfrentar o lado B do negócio: acordar de madrugada para ir ao Ceasa comprar ingredientes, correr para o fogão quando falta um funcionário, preocupar-se se o gás vai acabar ou lidar com fornecedores que não cumprem o prometido.

Não é só no varejo que planejar, enfrentar com determinação e paciência as tarefas tediosas, contar com a ajuda dos colegas mais maduros e estar atento às possíveis armadilhas ocultas no negócio são atitudes que facilitam o sucesso profissional. Essas qualidades são fundamentais para que todos os profissionais, independentemente da área em que estão, sejam capazes de oferecer entregas de soluções significativas para todos e colherem a justa recompensa pelo esforço dispendido.

O QUE FAZER?

O cliente sempre tem razão – O conceito do que é um cliente é mais amplo do que a maioria das pessoas costuma entender. Em geral consideramos "cliente" como alguém que vai a uma loja, tem conta em um banco ou é atendido por um determinado médico ou dentista. Costumamos dizer: "Sou cliente da Loja XYZ; há 20 anos sou cliente desse banco; eu e a minha irmã somos clientes na clínica da doutora Fulana."

No entanto, considero necessário ampliarmos essa visão. Nossos clientes são todos aqueles afetados pelos produtos ou serviços que oferecemos. Se você trabalha em uma empresa, enxergue o seu diretor ou colegas como seus clientes. Caso você esteja à frente de um departamento que produza informações para a tomada de decisão de outra diretoria, ela é o seu cliente. Mesmo que essa diretoria esteja em outro continente. Claro, seu cliente também é alguém que paga diretamente a você por algo que você oferece.

Por que alargar a definição do que é cliente tem relevância? Porque, a partir do momento que você identifica aqueles para os quais trabalha como pessoas com o poder de trazer sucesso ou fracasso para sua atividade profissional, você será muito mais criterioso com a sua produção e estará sempre atento ao retorno que eles fornecem. Agindo assim, irá atender de maneira mais certeira às expectativas dos outros.

Clientes, mesmo aqueles internos, como o colega que se senta do seu lado, têm desejos; às vezes, meros caprichos. Querem ser bem atendidos, receber de você coisas que tornem a vida deles mais fácil e confortável. Se o que você oferece a eles é percebido como algo bom, irão elogiá-lo, aumentarão o seu prestígio e reconhecimento diante dos demais.

Sem essa conexão e disposição em ajustar-se às necessidades dos outros, não haverá entrega, e o seu trabalho não terá utilidade. Conheci um bom exemplo de como a atenção ao cliente é capaz de empurrar para o alto qualquer negócio. Era a trajetória de uma pequena loja, daquelas que, na cidade de São Paulo, costumam ocupar boxes nas estações de metrô ou em terminais de ônibus. O negócio, *Lojas Mel*, teve início como uma pequena loja de material de construção, junto a uma estação de metrô na região sul paulistana[124].

Com um caderninho na mão, o proprietário, o português Manuel Cruz, anotava as mercadorias que os clientes procuravam e que não constavam no estoque. Logo, adquiria o item e o colocava junto com os sacos de cimento e cabos elétricos. Com o tempo, a loja passou a diversificar o seu portfólio: brinquedos, cosméticos, panelas, itens de decoração, material escolar e eletrodomésticos foram colocados nas prateleiras.

O público respondeu imediatamente. As vendas aumentaram. Manuel começou a abrir novas unidades. Todas com o mesmo perfil, como se fossem uma miniloja de departamentos. Em 2022, as *Lojas Mel* contavam com 56 unidades, chamava a atenção crescente de investidores e se preparava para abrir filiais fora do estado de São Paulo[125].

Também no negócio do posto de combustível sempre estivemos atentos ao que os nossos clientes queriam. Não era algo muito complexo. Queriam gasolina, álcool e diesel de garantida qualidade e o preço mais baixo que pudéssemos oferecer. Nos esforçamos para sempre mantermos nossos preços mais baixos do que os concorrentes na região e, enquanto estivemos à frente do empreendimento,

---

124 GUIMARÃES, Fernanda. *Casal Investe em Lojas que Vendem "De Tudo" e Negócio Dobra de Tamanho.* Disponível em: https://www.terra.com.br/economia/o-avanco-da-lojas-mel-que-vende-de-tudo-no-metro-de-sp-e-ja-chegou-a-minas-gerais,9c187abdc351e508b430891aa0ad3cda7x42jko5.html.

125 Idem.

nunca admitimos a entrada de nenhuma gota de combustível que não atendesse rigorosamente às exigências legais.

Portanto, faça uma reflexão importante: todas áreas e pessoas de sua empresa trabalham sempre tendo o cliente em mente? Quem são os seus clientes mais importantes? Como anda a sua relação com eles? O que você tem feito para fidelizar e encantar a sua clientela?

Empreenda!

12 Você tem cuidado da forma como se relaciona com as pessoas?

Duas pesquisas realizadas nos Estados Unidos, com uma diferença de 30 anos entre elas, mostraram um surpreendente e preocupante fenômeno, que vem afetando de maneira crescente o comportamento social de adultos e jovens adultos no país: as pessoas vêm fazendo um número cada vez menor de amigos.

O mais antigo desses levantamentos, produzido pelo Instituto Gallup em 1990, indicava que, à época, mais de um quarto das pessoas entrevistadas, 26%, afirmava que, quando enfrentava algum problema pessoal, a primeira pessoa a quem pediam conselhos era um amigo[126]. Em 2019, um levantamento realizado pela plataforma britânica YouGov mostrava uma queda significativa neste percentual. Naquele ano, os amigos eram os conselheiros preferidos de apenas 16% dos respondentes à enquete[127].

O desdobramento dos números revelados pelo YouGov também confirmava que esta mudança comportamental se acentuava com o passar das gerações. É entre os Millennials, também chamados de Geração Y, aqueles nascidos entre 1980 e 1995, que está a maior dificuldade em estabelecer relações de amizade. De acordo com a pesquisa, 30% deles se sentem sozinhos, sem amizades significativas[128]. A geração anterior, a X, que veio a este mundo no período entre o final dos anos 1960 e os anos 1970, registrava apenas 20% de seus membros queixando-se de solidão. Uma fatia ainda mais reduzida, 15% dos Baby Boomers, de 1945 a 1964[129], compartilhava desse mesmo sentimento.

---

126 COX, Daniel A. The State of American Friendship: Change, Chalenges, and Loss. Disponível em: https://www.americansurveycenter.org/research/the-state-of-american-friendship-change-challenges-and-loss/.

127 Idem.

128 BALLARD, Jamie. *Millennials Are the Loneliest Generation.* Disponível em: https://today.yougov.com/topics/society/articles-reports/2019/07/30/loneliness-friendship-new-friends-poll-survey.

129 RABELLO, Guilherme. Quais são as Gerações? Entenda as Características Comportamentais da Geração X, Y, Z e Baby Boomers. Disponível em: https://www.siteware.com.br/gestao-estrategica/quais-sao-as-geracoes/.

Levantamentos realizados por outros institutos confirmaram esse comportamento. Um deles sugeriu que 27% dos Millennials afirmavam não ter amigos próximos. Surpreendentes 22% deles garantiam não ter sequer um amigo! Na mesma pesquisa, 16% da Geração X e 9% dos Baby Boomers também admitiam não ter amizade com qualquer pessoa[130].

Há várias hipóteses que se arriscam a explicar tal tendência. Entre elas, a mais aceita é a de que os Millennials seriam o recorte, entre as populações pesquisadas, que mais intimidade teria com as mídias sociais. Ainda quando viviam a pré-adolescência, no início da década de 1990, já estavam à sua disposição os telefones celulares, a Internet e uma nascente mídia social, que os permitia ter contato com distâncias cada vez mais largas deste mundo, sem que para isso precisassem ir além das paredes do seu quarto.

SOLIDÃO E DEPRESSÃO

Tal comportamento, quando excessivo, apontava um outro estudo publicado em dezembro de 2018, seria capaz de provocar solidão e reações relacionadas à depressão. Neste levantamento, conduzido por pesquisadores do Departamento de Psicologia da Universidade da Pensilvânia[131], foram comparados dois grupos de jovens adultos.

Em um deles, o grupo de controle, era permitido o uso ilimitado de mídias sociais, como o Facebook, o Instagram e o Snapchat, uma rede social de mensagens instantâneas, popular nos EUA. No outro segmento, reduziu-se o contato com essas mídias para um máximo de 10 minutos diários. Após três semanas, aqueles que utilizaram menos as redes sociais experimentaram uma significativa redução na ansiedade, no sentimento de solidão e na sensação de se sentir excluído.[132]

Tal conclusão parece indicar um forte nexo entre o uso intenso de mídias sociais e a dificuldade para se fazer contatos interpessoais, algo que trato mais

130 CHERRY, Kendra. 'I don't Need Friends': Why You Might Feel that Way. Disponível em: https://www.verywellmind.com/i-don-t-need-friends-why-you-might-feel-this-way-5215639.

131 BERGER, Michele W. Social Media Use Increases Depression and Loneliness. Disponível em: https://penntoday.upenn.edu/news/social-media-use-increases-depression-and-loneliness.

132 Idem.

adiante. Seguem-se mais informações sobre a dificuldades atuais nos relacionamentos interpessoais.

Sem especificar como a ausência de amigos próximos se distribuía entre diferentes faixas etárias, um outro levantamento, este organizado em conjunto pelo *The Impact Genome Project* e a *The Associated Press-NORC Center for Public Affairs Research*[133], indicou que 18% dos adultos norte-americanos diziam ter apenas uma pessoa ou ninguém em quem poderiam confiar para auxiliá-los em emergências pessoais.

E um grupo maior, 28%, o equivalente a 72 milhões de pessoas, lamentava, na mesma pesquisa, não ter a quem recorrer para ajudá-los a preparar um currículo profissional, apresentá-los a um possível empregador ou lhes dar apoio diante dos desafios que sempre surgem no mundo corporativo[134].

Este último dado é de grande relevância para o que trato neste capítulo: a importância estratégica de desenvolver e manter uma rede eficiente de networking. Ninguém há de ter dificuldade em imaginar o quanto é danoso ter poucos ou nenhum amigo com quem possamos contar nos momentos de angústia pessoal. Mas o fato de esse recolhimento em si mesmo, o encaramujamento, essa tendência à solidão atualmente em curso provocarem estragos também na nossa esfera profissional não costuma ser facilmente enxergado.

Mesmo que as pesquisas por mim citadas tenham sido feitas junto ao público dos EUA, a situação é bem similar à que encontramos aqui. Talvez, entre nós, esse problema possa ser até mais agudo. Afinal, o Brasil ocupava, em dezembro de 2022, a terceira posição mundial na quantidade de acessos às redes sociais, atrás apenas da Índia e da Indonésia e à frente dos Estados Unidos, México e Argentina[135]. Já falamos do quanto isso é nocivo para mantermos um bom networking.

---

133 OLSON, Alexandra. Poll: Millions in US struggle Through Life with few to Trust. Disponível em: https://apnews.com/article/science-business-health-coronavirus-pandemic-government-and-politics-459178f46ca2c62d6b6ad51517bada81.

134 CHERRY, Kendra. 'I don't Need Friends': Why You Might Feel that Way. Disponível em: https://www.verywellmind.com/i-don-t-need-friends-why-you-might-feel-this-way-5215639.

135 PACETE, Luiz Gustavo. Brasil é o Terceiro Maior Consumidor de Redes Sociais em todo o Mundo. Disponível em: https://forbes.com.br/forbes-tech/2023/03/brasil-e-o-terceiro--pais-que-mais-consome-redes-sociais-em-todo-o-mundo/.

BOM E MAU NETWORKING

O que seria um networking de qualidade? No meu entendimento, é aquele que tem como preocupação fortalecer as relações de uma forma genuína e constante. Trago estes dois adjetivos para diferenciar o networking bom do mau.

O que tem boas qualidades é aquele networking em que nos interessamos de maneira sincera pelas outras pessoas; oferecemos nossos conhecimentos e experiência; procuramos, de maneira ativa, nos manter sempre em contato e dedicamos tempo, atenção aos demais, buscando fortalecer as nossas relações.

O networking ruim, mau, que é sempre fadado ao fracasso, é aquele em que procuramos e bajulamos os outros apenas quando necessitamos de seus favores. Já nos momentos em que estamos nos sentindo confortáveis e seguros, somos desleixados na atenção que deveríamos dedicar a eles. Quem pratica esse relacionamento de baixa qualidade costuma se enganar com a ilusão de que seus conhecidos não irão perceber a sua maneira interesseira de ser. Não é assim. Serão muito poucos os que se interessarão em ajudá-lo, o mais provável é que ele desperte mais aversão do que solidariedade.

Aqueles que praticarem o bom networking se esforçarão para nunca perder o contato com os amigos e as amigas que acumularam ao longo da vida. No meu caso, me sinto feliz por manter um relacionamento próximo com pessoas com as quais convivi no colegial, na faculdade e no início da minha carreira profissional. Este é um networking também precioso, formado por quem talvez nem esteja na sua mesma área de atuação.

E isso não tem qualquer importância. Primeiro, porque não faz qualquer sentido nos relacionarmos apenas com quem nos possa gerar oportunidades de negócios. Somos seres gregários, gostamos e precisamos da companhia de outros. Além disso, as oportunidades, os insights e as boas ideias, que eventualmente mostrem-se profissionalmente relevantes, podem vir de onde e de quem menos esperamos.

A partir do momento em que conversamos, trocamos informações e falamos dos nossos interesses simplesmente pelo prazer e a alegria de escutar e de ser escutado, os negócios podem surgir como consequência dessa troca desinteressada. Um networking que seja mais amplo do que uma lista de contatos exclusivamente profissionais trará diversidade, ampliará nossos horizontes e será um veículo de inovação para todos.

Devemos compreender, no entanto, que não é incorreto tentarmos agregar ao nosso networking pessoas que compartilhem os mesmos valores que cultivamos. Ou seja, devemos procurar de uma maneira ativa nos aproximar de gente com a qual temos afinidades. Isso não significará que estejamos agindo movidos pelo egoísmo ou por intenções utilitaristas, mas que estamos procurando a nossa turma, cuja convivência, além de agradável, será pessoalmente enriquecedora.

Tratando um pouco mais sobre as vantagens de ter proximidade com quem vem de diferentes backgrounds, essa convivência é especialmente útil quando você estiver em um momento de transição de carreira, migrando para uma área diversa daquela em que até então atuava. Caso o seu networking seja suficientemente diversificado, nele certamente constarão pessoas capazes de lhe auxiliar e orientar na nova direção para a qual a sua carreira estiver seguindo.

UMA ENTIDADE VIVA

Networking é uma entidade viva, que demanda cuidados constantes. É fortemente recomendável estabelecer a disciplina de mantermos contato regular com aqueles que integram a nossa lista de relações. Isso deve ir além de parabenizar pelos aniversários ou enviar votos de feliz ano novo. Compartilhar assuntos de interesse comum ou felicitar alguém por eventuais boas realizações e conquistas sempre serão iniciativas bem-vindas.

Tão importante quanto, é você manter seus contatos atualizados sobre as suas conquistas, movimentos profissionais e os campos de conhecimento sobre os quais você tem alguma expertise. Também revelar suas paixões, o que você entende ser a sua missão do mundo e os seus valores enriquecerão sua comunicação.

O cuidado a ser tomado é executar tudo isso de uma maneira comedida, não invasiva, com charme. A ideia é manter-se como uma referência na mente das pessoas, que se lembrarão naturalmente de você ao surgir uma oportunidade nas suas áreas de atuação e conhecimento.

De novo, esse contato deve sempre ser feito com movimentos finos e elegância. O exagero no número de mensagens, partilhar informações muito pessoais, falar de pets, do churrasco na praia ou enviar fotos do carro novo é algo que deve ser restrito apenas aos parentes mais íntimos, e talvez nem todos se interessem. A determinação de fugir de pautas polêmicas, como política, religião e costumes é um cuidado que deveríamos tatuar no nosso braço, para nunca nos esquecermos.

Há, ainda, mais um argumento para nos animar a desenvolver um networking de qualidade. Costumo brincar que ele, como todas as coisas deste mundo, obedece às três leis da física de Isaac Newton (1643-1727), em especial à terceira, que trata da ação e reação[136]. Na medida em que você se interessar pelo que os outros estão fazendo, eles também prestarão atenção em você, retribuirão o seu interesse e empatia. Se você lhes oferecer boas sugestões e indicações de negócio, receberá, em troca, indicações também valiosas.

John Lennon (1940-1980) e Paul McCartney sabiam disso. A última canção que eles, os compositores, e os demais integrantes dos Beatles[137] gravaram juntos se chamava, não deve ter sido por acaso, *The End* – em português: *O Fim*. O seu último verso ensinava: *No final, o amor que você recebe é igual ao amor que você dá*[138].

O QUE FAZER?

Vá a congressos e feiras – Uma boa estratégia para quem se dispõe a criar a sua rede de relacionamentos é a participação em eventos. Estes andaram sumidos na época da pandemia do coronavírus, mas desde que as condições sanitárias melhoraram, voltaram gradativamente à cena. Sempre recomendei a participação em congressos e encontros profissionais como uma das maneiras mais práticas e eficazes de fazer contato com pessoas interessantes[139]. Além de serem momentos nos quais podemos ficar a par das inovações que surgem no setor em que atuamos, aqueles que atendem a estes eventos sabem que aquele é um espaço em que ser abordado por alguém interessado em fazer contato é algo esperado. Portanto, há uma boa receptividade para a troca de ideias, informações e cartões.

---

136 HELERBROCK, Rafael. Leis de Newton. Disponível em: https://brasilescola.uol.com.br/fisica/leis-newton.htm.

137 Considerado um dos mais conhecidos grupos musicais do planeta, The Beatles manteve-se ativo de 1960 a 1970. Após o fim da banda, seus integrantes seguiram carreiras solo. Além de John Lennon e Paul McCartney, também a integraram os músicos George Harrison (1943-2001) e Ringo Starr. MILLER, James E.. The Beatles – English Rock Group. Disponível em: https://www.britannica.com/topic/the-Beatles.

138 No original, em inglês: And in the end, the love you take is equal to the love you make. Album Abbey Road, 1969, Apple. GOODDEN, Joe. The End. Disponível em: https://www.beatlesbible.com/songs/the-end/.

139 BONOLDI, Uranio. Como Desenvolver um Networking Profissional. Disponível em: https://www.uraniobonoldi.com.br/blog/como-desenvolver-um-networking-profissional/.

Tenho para mim que não há melhor forma de comunicação do que uma conversa frente a frente que se inicie com um aperto de mão. Embora estejamos hoje bastante familiarizados com as mídias sociais, reuniões remotas e home offices, contatos de qualidade surgem com mais frequência quando se está num ambiente presencial e as conversas se dão por meio da comunicação oral e da linguagem corporal.

Por essa razão, recomendo que você aceite convites para reuniões, palestras e, por que não, happy hours, mesmo quando for convidado em cima da hora. Nunca se sabe quem você poderá encontrar por lá, não é verdade? Nestas ocasiões, não fique encolhido no seu canto, emparedado pela timidez. Troque ideias e opiniões, mesmo com aqueles que discordam dos seus pontos de vista. Conversando, sempre nos entenderemos. E deixe claro, em toda oportunidade que houver, quais são os seus ideais, projetos e sonhos[140]. E para completar, não fique preso a apenas um ou dois interlocutores que conheceu. Nesses encontros, em que há um maior número de pessoas, procure circular e conhecer o maior número de pessoas possível e troque os contatos para posterior convite para uma conversa mais longa, para conhecer sua empresa e de seu interlocutor em maior profundidade. Desta forma, você ampliará a sua rede e aumentará as chances de se deparar com oportunidades de trabalho, de negócios, soluções e, por que não dizer, amizades.

Portanto, reflita sobre o quanto você tem saído de seu escritório para encontrar pessoas presencialmente. Tem participado de eventos com frequência? Você é uma pessoa disponível para ajudar aos outros, quando é requisitado?

Relacione-se!

---

140 Idem.

2
3

PARTE V

Execução premium

1 A disciplina de execução coloca todos no mesmo compasso

Se você já ficou diante de alguma obra do pintor catalão Salvador Dalí (1904-1989), certamente não pôde evitar de se assombrar com a estonteante dimensão da sua criatividade (sem falar nos seus inacreditáveis bigodes retorcidos para cima). Dali pintou relógios que derretiam e expeliam formigas; elefantes e cavalos apocalípticos, da altura de arranha-céus; rostos femininos decompondo-se em átomos gigantescos; corpos que se confundiam com gaveteiros...[1] Não há como não reconhecer que Dalí foi contemplado com um grande e insólito talento.

Para aqueles que o conheceram de perto, Dalí também possuía outra espantosa característica: o seu total alheamento para as providências, cuidados e gestos comuns do dia a dia. Seu contemporâneo, também famoso e igualmente espanhol, o cineasta Luis Buñuel (1900-1983) registrou essa característica para a posteridade. De acordo com o que escreveu em sua autobiografia[2], Salvador Dalí preocupava os amigos por não ser capaz, nem mesmo, de atravessar uma rua olhando para os dois lados.

Um episódio acontecido em Nova York, cidade que visitava com frequência, reforça o espírito avoado do pintor catalão. Um dia, Dalí entrou em uma livraria e perguntou ao vendedor se havia ali uma cópia do livro *A Vida Secreta de Salvador Dalí*, sua autobiografia escrita em 1942[3]. O jovem vendedor o reconheceu imediatamente e respondeu que, sim, eles tinham o livro.

Depois que o exemplar já estava embrulhado, o pintor perguntou se o jovem já havia lido aquela obra. Diante da negativa, Salvador Dalí disse que o daria como presente e emendou: "Quer que eu o autografe?". Sim, claro que o vendedor queria o livro autografado. O embrulho foi aberto, o jovem entregou uma caneta, Dalí o autografou e foi embora, não se lembrando de pagar pelo presente[4].

---

1 FUKS, Rebeca. *As 11 Telas mais Memoráveis de Salvador Dalí*. Disponível em: https://www.culturagenial.com/obras-salvador-dali/.

2 BUÑUEL, Luis, *Meu Último Suspiro*, 1982, Nova Fronteira.

3 *Art: Not so Secret Life*. Disponível em: https://web.archive.org/web/20101014163224/http://www.time.com/time/magazine/article/0,9171,886108,00.html.

4 *Secret Live of Salvador Dali*. Disponível em: https://anecdotage.com/anecdotes/secret-life-of-salvador-dali.

UM VINHO ESQUECIDO

Outro "distraído" famoso, a História registra, foi o matemático e físico inglês Isaac Newton (1642-1727). Este genial pesquisador trafegou pelos mais diversos interesses científicos: descreveu o movimento dos planetas, desenvolveu telescópios potentes, teorizou sobre a gravidade.

Há inúmeras manifestações da sua crônica distração. Um desses episódios deu-se quando Newton recebia vários convidados em sua casa. O encontro deve ter tido um bom efeito sobre o humor do cientista que, em determinado momento, anunciou que iria até a sua adega buscar um vinho de qualidade excepcional, que estava ali guardado.

Isaac Newton desceu as escadas e estava examinando as garrafas quando, de repente, na velocidade de uma maçã que se desprende da árvore, uma ideia genial passou por sua cabeça. O cientista esqueceu-se inteiramente o que o havia levado até o porão e foi direto para o seu laboratório, trabalhar naquela súbita inspiração. Na sala, os convidados esperaram em vão toda a noite pela volta do anfitrião[5]. Nunca viriam a provar daquele vinho especial. A ideia genial que assaltou Isaac Newton também se perdeu no passado.

Artistas, cientistas, escritores e outras personagens que utilizam de maneira intensa a própria criatividade costumam compartilhar da mesma distração ou, de uma maneira mais precisa, de um desinteresse, e às vezes até hostilidade, em lidar com as questões mais práticas da vida. Há, mesmo, uma explicação da ciência para essa inapetência dos criativos para as atitudes funcionais.

Foi o que mostrou um trabalho realizado por uma equipe de pesquisadores do Karolinska Institutet, da Suécia, publicado em 2011 na revista *PLoS One*, dedicada à pesquisa primária nas áreas da ciência e medicina[6]. De acordo com o estudo, o pensamento criativo está ligado à intensidade da neurotransmissão de dopamina que, entre outros processos neurológicos, interfere no controle motor, no prazer, no humor, na atenção, cognição e... na criatividade[7].

---

5 *Great Absent-Mindedness of the Great Scientist*. Sir Isaac Newton. Disponível em: https://fampeople.com/articles-great-absent-mindedness-of-the-great-scientist-sir-isaac-newton.

6 MANZANO, Örjian; CERVENKA, Simon; KARABANOV, Anke; FARDE, Lars; ULLÉN, Fredrik. *Thinking Outside a Less Intact Box: Thalamic Dopamine D2 Receptor Densities Are Negatively Related to Psychometric Creativity in Healthy Individuals*. Disponível em: https://journals.plos.org/plosone/article?id=10.1371/journal.pone.0010670.

7 SANTOS, Vanessa Sardinha. *Dopamina*. Disponível em: https://mundoeducacao.uol.com.br/biologia/dopamina.htm.

De uma maneira simplificada, este estudo, e outros que seguiram uma linha de pesquisa semelhante, indicou que as diferenças de concentração nos receptores da dopamina favorecem ou inibem posturas mentais com maior ou menor tendência a serem criativas. E interferem, ainda, na capacidade das pessoas se engajarem nas tarefas mais práticas que a vida exige.

ATENÇÃO A TUDO

Os hormônios e neurotransmissores que moldam a nossa maneira de pensar induziriam aquelas pessoas "distraídas" a observar, de um modo particular, o mundo à sua volta. Elas prestariam atenção a praticamente tudo o que estaria ao alcance dos seus sentidos, poucas vezes focando em objetivos ou objetos determinados. Isso as deixaria, como se diz, "avoadas", mas também permitiria que as asas da sua imaginação as levassem a fazer conexões entre assuntos e temas diversos, criando associações e combinações inesperadas, que é, exatamente, como funciona a criatividade[8].

Muda-se a dosagem dos neurotransmissores e teríamos aquelas pessoas que são mais focadas e conseguem se concentrar sem distrações nas tarefas a serem feitas, descartando o que não está imediatamente relacionado com o que se quer executar. Se esse estado de atenção é essencial para construir edifícios, controlar o tráfego aéreo, administrar o fluxo de trabalho em uma grande organização, aqueles que têm tais habilidades exibem uma capacidade muito menor para criar algo a partir do zero, propor soluções inéditas, pintar quadros ou escrever uma poesia.

As pesquisas apontam, ainda, para uma constatação perturbadora: existiria uma correlação entre a densidade de receptores de dopamina e a ocorrência de distúrbios psíquicos, principalmente a esquizofrenia[9]. Da mesma maneira que fazem os distraídos, os esquizofrênicos também "prestam atenção a tudo". Se por um lado fazer associações mais soltas e ampliar as categorias ligadas aos

8 BONALUME NETO, Ricardo. *Pessoas Distraídas São mais Criativas*. Disponível em: https://www1.folha.uol.com.br/fsp/saude/sd0201201101.htm.

9 A esquizofrenia é um transtorno mental grave, que tem como características, entre outras, a perda de contato com a realidade, alucinações, delírios, piora da função mental e pensamento e comportamento anômalos. TAMMINGA, Carol. *Esquizofrenia*. Disponível em: https://www.msdmanuals.com/pt-br/casa/dist%C3%BArbios-de-sa%C3%BAde-mental/esquizofrenia-e-transtornos-relacionados/.

conceitos produz ideias criativas, na dose indesejada, os neurotransmissores conduzem a pensamentos desorganizados e anomalias de percepção, como acontece na esquizofrenia[10].

CIENTISTAS AÉREOS

Nunca trabalhei com alguém que fosse portador de algum problema grave de saúde mental. Mas houve um período em que lidei com muitos "distraídos". Para ser exato, cientistas com pouca capacidade de lidar com algumas exigências do dia a dia. Eles pareciam estar sempre "aéreos", absortos em suas pesquisas e invenções. Caminhando dessa maneira, com os pés distantes do cotidiano, lidavam de maneira precária com a burocracia, em especial na prestação de contas do dinheiro que lhes era repassado para financiar os seus trabalhos.

Foi para tentar fazer com que esses pesquisadores colocassem o pé no chão que fui contratado pela Fundação Butantan de São Paulo. Naquela época, eu ainda não conhecia estudos, como o do *Karolinska Institutet* sueco, que relacionavam distração, criatividade, neurotransmissores e dopamina. Mesmo assim, logo entendi que os pesquisadores do Butantan, que estão entre os melhores do mundo no desenvolvimento de soros, biofármacos e vacinas, exibiam uma incapacidade quase inegociável em prestar contas, preencher formulários ou organizar recibos de gastos. Enfim, não possuíam disciplina de execução alguma para qualquer coisa que não estivesse nas suas bancadas e laboratórios.

Pesquisas costumam ser atividades dispendiosas. Gasta-se muito dinheiro com equipamentos, reagentes caros e a remuneração de equipes que, algumas vezes, irão trabalhar por longos anos sem que o fruto de seu esforço garanta retorno rápido aos investimentos feitos. E, não é raro, esses estudos podem levar a lugar nenhum. Por essa razão, o financiamento dos pesquisadores, normalmente, é feito a fundo perdido, ou seja, entidades públicas e privadas colocam dinheiro em um empreendimento sem expectativa de retorno.

Mesmo que seus investimentos tenham grandes chances de não proporcionar lucro, essas instituições, no entanto, fazem questão de receber descrições bem claras e detalhadas, com recibos e comprovantes, atestando como o dinheiro foi gasto. Mesmo sendo um cuidado óbvio que, acredito, dispense explicações,

---

10 BONALUME NETO, Ricardo. *Pessoas Distraídas São mais Criativas.* Disponível em: https://www1.folha.uol.com.br/fsp/saude/sd0201201101.htm.

muitos dos pesquisadores do Instituto Butantan pareciam ter uma visão pessoal do que seria "prestação de contas". E nela não estava o hábito de fazer relatórios; guardar em pastas – físicas ou eletrônicas – os comprovantes de gastos; ou organizar documentos de acordo com a data de emissão e outras formas de controle.

DEPENDER DA SORTE

O desafio que me foi entregue era o de regulamentar a maneira com que o Butantan lidava com a tramitação dos recursos que chegavam para viabilizar as suas pesquisas. Aceitei a incumbência e a cumpri com a convicção de que, sem uma disciplina de execução, nenhum empreendimento é capaz de entregar bons resultados. Sem ela, sempre iremos depender da sorte. No caso dos cientistas do Butantan, trabalhar para que seus recursos não fossem cortados ou diminuídos; ter de pagar do próprio bolso gastos não comprovados ou, ainda pior, ficar sob a suspeita de malversar valores.

Quando cheguei ali, me deparei com uma situação caótica. Havia centenas de documentos guardados em caixas, espalhadas por vários prédios, até mesmo misturadas em depósito de materiais diversos. Essa confusão ameaçava não apenas a suspensão de recursos por falta de comprovação como criava um nó difícil de desatar para o bom andamento das pesquisas, pois limitava o próprio desempenho dos pesquisadores. E mais, poderia comprometer a obtenção de financiamentos para novas pesquisas.

Um exemplo da dificuldade que a falta de disciplina impunha era o impacto sobre a possibilidade de se fazer realocações de recursos, instrumento importante e permitido neste tipo de financiamento. Isso acontece quando um pesquisador estima que irá precisar de, digamos, dois freezers para a sua pesquisa e, ao começar o seu trabalho, constata que apenas um será suficiente, mas, em contrapartida, terá necessidade de uma autoclave[11], que não havia sido prevista no orçamento inicial.

Já que a instituição não irá adquirir dois freezers, mas apenas um, ela poderia utilizar o dinheiro restante para adquirir a autoclave, desde que comprovasse os gastos feitos, exibisse o histórico de compras e demonstrasse a necessidade do novo equipamento. Como isso muitas vezes não era feito pelos pesquisadores,

---

11 Autoclave é um aparelho que utiliza vapor de água sob pressão para esterilizar instrumentos. Disponível em: https://www.dicio.com.br/autoclave/.

os órgãos financiadores não aprovavam a compra e perdiam-se oportunidades e tempo na aquisição dos equipamentos e insumos necessários.

Determinei então que, a partir daquele momento, teríamos uma disciplina de comprovação de entradas e saídas de investimentos a partir de um centro de serviços compartilhados, para o qual foram contratadas pessoas com conhecimento em administração.

Decidir trazer esses profissionais administrativos foi, na minha opinião, um importante passo em direção a uma maior compreensão de como a diversidade de talentos deve ser administrada em qualquer organização. Talvez alguém pudesse considerar que a melhor maneira de lidar com a questão seria forçar a barra para que aqueles cientistas passassem a dedicar parte do seu tempo a organizar seus papéis, adequarem-se à burocracia e fazerem os relatórios dos seus gastos. Será?

ARQUITETURA MENTAL

Eu acredito que um posicionamento duro como esse, além de criar um ambiente ruim na instituição, seria ineficaz. Cientistas, como acontece com os artistas, precisam ser compreendidos e protegidos. Não fazem parte da sua arquitetura mental (embora sempre vão existir exceções) o prazer da organização ou a facilidade de lidar com regulamentos, questões legais, comprovantes e burocracias que restrinjam o seu livre pensar.

Portanto, ter uma estrutura administrativa iria amparar esses cientistas e proporcionar a eles um ambiente mais amigável, para que desenvolvessem suas habilidades inventivas, o que era, afinal, o propósito do Butantan. O que passamos a oferecer foi uma parceria com aqueles cientistas. Auxiliando-os na prestação de contas, garantíamos a continuidade dos recursos que, devemos nos lembrar, não era o combustível apenas das suas pesquisas, mas o funcionamento de outras áreas do Instituto. Todos, pesquisadores e o pessoal que lhes dava apoio, precisavam que as prestações de contas acontecessem para que, assim, os recursos continuassem fluindo.

Desenvolvemos uma dinâmica, a partir da implantação de processos, que garantia uma disciplina de execução, evitando que ficássemos apagando incêndios, ou seja, correndo de maneira desorganizada para atender a algum pedido que, embora fosse previsível e até há muito tempo anunciado, nos pegasse despreparados, por não termos controle da movimentação físico-financeira.

Com muita conversa, começamos a convencer os cientistas de que aquela estrutura estava instalada para ajudá-los a ter menos problemas e interrupções. Explicávamos que não deviam colocar os documentos nas gavetas ou em caixas aleatórias, mas enviá-los para profissionais que sabiam como os arquivar e controlar.

Oferecíamos, enfim, uma disciplina de execução sem que eles precisassem se esforçar para mudar a sua própria natureza mental. Dessa maneira, conseguimos organizar 100% do fluxo de papéis. Afastamos o perigo de perda de verbas e de credibilidade junto aos órgãos de fomento.

Não posso revelar o montante da dívida que tínhamos com essas instituições, mas ela era bastante significativa. Conseguimos, com disciplina, diminuí-la em mais de 90%. Passamos a atuar em um nível gerenciável e de excelência. Tínhamos sistema de controle, processos numerados, documentos facilmente rastreáveis e uma comunidade científica satisfeita e disposta a colaborar com os encarregados em administrar os processos.

O QUE FAZER?

Um exercício de humildade – Um curioso efeito colateral entre aqueles que adotam a disciplina de execução é compreender quais são as suas melhores qualidades e as suas eventuais limitações pessoais a serem superadas. Essa autorreflexão surge porque, se você se propõe a atuar de maneira disciplinada em um grupo, logo irá perceber a necessidade de uma análise bem objetiva dos procedimentos e passos a serem dados para cumprir as metas estabelecidas. Essa reflexão tem o dom de revelar que, quase sempre, não somos capazes de realizar sozinhos qualquer empreendimento.

Grandes personagens agem assim por compreenderem o poder que delegar responsabilidades e se submeter a opiniões alheias têm sobre a resolução de desafios. Confirmei como isso é verdade em uma fonte inesperada, ao ler um pequeno livro do escritor colombiano Gabriel Garcia Márquez (1927-2014), Prêmio Nobel de Literatura, em 1982, e autor, entre outros best-sellers, de *Cem Anos de Solidão*[12].

12 MÁRQUEZ, Gabriel Garcia. *Cem Anos de Solidão*. Rio de Janeiro: Record, 1967.

A obra de Márquez que eu tinha em mãos, *Como Contar um Conto*[13], tratava sobre roteiros e narrativas literárias, assunto pelo qual tenho grande interesse[14]. Me chamou a atenção em como o autor, uma indiscutível potência literária, acata sugestões e renuncia às suas certezas quando considera que outros argumentos, mesmo vindos de pessoas menos habilidosas do que ele, são melhores do que os seus e atendem de maneira mais eficiente à disciplina de execução que ele se impôs para concluir seus trabalhos.

O que não está em ata, desata – Promover uma disciplina de execução em uma instituição irá exigir a adesão da maioria dos seus integrantes, para que seja efetivamente colocada em prática. No entanto, será sempre aconselhável e prudente termos algum instrumento para lembrar aos envolvidos sobre o que foi acertado, prazos finais e outras informações de encaminhamento das tarefas. Nada é melhor para isso do que ter uma ata das reuniões que possa ser acessada por todos os que participam dos processos.

Atualmente, há a tecnologia necessária para produzir essas atas na sua forma eletrônica, possibilitando que seja visualizada por intermédio dos meios eletrônicos mais comuns. Criei uma ata assim no Butantan e o resultado foi excelente. Ela era alimentada durante as reuniões e salva em um diretório, que poderia ser acessado por todos.

Ali, naquele espaço virtual, era colocada também a pauta da reunião, o que permitia que os participantes soubessem de antemão o assunto que seria tratado e, portanto, irem para o encontro melhor preparados. Como as pautas não eram deletadas, tínhamos um histórico de tudo que havia sido acertado. Assim, era possível cobrar providências e determinar as responsabilidades pelo que deveria ser realizado. Dessa maneira, ninguém poderia alegar ignorância do que fora combinado pelo grupo. Tal transparência permitia, ainda, que prazos, aumento do escopo das propostas e recursos fossem renegociados com maior facilidade.

---

13 MÁRQUEZ, Gabriel Garcia. *Como Contar um Conto*. São Paulo: Casa Jorge Editorial, 1995.

14 A obra *Como Contar um Conto*, de Márquez, traz a transcrição de oficinas, ministradas pelo autor, para a elaboração de roteiros de filmes. O curso era oferecido na *Escola Internacional de Cinema e Televisão de Santo Antonio de Los Baños*, em Cuba. À época da leitura, eu me empenhava em roteirizar o primeiro volume do meu livro de ficção, *A Contrapartida*, para sua eventual transformação em filme. BONOLDI, Uranio. *A Contrapartida*. Rio de Janeiro: Valentina, 2019.

Portanto, procure avaliar como anda a sua qualidade da execução e da sua empresa, identifique as falhas (tudo aquilo que leva a uma perda imensa de tempo e recursos) e reflita: como a execução pode ser melhorada? Quais processos podem ser modificados para proporcionar ganhos de eficiência do meu tempo e da organização?

Discipline-se!

2

Planejar é preciso, mas ter jogo de cintura é vital, quando o vento das mudanças virar o jogo.

O poeta espanhol Antonio Machado (1875-1939) e o cantor e compositor carioca, Zeca Pagodinho, nunca se conheceram pessoalmente. Além da separação física imposta por terem habitado continentes apartados – o poeta passou a sua vida entre a Espanha e a França[15], enquanto o cantor sempre morou na Zona Norte do Rio de Janeiro, entre os bairros do Irajá e Del Castilho[16] –, o tempo também não permitiria qualquer contato, já que Zeca Pagodinho nasceria em 1959, vinte anos após Antonio Machado ter deixado este mundo.

Mesmo girando em circuitos tão particulares e distantes, poeta e cantor reproduziram, cada qual em seu estilo, uma mesma narrativa, a de que a mais eficiente atitude que podemos ter para minimizar os impactos e frustrações que a existência nos impõe é a de entender os cenários que se descortinam e buscarmos alternativas, sem impor grande resistência. Afinal, não temos o poder de alterar o curso da natureza e dos acontecimentos imponderáveis, fortuitos, acidentais, dentre outros fatores.

Antonio Machado expressou essa crença com a seguinte estrofe do seu poema *Cantares*: "Caminhante não há caminho, se faz caminho ao andar"...[17]. Zeca Pagodinho tornou esta mensagem ainda mais legível com o seu sucesso *Deixa a Vida me Levar*[18], na qual ele canta: "Se a coisa não sai do jeito que eu quero / Também não me desespero / O negócio é deixar rolar / E aos trancos e barrancos, lá vou eu... "[19]

Os 90 anos que separam estas duas manifestações artísticas no tempo – Machado publicou seu poema em 1912[20]; Pagodinho lançou sua composição em

---

15 *Antonio Machado – Una Vida entre Ocho Ciudads*. Disponível em: https://www.redciudadesmachadianas.org/.

16 *Zeca Pagodinho – Biografia*. Disponível em: https://zecapagodinho.com.br/biografia/.

17 *Cantares*. Disponível em: https://www.escritas.org/pt/antonio-machado.

18 *Deixa a Vida me Levar* – Álbum – Universal Music Group, 2002.

19 *Deixa a Vida me Leva*r. Disponível em: https://www.letras.mus.br/zeca-pagodinho/49398/.

20 100 Años de Campos de Castilla. 1912-2012. Disponível em: https://web.archive.org/web/20140413142753/http://www.xn--100aoscamposdecastilla-nec.com/Exposicion.aspx.

2002[21] – são prova do quanto é universal o conceito de que é necessário aceitar os acontecimentos e, no caso de Antonio Machado, o viver está em andar, avançar, caminhar. Já para Zeca Pagodinho, ele traduz esta gestão das incertezas e o viver com o dito: "aos trancos e barrancos, lá vou eu..."

O que há de importante como mensagem de ambos é que não devemos parar, e sim, avançar e viver a vida. Afinal, se não temos controle sobre o que pode nos acontecer, de que valeria opor resistência e de que valeria pararmos temerosos diante das incertezas?

Há mesmo quem garanta que, em virtude da nossa incapacidade de antever o futuro e ao fato de estarmos submetidos a circunstâncias que se alteram de maneira ininterrupta e imprevisível, qualquer tentativa de planejar nossa trajetória e metas é inútil, e cairá por terra pouco tempo depois de ser elaborada. Será?

ROTEIRO FLEXÍVEL

O que eu defendo é que há um caminho do meio. Devemos planejar nossa carreira. Por saber que sempre estaremos nos movimentando sobre um chão movediço, é preciso termos a mente suficientemente relaxada e um roteiro de vida convenientemente flexível para sermos capazes de nos adaptar às inevitáveis surpresas que estarão ali, ao final da curva.

Se é verdade que "o caminho se faz ao caminhar" devemos sempre saber, no entanto, para onde queremos ir. É preciso manter os olhos abertos e os músculos aquecidos, para não sermos carregados para longe dos nossos objetivos pela correnteza.

Quando surgem grandes obstáculos no nosso caminho, costumam aparecer à nossa mente dois poderosos fantasmas: o pânico e a resignação. Eles se manifestam como aquele conhecido pesadelo, no qual estamos diante de um grande perigo, mas não conseguimos correr, nem reagir. Vemos aquele monstro, um animal selvagem ou alguém armado de uma faca vindo em nossa direção, com a claríssima intenção de nos ferir. Mesmo assim, todos os nossos movimentos se dão em câmera lenta. Nossos pés estão colados no chão e os nossos braços, paralisados e pesados.

---

21 *Deixa a Vida me Levar* – Álbum – Universal Music Group, 2002.

Por mais assustadora que seja, a grande maioria desses desafiantes eventos nunca irá provocar o fim do mundo. Temos uma resiliência que só conhecemos nos momentos de grande estresse. Basta olhar para exemplos do passado para confirmar que temos energia suficiente para superar situações que, à sua época, pareciam o apocalipse final.

HIPERINFLAÇÃO E DESTRUIÇÃO

Há uma boa chance de que você já houvesse nascido antes de 1990, quando o Brasil enfrentou um período de severa hiperinflação[22]. Muita gente acreditou que nunca mais teria um emprego, ou que seria capaz de escapar da fome e do desabrigo. A impressão era a de que as instituições se dissolveriam e que voltaríamos à Idade Média. Não foi o que aconteceu. Não se passaram muitos meses e a situação econômica do país mudou, deixando a crise para trás.

Olhando ainda mais longe no passado e para o outro lado da Terra, ao final da Segunda Guerra Mundial (1939-1945), a Alemanha se encontrava destruída. Estima-se que até 600 mil civis possam ter sido mortos e outros 850 mil feridos[23], total que deve ser somado aos 4,2 milhões de militares alemães mortos[24]. Nas cidades com mais de 100 mil habitantes, 50% de todas as construções foram destruídas[25].

---

22 Hiperinflação é definida como um período da economia em que os preços médios dos bens e serviços aumentam em mais de 50% ao mês. O Brasil enfrentou esse fenômeno no primeiro trimestre de 1990, quando a inflação foi de 71,9%, em janeiro; 71,7%, em fevereiro, e 81,3%, em março. PEREIRA, Luiz Carlos Bresser; NAKANO, Yoshiaki; *Hyperinflation and Stabilization in Brazil: The First Collor Plan.* Disponível em: https://www.bresserpereira.org.br/papers/1990/93-HyperinflationStabilization.pdf.

23 LIMA, Mario Afonso Massiere y Correa de Moraes, *Dos Escombros à Liderança: A Reconstrução Alemã no Pós-Guerra e suas Bases Econômicas para as Décadas Seguintes.* Disponível em: https://www.researchgate.net/publication/334978890_Dos_escombros_a_lideranca_A_reconstrucao_alema_no_pos-guerra_e_suas_bases_economicas_para_as_decadas_seguinte.

24 ROYDE-SMITH, Joh Graham, *Costs of the War – Killed, Wounded, Prisoners, or Missing.* Disponível em: https://www.britannica.com/event/World-War-II/Human-and-material-cost.

25 LIMA, Mario Afonso Massiere y Correa de Moraes, *Dos Escombros à Liderança: A Reconstrução Alemã no Pós-Guerra e suas Bases Econômicas para as Décadas Seguintes.* Disponível em: https://www.researchgate.net/publication/334978890_Dos_escombros_a_lideranca_A_reconstrucao_alema_no_pos-guerra_e_suas_bases_economicas_para_as_decadas_seguinte.

Mesmo com todos estes obstáculos, a Alemanha iniciaria uma rápida recuperação econômica, a partir dos anos 1950. Hoje, é a quarta maior economia do mundo, atrás apenas dos Estados Unidos, China e Japão[26].

Desafios surgidos no plano pessoal nos atingem de maneira ainda mais cruel. O que pode ser mais impactante do que perder alguém a quem amamos? Como passar incólume pelo fim de uma história de amor? Quem ficaria indiferente ao romper uma longa amizade por alguma divergência ou mal-entendido? É possível não se ver profundamente abalado com a notícia de que alguém querido, ou nós mesmos, foi diagnosticado com uma doença incurável? Mesmo diante de tais dissabores, somos capazes de superar a dor, adaptar os nossos passos à nova situação e seguirmos em frente.

A sensação de que o mundo vai acabar é uma reação natural nos momentos de ruptura da normalidade em que estávamos inseridos, mas não devemos acreditar nesse sentimento. Se o nosso planejamento de carreira, e mesmo de vida, possui a necessária flexibilidade, é provável que teremos ao nosso dispor uma alternativa para superar o inesperado e continuarmos conduzindo o nosso barco para a direção pretendida.

DIVISOR DE ÁGUAS

Talvez eu venha citando com insistência a pandemia do coronavírus, que se apresentou globalmente em 2020 e, até 2023, quando escrevia este livro, não havia ainda deixado o centro do palco definitivamente. No entanto, como ela foi um inegável divisor de águas na existência de todas as pessoas deste mundo, receio que ainda falarei dela por muito tempo.

Foi neste período que confirmei como sempre é possível manter um projeto vivo e atuante, mesmo diante das mais desfavoráveis situações. O fato se deu com um conhecido meu, Jorge Antônio. Adulto ainda jovem, nos seus 26 anos recém-completados, depois de muitos anos de dificuldades econômicas, ele havia conseguido se matricular em um curso superior, em Administração. Isso o deixou feliz e repleto de esperanças quanto às suas perspectivas profissionais.

Veio a pandemia. As portas começaram a se fechar. Com a retração econômica que se seguiu, Jorge Antônio perdeu o emprego. Não demorou muito tempo,

26 REIS, Tiago, *Maiores Economias do Mundo em 2022: Lista Atualizada.* Disponível em: https://www.suno.com.br/guias/maiores-economias-do-mundo/.

conseguiu uma outra colocação, porém com um salário menor. A faculdade tornou-se inviável e ele foi obrigado a abandonar os estudos.

No entanto, Jorge Antônio não se deu por vencido. Se as restrições às atividades presenciais deixaram as pessoas em casa, elas também tornaram-se mais acessíveis a contatos por meio das mídias sociais. Trancados em casa, todos nos tornamos mais permeáveis a ouvir e falar com as pessoas, mesmo desconhecidas.

Lives, algo que nunca havíamos feito, tornaram-se uma atividade comum e cotidiana. Grupos familiares, profissionais, políticos, outros que congregavam afinidades diversas e mais aqueles organizados apenas para jogar conversa fora multiplicaram-se aos milhares no *WhatsApp, Telegram* e outros aplicativos.

Percebendo esse novo comportamento como uma oportunidade, Jorge Antônio passou a entrar em contato com pessoas que conhecia. Ele lhes propunha temas para serem debatidos. Algum artigo de uma revista relevante; uma entrevista de alguém ligado à Administração Pública; um livro clássico sobre o assunto, tudo isso poderia ser assunto para discussão. No início, alguns poucos gatos pingados aceitaram os seus convites. Os debates nem sempre eram aprofundados. Pessoas se aproximaram e não voltaram mais.

Dono de uma personalidade positiva e simpática, Jorge Antônio persistiu. O número de interessados passou a aumentar. Um dos seus antigos professores se dispôs a fazer uma *live* sobre um assunto polêmico sobre a economia, que chamava atenção à época. Mais adesões aconteceram. Com a ajuda do professor, Jorge Antônio organizou um pequeno curso e convidou outros especialistas. A audiência cresceu de maneira exponencial.

FERRAMENTAS GRATUITAS

Dessa maneira, este meu conhecido foi ampliando a sua rede de contatos, criando network. Até mesmo um convite de trabalho foi gerado por essa movimentação. Dos conhecidos, surgiram mais ideias e indicações de pessoas. Jorge Antônio conseguiu voltar a fazer o seu tão desejado curso superior, por intermédio do Ensino à Distância. Seu planejamento, após uma pausa, foi mantido, e com o acréscimo de novos conhecimentos, do reforço de habilidades que ele tinha adormecidas e de uma preciosa rede de networking.

Neste exemplo, o planejamento anterior, de alavancar a carreira por intermédio de um curso superior, foi deixado em stand-by, mas a meta final não foi abandonada e, sim, vista de uma outra perspectiva. O desafio colocado diante de Jorge Antônio era o da falta de recursos financeiros para manter-se matriculado. Com sabedoria, ele lançou mão de ferramentas gratuitas disponíveis na internet, juntou a isso o seu talento e garra e não precisou desistir das suas metas.

Quando somos atingidos por algum fato negativo, costumamos nos sentir solitários e inseguros. Mas, se não nos deixarmos paralisar, as coisas começam a caminhar e a reação dos demais nos mostram que estamos no movimento certo. O que não podemos fazer é ficarmos parados em casa, deitados no sofá assistindo a séries. Sempre haverá alternativas, outros cenários, pessoas que talvez nem ainda conhecíamos, mas que se mostrarão dispostas a nos ajudar.

Nossa atenção deve ser a de manter os objetivos que fixamos, de curto, médio e longo prazo, dentro da realidade possível. Atitudes como investir em cursos online, economizar para uma viagem significativa no futuro, aumentar a extensão do networking, como no exemplo que eu trouxe, demonstram um estado mental no qual estão presentes a determinação, a confiança e a alegria. Estas são qualidades imprescindíveis das trajetórias sólidas, que resistem e saem fortalecidas diante das intempéries.

O QUE FAZER?

Soluções inovadoras – Em tempos de exceção, as estratégias para enfrentá-los também não devem ser convencionais. Se o mundo com o qual estamos acostumados começa a girar de uma maneira até então desconhecida, reagirmos da mesma maneira que fazíamos nos períodos de normalidade terá pouca chance de produzir bons resultados. Confirmei como isso é verdade ao acompanhar uma ação desenvolvida por um grupo de empresários conhecidos, que passavam por problemas no auge da pandemia do coronavírus.

A estratégia escolhida por eles para enfrentar os desafios foi a de se juntar com outras pessoas que passavam por perrengues semelhantes. Eles não se organizaram por profissão, de acordo com setor em que atuavam ou pelo faturamento das suas empresas. O que os uniu foi a crença de que formar um grupo naquele momento excepcional poderia trazer negócios para todos. Empresários individuais de pequeno e médio porte costumam ser profissionalmente solitários, não têm muitos contatos no mercado, não sabem como formar networking ou têm muita dificuldade. A ideia, portanto, era romper esse isolamento.

Os participantes vinham de diferentes profissões e ocupações, e isso provocou uma poderosa sinergia. Poderia haver, entre eles, alguém especializado em montar e instalar ar-condicionado; outro, era um arquiteto, um construtor, e haveria também um contador entre eles. Essas parcerias poderiam criar negócios, valer-se das habilidades profissionais individuais dos participantes. O grupo se reunia de maneira constante. Certamente, haveria períodos em que não surgiria qualquer negócio, mas desde que cada um deles dispusesse de contatos na sua área, ali estava sendo construída uma poderosa rede.

O que trouxe o cimento, a cola, que ligava pessoas tão diferentes, foi a definição dos objetivos do grupo, suas metas de curto prazo, a visão de futuro. O propósito, certamente, era o de proporcionar soluções para as pessoas por meio da prestação de serviços por um grupo eclético, dono de expertises variadas e complementares. As metas, certamente, eram financeiras. "Daqui a um ano iremos gerar 10 milhões de reais em negócios!", poderia ser um desses objetivos. Isso exigiria faturar perto de um milhão de reais por mês. No entanto, nos primeiros meses o número de clientes será reduzido, o que exigiria repensar essa meta... e aí iniciava-se um planejamento racional. Que reconhecimento eles almejavam alcançar? Seria o de ser visto como um grupo de negócios capaz de oferecer soluções criativas e sólidas para seus clientes e contando com a reputação de cada um daquela rede.

E foi dessa maneira que esse grupo, que parecia tão improvável, foi encontrando, de maneira crescente, pontos em comum que reforçavam as relações internas e aumentavam em muito a capacidade de extrair o máximo das oportunidades que surgiram. Uma iniciativa vitoriosa, inovadora, diante de uma tempestade que tanto afetou a sociedade.

Mexa-se!

3

Conhecer a qualidade da nossa execução é um exercício de vigilância e checagem constantes

Psicólogos, professores, mães, pais, namorados e gestores sempre estiveram em dúvida sobre como reagir quando seus pacientes, alunos, filhos, parceiros e colaboradores agiam de uma maneira correta e atendiam às suas melhores expectativas. Deveriam elogiá-los? Dar apenas um sorriso? Ou permanecerem calados com aquele rosto impassível de "você não fez mais do que eu esperava de você"?

A questão é polêmica. Há quem defenda, como fez o psicólogo Claudio Simon Hutz, que elogios são vias de mão dupla. Professor titular da Universidade Federal do Rio Grande do Sul, Hutz afirmou em entrevista à seção *Viva Bem*, do portal de notícias *UOL*[27], que elogiar alguém beneficia tanto o elogiado, quanto aquele que demonstra a sua consideração. Nessa situação, o ato de elogiar reforçaria a relação, favorecendo a simpatia e a empatia entre as pessoas, deixando-as satisfeitas e positivas.

Há, no entanto, quem recomende cautela quanto à intensidade dos elogios e veja, até mesmo, uma possível carga nociva nas palavras e gestos que louvam alguém. O argumento é o de que muitas pessoas que são elogiadas pelo seu desempenho se sentem pressionadas e ansiosas em corresponder às expectativas e, por essa razão, acabam tendo uma performance pior do que a média do grupo no qual convive[28].

Essa tese tem, inclusive, o apoio de uma pesquisa, já tornada um clássico no assunto. Apresentada em 2011 pela professora de Psicologia na Universidade de Stanford, Carol Dweck, o levantamento por ela coordenado foi feito com a aplicação de vários testes em 400 crianças do ensino fundamental em Nova York.

27 CUNHA, Simone. *Fazer Elogios é Benéfico para quem faz e para quem Recebe: Entenda por quê.* Disponível em: https://www.uol.com.br/vivabem/noticias/redacao/2020/02/06/por-que-os-elogios-nos-fazem-tao-bem-veja-por-que-vale-a-pena-elogiar-mais.htm.

28 GIL, Marisa Adán, *O Problema do Elogio.* Disponível em: https://super.abril.com.br/ciencia/o-problema-do-elogio/.

INTELIGÊNCIA VERSUS ESFORÇO

Para metade dos jovens que acertavam as questões da primeira prova, os pesquisadores os elogiavam com frases como "você é muito inteligente!", "que gênio você é!". Já para os outros 50%, que também haviam respondido corretamente às questões, diziam algo bem mais sóbrio, como "estamos vendo que você se esforçou bastante!".

Ao aplicaram os testes seguintes, os pesquisadores ofereceram aos alunos a opção de fazer uma prova mais fácil ou outra, mais difícil. O que se percebeu é que aqueles que foram elogiados escolhiam o teste mais fácil, enquanto os que tiveram a sua dedicação e esforço reconhecidos tendiam a encarar o desafio de uma prova mais complexa de maneira mais corajosa e proativa do que fizeram os seus outros colegas.

Seguiu-se outra bateria, que trazia testes muito mais difíceis. Todos tiveram dificuldade em completá-los, mas o grupo dos elogiados reagiu com mais nervosismo, muitos não concluíram a prova e houve até tentativas de trapacear e enganar os pesquisadores[29].

A conclusão de Carol Dweck foi a de que os alunos elogiados temiam perder o seu "status" de inteligentes e gênios, caso se dessem mal nas provas. Foi isso que os desequilibrou emocionalmente. Do outro lado, aqueles que foram reconhecidos pelo esforço aplicado entendiam que, se haviam conseguido uma boa performance por seus próprios meios, poderiam enfrentar novos desafios com chance de sucesso[30].

Quando os elogios acontecem na vida corporativa, também provocam alguma desconfiança. Há quem argumente que as pessoas que já possuem uma tendência em se considerar melhor do que os outros, quando são excessivamente elogiadas, passam a ter um comportamento destrutivo no local de trabalho[31]. Fazem isso por entenderem aquele louvor como uma confirmação das suas exageradas crenças nas suas próprias qualidades, o que é, afinal, aquilo que as torna

29 ROCK, David, *Praise Leads to Cheating?* Disponível em: https://hbr.org/2011/11/praise-leads-to-cheating.

30 GIL, Marisa Adán, *O Problema do Elogio*. Disponível em: https://super.abril.com.br/ciencia/o-problema-do-elogio/.

31 LEWIS, Jared, *The Disadvantages of Giving Too Much Verbal Praise to an Employee.* Disponível em: https://smallbusiness.chron.com/negative-attitudes-affect-businesses-21662.html.

egocêntricas. Dessa maneira, elas têm uma propensão a se comportar de maneira tóxica com os demais, criando uma situação de conflito com os colegas.

O SILÊNCIO DIZ MAIS

Em uma reflexão, enquanto escrevo estas linhas, me recordo de ter sido elogiado pouquíssimas vezes na minha trajetória profissional. Talvez isso tenha acontecido em duas ou três oportunidades. No entanto, isso jamais me incomodou. Entendo que o silêncio daqueles que trabalham ou trabalharam comigo, líderes ou colaboradores dos times que estive à frente, diz mais sobre o reconhecimento de que minhas obrigações foram cumpridas com acerto, do que eventuais elogios.

Essa convicção poderia até ser resumida naquela certeira frase popular: "se ninguém reclamou, é porque está bom". Todavia, ela costuma ser um pouco mais profunda do que isso. Se você falha em alguma missão que lhe foi dada, as críticas e reclamações serão verbalizadas rapidamente. Já o silêncio pode até incomodar o nosso ego. Contudo, ele é um claro sinal de que, muito provavelmente, não há queixas quanto à sua performance. Já os elogios podem mascarar intenções. Alguém pode estar querendo adulá-lo, ser irônico, ter segundas intenções, envolvê-lo em uma intriga. O ser humano pode, algumas vezes, ser um animal complexo e inescrutável.

Se somos adultos bem resolvidos com nossas questões internas e conhecemos nossas forças e fraquezas, não precisamos de elogios. Temos capacidade de saber se os resultados alcançados foram aqueles que eram esperados de nós e de compreender se temos aderência aos objetivos daqueles que nos contrataram. Esse é o aval mais claro e honesto que podemos ter.

EXECUÇÃO DE EXCELÊNCIA

Além dessa visão crítica que o autoconhecimento nos proporciona, há sinais externos, vindos do mercado, que são importantes indicadores da qualidade das nossas entregas. Um deles é você ser visto como alguém que tem uma execução de excelência, que gera bons resultados. Por conta disso, sua expertise será requisitada para dar conselhos, prestar consultorias, participar de brainstorms e decisões importantes.

Acontece com frequência, inclusive, que você nem saiba exatamente de que maneira as pessoas que se aproximam de você ouviram falar do seu trabalho. Essa situação é resultado de um networking, que podemos chamar de 'passivo', do qual nem sabíamos que aqueles que nos procuram participavam. Tal rede de contatos pode ser desenvolvida quando executamos bem alguma tarefa. Notícias boas também correm depressa.

Falamos há pouco sobre uma execução de excelência. Como podemos afirmar que estamos entregando resultados com alto grau de qualidade? Pela minha experiência, a maneira certeira de você garantir uma entrega acima da média é se, já no seu planejamento, você tem as suas metas bem determinadas e indicadores bem definidos e capazes de te mostrar que os seus passos estão sendo dados na frequência e extensão programadas. Ou seja, se a sua execução está sendo feita conforme havia sido projetada.

Mesmo que, eventualmente, o desenvolvimento dos negócios fique aquém do que foi desenhado, se você fizer os ajustes necessários e os indicadores passarem a mostrar que os resultados, mesmo parciais, estão sendo alcançados, você poderá dizer que promoveu uma execução ótima.

Isso será verdade ainda quando fatores externos graves, como pandemias, guerras ou catástrofes naturais impedirem que as suas metas sejam atingidas. Se a sua execução ficou dentro do planejado, ela será uma gestão de excelência.

ENTRAVES CONHECIDOS

Em geral, não são eventos apocalípticos que nos fazem perder a qualidade na condução das atividades de uma empresa. As razões costumam ser entraves conhecidos, como burocratizar exageradamente a gestão. Muitos documentos criados, necessidade de autorizações para tudo, instâncias desnecessárias de decisões... Esses obstáculos nos deixam embaralhados em ritos repetitivos e hierarquias complexas, frustrados por não conseguir autonomia suficiente para inovar e entregar resultados com a qualidade que gostaríamos.

A falta de checagem é outro comportamento que compromete a execução. Imaginem que um navegador, num veleiro, em alto mar, indo do ponto A ao ponto B, decide fazer checagens de sua posição e rota apenas uma vez por dia. Caso ele comece o seu trajeto pela manhã com um pequeno desvio, ao final do dia ele poderá ter se afastado quilômetros da rota planejada, o que certamente irá colocar toda a sua navegação em risco. Sua vigilância deve, portanto, ser disciplinada e periódica de forma que lhe permita corrigir um eventual erro em tempo seguro.

Por essa razão, se não verificarmos o ponto em que estamos ao longo das etapas do projeto no qual estamos engajados, é pouco provável que cheguemos ao nosso objetivo. Ser capaz de controlar o andamento dos negócios periodicamente exige disciplina, que sempre é a melhor postura para nos blindarmos com a resiliência que nos fará perseverar diante dos obstáculos e imprevistos que surgirem no caminho.

Outra estratégia para tornar a jornada pelo mundo dos negócios mais segura é firmar parcerias. Quando unimos nossos esforços aos de outros empreendedores, multiplicamos o acesso que podemos ter às oportunidades, às novas tecnologias e ideias, além de aumentarmos a nossa energia e conhecimento para resolver problemas, o que irá proporcionar também mais qualidade à nossa execução.

O QUE FAZER?

Vigilância em pílulas – Como foi dito no início deste capítulo, elogios podem até agradar o nosso ego. Mas, quando refletimos com cuidado, entendemos que eles são vazios, desmancham no ar. Alguém que nos diz coisas elogiosas hoje pode, até mesmo no final deste mesmo dia, falar coisas desagradáveis, caso seja tomado pela raiva ou interpretar mal algo que você disser. Portanto, não devemos usar algum elogiômetro como métrica para medir a qualidade da nossa execução. Devemos confiar nos nossos próprios olhos e na nossa percepção. A melhor maneira de termos a certeza e a autoconfiança de que estamos entregando os resultados que foram acertados conosco é comparar o que foi planejado com o que de fato realizamos. No jargão da gestão de projetos, falamos em objetivo e metas. Objetivo é o que queremos conquistar no longo prazo, e ele se desdobra nas metas intermediárias. Se o nosso planejamento indica que a empresa deverá faturar 12 milhões de reais em um ano, teremos de ter um faturamento médio de 1 milhão de reais ao mês. Se até o final de março o que foi faturado ainda está em 1,2 milhão de reais, este é um sinal claro de que há algo errado na execução. Não devemos esperar até dezembro para, então, examinarmos seriamente o que a empresa gerou. Talvez o número até lá estará em 6 ou 7 milhões de reais. Dessa maneira, perdemos a chance de corrigir a rota, quando ainda havia oportunidade de mudar aquele quadro.

Mais do que isso, devemos corrigir imediatamente a meta mensal para os próximos meses, para garantirmos o planejamento anual. Se não o fizermos, será necessário rever custos e despesas, pois obviamente, se não o fizermos, estaremos em rota perigosa e irreversível. Vejam como é importante o desdobramento e acompanhamento das metas. Neste exemplo simples, obviamente, essas metas ainda seriam desdobradas em dias, permitindo assim a correção dentro do próprio mês. Caso contrário, seria muito tarde para a correção do rumo. Lembrem-se do veleiro do exemplo acima.

Portanto, devemos olhar para a qualidade de nossas entregas! Afinal, resultados excelentes são o principal sinalizador de uma sólida execução.

Cheque-se!

4

Para termos coragem é preciso, antes de tudo, entender o que é que nos faz sentir medo.

Bem no início da minha vida profissional, quando trabalhava como estagiário em um banco, surgiu uma inesperada oportunidade de participar de um processo seletivo em uma importante consultoria multinacional. A empresa era uma das mais poderosas referências no mundo da auditoria. Trabalhar nela era o objeto de desejo de muitos profissionais do setor. Sua fama era a de uma organização que não só pagava acima do mercado, como oferecia muitas oportunidades de crescimento profissional, inclusive de construção de uma carreira no exterior.

A dinâmica da seleção se dava em várias etapas, nas quais fui sucessivamente aprovado, até chegar à última fase. Foi neste passo final que, pela primeira vez em todo aquele processo, eu perdi a coragem. Esta etapa consistia em um almoço em um restaurante elegante, no qual estariam os diretores da sede da empresa em São Paulo e eu.

Parecia não haver razão alguma para sentir medo. Afinal, era apenas um almoço. E eu não senti medo. Fiquei foi apavorado! Eu, um quase moleque de 20 anos, na companhia daqueles executivos experientes, acostumados a mandar e a lidar com os mais poderosos CEOs do país? O que eu iria dizer ali? Que interesse eles poderiam ter pelas coisas que eu seria capaz de falar? E se ficasse um silêncio na mesa, que assunto eu poderia sugerir? Deveria ficar calado e só responder? Quem perguntaria, eu ou eles? Chamá-los de você ou de senhor? Repetir o prato? Contar alguma piada?

Essas dúvidas parecem descabidas para qualquer um que tenha até mesmo alguns poucos anos de vida corporativa, mas eu estava ainda no começo da minha trajetória profissional. No entanto, acredito que, em meio às minhas dúvidas e receios, tomei duas decisões corretas. Primeiro, reconhecer que eu estava confuso e com medo. Segundo, abrir o meu coração e pedir socorro.

VÁ COM TRANQUILIDADE

Essa ajuda veio por intermédio de um parente querido, meu tio e padrinho Oswaldo Bonoldi. Ele sempre esteve à frente de organizações de relevância internacional e em altos cargos na área jurídica. Ele foi direto ao ponto:

– Que bobeira é esta? Com a educação que você tem, está com medo de almoçar com alguns diretores? Eles não têm 50% da educação que seus pais te deram! Vá a este almoço com tranquilidade. A verdade é que você desconhece o que eles vão querer saber, para que lado a conversa irá evoluir. Responda o que for perguntado e faça as perguntas que você quiser.

E ele continuou:

– No final, você vai perceber que eles querem é entender como você se comporta. Estão interessados em saber se você terá o traquejo necessário para almoçar com clientes sem dar qualquer vexame. Querem saber se você é educado, afável e, sobretudo, se sabe conversar. E, cá entre nós, se tem coisa que você sabe fazer, é conversar sobre qualquer assunto.

Mesmo entendendo que aquele "eles não têm 50% da educação que você possui", "você sabe conversar sobre qualquer assunto", eram argumentos suspeitos por partir do tio Oswaldo, que gostava de mim, aquela conversa me encorajou e me deixou determinado a ir àquela reunião-almoço. Acabei por me sentir muito à vontade naquele encontro com os diretores, que foi, afinal, muito agradável. Eles foram muito agradáveis comigo. Uma amiga que trabalhava naquela empresa me diria, em seguida, que eu havia me saído muito bem e que os executivos que conversaram comigo ficaram bem impressionados.

O que eu compreendi posteriormente é que, naquele almoço com aqueles líderes, algo que me pareceu inusitado à época, o que se queria verificar é se eu, e os outros que também passaram por essa experiência, seríamos capazes de nos comportar com educação, desenvoltura e elegância em situações sociais. Tais habilidades comportamentais eram de grande importância naquela empresa e, ainda, em todo o setor, cujos colaboradores frequentemente trabalhavam em contato direto com executivos C-level das maiores organizações.

Fui aprovado naquela etapa final. Não cheguei, no entanto, a trabalhar naquela organização. O banco, no qual eu estava trabalhando – e do qual eu gostava muito – melhorou o meu pacote de remuneração, quando contei que havia recebido uma proposta.

CORAGEM E HUMILDADE

Eu acredito, e esta experiência reforçou a minha certeza, de que coragem caminha junto com humildade. À primeira vista, essas duas posturas parecem ser antagônicas, mas uma coragem legítima e desejável nada tem em comum com a arrogância. A coragem que funciona para o mundo corporativo nasce da humildade em reconhecer nossos próprios erros e limitações e pedir aos outros que nos auxiliem. E, sem dúvida, o destemor é ainda maior quando desafiamos as nossas dúvidas e medos e agimos – mesmo sem termos certeza do êxito.

Se quando os desafios surgirem, não encontrarmos energia suficiente para enfrentá-los, devemos pedir ajuda, como eu fiz com o meu tio Oswaldo. Naquele momento, ele me encorajou, seus argumentos me deram coragem e, de alguma maneira, mesmo muitos anos mais tarde, suas palavras voltaram à minha mente, me tranquilizando e fazendo surgir o sentimento de que eu era capaz de continuar caminhando, mesmo se condições adversas surgissem à frente.

Falamos sobre o medo aqui. Em vários momentos da nossa vida profissional, esse estado mental irá surgir para nós. Não há como evitar e, na verdade, não é um grande problema sentirmos medo, desde que este seja um medo qualificado. Ou seja, aquele que conseguimos identificar e nos encoraje a procurar estratégias para vencê-lo. Riscos surgirão o tempo todo, e muitos deles não iremos conseguir prever. Sabermos que os obstáculos surgirão já é uma forma de estarmos preparados para o imponderável e não nos assustarmos com eles.

Mas aqui está um ponto de atenção. Devemos ficar atentos ao fato de que, quando avançamos na nossa trajetória profissional e nos tornamos mais calejados, passamos a não temer os desafios tanto assim.

Com frequência, nos iludimos ao pensar que somos capazes de prever e superar todos os obstáculos. Não é isso o que acontece. De repente, sem aviso, alguma situação surge diante de nós e, sem que saibamos o porquê, o medo volta, nos deixa apavorados e, o pior, contribui para aumentar as chances de reagirmos de maneiras descabidas que não produzirão bons resultados.

EXCESSO DE CONFIANÇA

Isso acontecerá se confundirmos ter coragem com agir de maneira inconsequente e descuidada. Posso dar um exemplo, também daqueles meus tempos de estagiário, para ilustrar como isso se dá. Naquele banco sobre o qual falei, eu trabalhava em par com um colega da minha idade. Ambos nos ocupávamos de análises de investimentos.

Era parte das nossas atribuições visitar clientes, quando os analistas seniores não tinham agenda disponível. Eu ia até eles com um discurso formal: "Sou representante do banco e estou aqui em função de uma solicitação que os senhores fizeram. Quem me enviou foi fulano e estou aqui para ouvi-los..." E seguia com essa abordagem impessoal, pois sabia o quão júnior eu era.

Mas o meu colega possuía uma outra visão de si mesmo. E bastante presunçosa. Em uma ocasião, um cliente importante do banco iria realizar um evento em que receberia os bancos parceiros para transmitir informações ao mercado a respeito dos seus planos de investimento. De alguma maneira, o meu colega soube deste evento e achou que seria uma boa ideia fazer uma visita um dia antes do encontro acontecer. Ao chegar lá, começou a conversar com as pessoas que estavam cuidando da organização do evento. Tomou uísque, tirou a gravata, pediu informações sem a presença dos demais bancos parceiros, enfim, ficou inteiramente à vontade.

Eu nunca soube ao certo o que aconteceu ali, mas suponho que esse meu parceiro acreditou que estava agradando os seus interlocutores, o que absolutamente não era verdade. Tudo indica que ele deve ter falado e agido de forma muito inconveniente. No dia seguinte, mesmo com o evento em andamento, um diretor encontrou tempo para ligar para o banco e queixar-se do comportamento do meu colega. Não há dúvidas de que foi algo pesado, pois ele foi cortado da empresa, sem que lhe fosse dada uma segunda oportunidade.

Este meu colega não parecia ser uma pessoa má. Era, antes de tudo, alguém sem experiência, que não entendeu qual seria o papel que deveria desempenhar em ambientes corporativos. Sempre aconselho profissionais mais jovens a serem discretos: saibam ouvir primeiro e acreditem que ainda têm muito a aprender e em ganhar experiência. Excesso de confiança é diferente de ter coragem; é uma postura que pode ser comparada a arrogância. Ambas são muito perigosas e, quase sempre, provocam constrangimentos e problemas.

MEDIR RISCOS

Este meu colega talvez merecesse ser perdoado por ter agido, pela falta de experiência, de maneira desmiolada. Aprender a medir os riscos que surgem diante de nós é algo que exige uma certa dose de tentativa e erro. O imponderável sempre irá acontecer. O que podemos fazer é evitar sermos pegos de surpresa e, assim, correr o risco de não sabermos como reagir e, consequentemente, nos apavorarmos, atuando de maneira incorreta.

Aprender a medir riscos é, portanto, de importância fundamental. No entanto, na maioria das vezes, não conseguimos nos antecipar às ocorrências negativas. Não há, no entanto, qualquer alternativa que não seja a de ter planos B, C e por aí em diante. E, ainda, tentar desenvolver uma mente que encare os fatos adversos com realismo.

Gosto de comparar essa atitude com o conceito da "direção defensiva", que nos ensina a conduzir um veículo sempre nos antecipando e nos lembrando que situações perigosas podem surgir, mesmo quando toda sinalização e expectativas quanto ao comportamento alheio parecem nos assegurar que nada de errado irá acontecer. Por exemplo, cruzarmos uma rua, na qual a luz verde do semáforo autoriza a nossa passagem, sem nos preocuparmos em diminuir a marcha ou olharmos para os lados. Ora, a toda hora vemos carros e pessoas desrespeitando a sinalização, por que isso não aconteceria conosco, exatamente naquele momento? Olhar à direita e à esquerda poderá impedir um acidente ou coisa pior. Recomendo a postura de sempre carregar na mente uma pitada de um atento "e se der errado?". Ela é realista, cautelosa e adulta[32].

Além de desconfiar dos sinais que sempre nos parecem verdes, uma outra atitude que diminui os danos quando sofremos algum revés é termos propósitos firmes. De que maneira isso é uma boa estratégia para minimizar efeitos adversos? Ter um propósito, um sentido claro para nossa vida profissional, nos torna mais aptos e energizados para enfrentar dificuldades e obstáculos.

Se você acredita verdadeiramente em algo que se propôs a fazer, enfrentará com coragem os fatos que se interpuserem para alcançar os resultados que almejou. Se as pessoas não se interessarem pelo que ofereceu, você encontrará ânimo para entender o que não está sendo bem compreendido, irá refazer a sua estratégia e procurará outros caminhos para que a sua proposta desperte a necessária

32 SHARP, Bob. *Direção Defensiva*. Disponível em: https://www.autolivraria.com.br/colunas3/b247a.htm.

atenção. Se, mesmo assim, as dificuldades persistirem, novamente será capaz de avaliar criticamente os seus passos e pensar em alternativas. Essa é a força da fé no propósito.

O QUE FAZER?

Bandeira branca – Como qualquer outro profissional, eu também já senti, e ainda sinto eventualmente, medo no ambiente de trabalho. Contei aqui como fui tomado pelo pânico, quando convocado para aquele almoço com diretores de uma consultoria internacional. Anos mais tarde, já adulto e pai de família, passei por outra situação desafiante, que me deixou inicialmente inseguro. Se, naquela experiência nos meus tempos de estagiário, o que me deu forças para enfrentar o temor foram as sessões informais de mentoring do meu tio. Nesse segundo momento, quando já era CFO de uma empresa, lancei mão da criatividade e da minha convicção de que a organização em que eu estava era capaz de entregar um trabalho competente e honesto, mesmo se algum cliente questionasse essa minha certeza.

Tudo aconteceu quando fui convocado pelo CEO da organização a resolver um grande desafio para os negócios: um importantíssimo cliente estava insatisfeito com a nossa entrega. Era mais que insatisfação; o que havia acontecido foi uma briga feia com um dos diretores. O desentendimento culminou com uma carta do cliente comunicando que iria deixar a nossa empresa. Pediu uma reunião para formalizar o distrato. Como toda a operação era muito grande, tal encontro seria necessário para que fosse escalonada a saída da empresa.

Na reunião com o meu CEO pela manhã, ele me disse havia demitido o diretor de operações que havia provocado aquela confusão e que era eu o novo ocupante do cargo. Ele não me deixou dizer nada e repetiu várias vezes que, em hipótese alguma, poderíamos perder aquele cliente. "Tem alguma ideia do que posso sugerir, do que posso fazer? Tem alguma ideia de que argumentos posso usar?", eu insisti. A resposta foi curta: "Vire-se e resolva, Uranio!" Bem diferente do discurso gentil do meu tio Oswaldo, décadas atrás.

A reunião fatídica se daria no mesmo dia, à tarde. Apesar de conhecer bem a operação da empresa, eu não tinha alçada para fazer concessões, renegociar valores... Diante daquele quadro, senti medo. Será que, como o diretor dispensado que eu vira naquele mesmo dia colocando os seus pertences em uma caixa, eu também iria para o olho da rua?

Foi quando tive uma ideia. Chamei o marketing e pedi que comprassem um pequeno pedestal com uma haste e improvisassem uma pequena bandeira branca. Não contei para ninguém a respeito desse arranjo. Fui para a reunião com o pequeno pedestal e a haste com a bandeira desencaixados e guardados em meu bolso do terno. Chamei a diretora comercial para vir comigo, uma vez que queria assumir o compromisso com ela ao meu lado.

Começou o encontro. Expliquei que eu havia acabado de assumir a posição das operações da empresa e, assim, estava investido das responsabilidades do antigo diretor. Disse, ainda, que estávamos tomando providências para normalizar a operação e que ele, cliente, por favor, não abandonasse a nossa empresa, pois isso geraria prejuízos para ambas as empresas. "Isso não será possível, vamos sair de qualquer forma", respondeu o cliente.

Foi quando coloquei a mão no bolso de meu paletó, peguei o pedestal, o apoiei na mesa, finquei a haste com a bandeira branca e disse: "Por favor, peço uma trégua de um mês para que eu deixe toda a operação redonda!" Ninguém riu, ninguém disse nada, ficaram olhando para mim. Mil coisas podem ter passado pela cabeça deles, mas certamente, o que prevaleceu foi a surpresa. Talvez tenham pensado que um gesto tão fora do esperado assim mostrasse algum talento oculto para resolver problemas. Seja o que for, concordaram com a trégua e, naquele mês, conseguimos realinhar a operação e o relacionamento. Conseguimos manter o cliente e, não só isso, ampliamos a operação com a sua empresa ao longo dos anos seguintes.

Saiba que você vai sentir medo em vários momentos ao longo de sua vida profissional. Como você escolherá lidar com eles? Se deixará paralisar ou aproveitará essas oportunidades para se autoconhecer e preparar-se mais e melhor para lidar com eles? O medo, se bem usado, pode ser um impulsionador da sua coragem!

Enfrente!

5 A disciplina de execução é fundamental. Mas, sem checagens constantes, pode frustrar os resultados

Uma tragédia ocorrida há mais de 35 anos, nos Estados Unidos, permanece até os dias de hoje como um dos mais eloquentes exemplos das gigantescas consequências que a falta da disciplina em fazer checagens periódicas é capaz de produzir. O fato se deu no Cabo Canaveral, na Flórida (EUA), em 28 de janeiro de 1986. Pouco mais de um minuto após a decolagem, um dos foguetes propulsores que levavam o ônibus espacial *Challenger* provocou uma enorme explosão, destruindo a nave e matando os sete astronautas que a ocupavam[33].

O acidente, naturalmente, chocou todo o planeta. Transmitidas ao vivo por emissoras norte-americanas e exibidas incontáveis vezes para o resto do mundo nas tevês e na, então incipiente, internet, as imagens não só mostravam toda a crua sequência da explosão, como também, o que aumentava ainda mais o horror de tudo aquilo, os rostos perplexos e desesperados dos parentes dos astronautas. De uma pequena arquibancada, eles acompanhavam o lançamento e testemunharam, presencialmente, a morte violenta de seus entes queridos[34].

Os ônibus espaciais foram uma tentativa da NASA em produzir veículos recicláveis que pudessem entrar em órbita, realizar suas missões (a mais rentável era a de colocar satélites comerciais em órbita) e voltar à Terra da qual, após os necessários ajustes, poderiam subir novamente ao espaço[35]. Era uma solução muito mais elegante e barata do que aqueles enormes foguetes que, após o voo orbital, desciam amparadas por paraquedas, mergulhando no oceano e não sendo reaproveitadas.

Pela sua configuração, os ônibus espaciais não eram capazes de carregar o combustível necessário para fazê-los subir, escapar da gravidade terrestre e atingir a velocidade e a altitude necessárias para orbitar o planeta. Dessa maneira, o empuxo necessário para o voo era proporcionado por três enormes estruturas

---

33 AUGUSTYN, Adam. *Challenger Disaster.* Disponível em: https://www.britannica.com/event/Challenger-disaster.

34 *Space Shuttle Challenger Explosion.* Disponível em: https://www.youtube.com/watch?v=-WDRxK6cevqw.

35 *O Pedaço de Borracha que destruiu o Ônibus Espacial.* Disponível em: https://super.abril.com.br/historia/detalhes-que-matam/.

cilíndricas, às quais o ônibus era acoplado. Essas estruturas eram formadas por um tanque contendo hidrogênio e oxigênio líquidos e, acoplados a ele, dois foguetes. Após o conjunto atingir a altitude desejada, essas estruturas cilíndricas se soltavam da nave, que seguia viagem[36].

O que provocou a destruição do *Challenger* foi o rompimento de um anel de vedação em um dos foguetes laterais. Com a fissura do anel, feito de borracha, uma intensa chama vazou pela lateral do foguete e, como um maçarico, passou a atacar o revestimento do tanque de combustível. Em segundos, o calor fez romper a camada externa e o grande reservatório, de 56 metros de altura, explodiu, destroçando o ônibus espacial, matando sua tripulação e deixando o mundo aturdido.

COMPLACÊNCIA PERIGOSA

Uma comissão foi aberta pelo governo norte-americano, para investigar as causas do acidente. O responsável não foi apenas aquele anel de vedação inapropriado. Descobriram-se falhas de comunicação, falta de checagens, pressões exageradas sobre prazos e, sobretudo, uma perigosa complacência em relação aos possíveis riscos à missão.

A possibilidade de que os anéis de vedação se rompessem era conhecida pelos engenheiros que trabalhavam junto à NASA[37]. Testes haviam mostrado essa possibilidade, especialmente em temperaturas baixas. E foi exatamente o que ocorreu no dia do lançamento, quando o termômetro caiu para zero grau no Cabo Canaveral. A informação passada pelos engenheiros era conhecida há pelo menos dois anos pelos colaboradores da NASA[38], mas, no entanto, não circulou como devia na agência espacial, não chegou às camadas mais altas da hierarquia e foi classificada como uma chance tão remota, que não deveria ser levada em conta[39].

Os engenheiros estavam tão alarmados com a possibilidade de um acidente que, um dia antes do voo, se recusaram a assinar um documento atestando que o

36 *Space Shuttle*. Disponível em: https://www.britannica.com/topic/NASA.

37 *O Pedaço de Borracha que Destruiu o Ônibus Espacial*. Disponível em: https://super.abril.com.br/historia/detalhes-que-matam/.

38 *Space Shuttle*. Disponível em: https://www.britannica.com/topic/NASA.

39 *Report to the President by the Presidential Commission on the Space Shuttle Challenger Accident*. Disponível em: https://science.ksc.NASA.gov/shuttle/missions/51-l/docs/rogers-commission/Rogers_Commission_Report_Vol1.pdf.

ônibus espacial poderia decolar em segurança[40]. O estado dos anéis de vedação, o ponto crítico de toda a tragédia, não foi checado naquela manhã gelada, o que talvez pudesse ter evitado o acidente.

Um amigo, certa vez, fez uma curiosa comparação entre os empreendimentos em que as pessoas se envolvem, fossem eles uma padaria ou um voo espacial, e o comportamento inquieto dos animais. Ele dizia que os negócios lhe lembravam a maneira que os bichos, como galinhas ou coelhos, fugiam de nós, quando, crianças, corríamos atrás deles em algum quintal. Aquelas pobres criaturas escapavam, ora desviando-se para um lado, ora saltando para o outro. Tentávamos cercá-los, nos esforçando para antecipar a direção que tomariam, mas eles, ágeis, desviavam-se exatamente para o lado não previsto.

Talvez a analogia escape para quem sempre morou em apartamentos. Contudo, entendo que o ponto central do que foi dito é conseguir se antecipar aos movimentos aleatórios e acompanhar com sucesso a direção para a qual o negócio irá seguir. Em um empreendimento, a maneira que temos para nos antecipar aos problemas e preveni-los é exatamente checando, de maneira disciplinada e frequente, como o fluxo de processos está acontecendo. Assim, acompanhando de perto, os coelhos e galinhas não conseguirão escapar.

ATENÇÃO PLENA E INTEGRAL

Tocar um negócio é um processo cognitivo constante. É preciso fazer, de maneira ininterrupta, a leitura da economia, das mudanças políticas, das transformações culturais e até da meteorologia. Voltando ao *Challenger*, este ônibus espacial era formado por 2,5 milhões de componentes[41]. Bastou a falha em um deles para que tudo entrasse em colapso. Nas empresas, você deve fazer a leitura das variáveis que as cercam, incluindo o que as pessoas estão desejando, o que elas não querem mais e o que lhes causa repulsa.

Em fevereiro de 2023, um rumoroso escândalo ocorrido na cidade gaúcha de Bento Gonçalves mostrou como é necessária a atenção plena e integral dos empreendedores e gestores para proteger os seus negócios. O episódio dizia respeito a pessoas que trabalhavam em condições semelhantes à escravidão.

---

40 Idem.

41 *O Pedaço de Borracha que Destruiu o Ônibus Espacial*. Disponível em: https://super.abril.com.br/historia/detalhes-que-matam/.

Alguns dos contratados conseguiram fugir e denunciar a empresa que os empregou à polícia local[42].

Policiais prenderam o empregador e constataram que cerca de 207 pessoas eram mantidas em alojamentos precários, sofriam violência física, inclusive com o uso de gás de pimenta, eram submetidas a longas jornadas de trabalho, os seus pagamentos atrasavam, recebiam alimentos deteriorados e eram impedidas de romper o contrato, sob pena de pesadas multas[43].

A maioria delas havia sido recrutada na Bahia, por uma empresa fornecedora de mão de obra, para atuarem na colheita das uvas destinadas à indústria vitivinícola local. As clientes dessa companhia eram organizações de peso no mercado de vinhos nacional, como a Salton e as cooperativas Aurora e Garibaldi[44].

A péssima repercussão da notícia atingiu em cheio as três marcas. Entre outras restrições, supermercados importantes decidiram boicotar seus produtos[45], o Ministério Público do Trabalho investigou o caso e as três empresas foram excluídas, por órgãos governamentais, das feiras internacionais que promovem produtos brasileiros[46].

PESADELO EVITÁVEL

Não é impossível que as vinícolas ignorassem as aviltantes condições impostas àqueles que estavam integrados, ainda que terceirizados, ao seu processo de produção. Todavia, se esse ponto fizesse parte da lista de checagens dos seus executivos, todo esse pesadelo poderia ter sido evitado.

---

42 *Empresário é Preso por Manter 150 Trabalhadores em Condições Análogas à Escravidão em Bento Gonçalves, diz Polícia*. Disponível em: https://g1.globo.com/rs/rio-grande-do-sul/noticia/2023/02/23/empresario-e-preso-por-manter-150-trabalhadores-em-condicoes-analogas-a-escravidao-em-bento-goncalves-diz-policia.ghtml.

43 Idem.

44 *Condição Análoga à Escravidão: MP dá 10 dias para Vinícolas Explicarem Relação com Terceirizada*. Disponível em: https://www.estadao.com.br/brasil/condicao-analoga-a-escravidao-mp-da-10-dias-para-vinicolas-explicarem-relacao-com-terceirizada/.

45 BARELLI, Suzana. *Após Denúncia de Trabalho Análogo à Escravidão, como Fica a Imagem do Vinho Brasileiro?* Disponível em: https://www.estadao.com.br/paladar/le-vin-filosofia/apos-denuncia-de-trabalho-analogo-a-escravidao-como-fica-a-imagem-do-vinho-brasileiro/.

46 OLIVEIRA, Eliane; BANDEIRA, Karolini. *Vinícolas Vinculadas a Trabalho Escravo Perdem Apoio da ApexBrasil em Feiras Internacionais e outros Eventos*. Disponível em: https://br.noticias.yahoo.com/vin%C3%ADcolas-vinculadas-trabalho-escravo-perdem-223344258.html.

Um ponto importante a ressaltar é que a checagem não deve ser entendida como o cuidado exclusivo com questões que têm materialidade. O que seria, no caso das vinícolas, a atenção ao cronograma de produção; à logística da distribuição de seus produtos aos pontos de venda; ao controle da qualidade das uvas e, claro, um olhar atento às condições em que a sua mão de obra, direta ou indireta, estaria exercendo suas funções.

Há um outro aspecto, imaterial, que é o ambiente no qual o negócio está imerso. Ainda no caso do trabalho escravo, qualquer um que estivesse acompanhando, mesmo que de maneira distraída, a mudança dos humores da sociedade em relação a comportamentos que afrontem a sustentabilidade, desrespeitem as pessoas ou desprezem a preservação da natureza teria elementos de sobra para entender que omissões como estas passaram a ser vistas com tolerância zero e recebidas com uma forte disposição em punir os responsáveis por essas nocividades.

Em qualquer momento da história humana, tratar pessoas com crueldade e não levar em conta a sua dignidade sempre foi entendido como algo condenável e repugnante. Nos dias de hoje, isso não só é considerado inaceitável como vem sendo combatido fortemente, com a edição de leis e a prisão daqueles que tomam tais atitudes. Alegar ignorância e querer se eximir de responsabilidade diante de fatos deploráveis, como no episódio em Bento Gonçalves, são atitudes que também não são mais toleradas. Que bom que seja assim!

O QUE FAZER?

Recentemente, fui convidado, como consultor, para um projeto voltado para criar cursos de atualização para ex-alunos de uma conhecida instituição de ensino superior, que têm ênfase na administração privada e pública de grandes empresas. O trabalho já estava em andamento, mas, por alguma razão, se mantinha atravancado e com poucos avanços. Minha missão seria a de dar ritmo e velocidade ao projeto.

Havia pressão do grupo mantenedor para que lhe fosse apresentada, sem mais demora, alguma amostra do que havia sido feito. Eu precisaria montar uma equipe na qual houvesse um desenvolvedor da área de TI, um profissional habilitado a estruturar cursos e outro para cuidar dos processos de marketing e vendas digitais desses treinamentos.

Entendo de gestão de projetos, mas não sou especialista em TI. Encontrei duas pessoas perfeitas para a missão, com a vantagem extra de que cada uma delas conhecia um pouco da especialidade da outra, o que seria perfeito, caso alguma delas tivesse problema e se afastasse do trabalho.

Passei a acompanhar, com checagens semanais, o andamento do trabalho. Quando o cronograma que havíamos feito não era cumprido exatamente como previsto, reunia-me com o time e checávamos o que havia ocorrido, redefiníamos alternativas e chutávamos a bola para a frente.

Já com aqueles que haviam me contratado, também negociei prazos. Alguém queria que entregássemos todo o trabalho em um mês. "Impossível!", respondi. Talvez até pudéssemos fazer tudo aquilo neste tempo, mas eu iria me sacrificar, obrigar os colaboradores a atravessar madrugadas e trabalhar nos finais de semana. Isso não se faz. Trabalhamos muito melhor quando preservamos os nossos princípios, levamos em conta propósitos e fazemos as nossas tarefas com alegria e expectativas muito bem alinhadas entre todos os envolvidos.

Portanto, avalie. Quais são os possíveis riscos para a boa execução de seus negócios? Você e seu time têm feito checagens periódicas dos processos, das entregas e das metas estipuladas? Fazer checagens frequentes o ajudará a prevenir problemas, minimizar riscos e melhorar a qualidade da sua execução!

Monitore!

PARTE VI

Para ser um líder melhor

1

A época da hierarquia verticalizada terminou; o bom líder é aquele capaz de incentivar, apoiar, orientar e delegar

Boa parte dos empreendedores e executivos brasileiros ainda tem dificuldade em delegar poderes, prezam a hierarquia tradicional verticalizada e não costumam ser facilmente acessíveis àqueles que trabalham para eles. Este é o quadro que podemos inferir de uma pesquisa realizada pelo Fórum Econômico Mundial[1] em 2018, avaliando o nível de competitividade de 137 países de diferentes graus de desenvolvimento[2]. Entre os vários itens analisados, a "disposição em delegar autoridade"[3] colocou o Brasil na desconcertante 61ª posição, atrás de países como Chile, Jamaica, Costa Rica, Guiné, Botswana, Gâmbia, Arábia Saudita, Tailândia…

O que o Fórum Econômico Mundial considera como evidência de que há, em uma comunidade, a "disposição em delegar autoridade" é o seu grau de adesão a variáveis como, entre outras, uma cultura que incentive o empreendedorismo; companhias que tenham aderência a ideias disruptivas, colaboração multissetorial, pensamento crítico, meritocracia, confiança social[4].

O país apontado como campeão nessa categoria foi a Dinamarca[5]. De acordo com o Fórum, o estilo dinamarquês de trabalho costuma provocar "um choque cultural", em trabalhadores vindos de outros países, quando estes são colocados diante do ambiente igualitário presente nas empresas do país[6]. Muitos locais de trabalho têm uma hierarquia executiva horizontal, na qual é considerado algo

---

1 O Fórum Econômico Mundial é uma entidade sem fins lucrativos, que reúne líderes nos campos político, cultural e econômico. Criado em 1971, com sede em Genebra, Suíça, tem como objetivo discutir agendas que promovam a cooperação entre entidades públicas e privadas de todo o mundo. Our Mission. Disponível em: https://www.weforum.org/about/world-economic-forum/.

2 SCHWAB, Klaus. *The Global Competitiviness Report 2018*. Disponível em: https://www3.weforum.org/docs/GCR2018/05FullReport/TheGlobalCompetitivenessReport2018.pdf.

3 Em inglês: *Willingness to Delegate Authority*. Idem.

4 Idem.

5 Os dez países com maior disposição em delegar autoridade são, pela ordem: Dinamarca, Suécia, Suíça, Noruega, Países Baixos, Finlândia, Estados Unidos, Austrália, Nova Zelândia e Canadá. Idem.

6 CHARITON, Emma. *Denmark has the flattest Work Hierarchy in the World*. Disponível em: https://www.weforum.org/agenda/2018/10/denmark-flat-work-hierarchy/.

normal tratar de assuntos diretamente com o CEO e sempre é permitido discordar e criticar os executivos. “Enfim, as pessoas se relacionam em pé de igualdade entre si, independentemente dos seus títulos e cargos formais”[7].

Não tenho a intenção, aqui, de discutir em profundidade as razões que levam grande parte dos brasileiros a manter um relacionamento profissional ainda tão formal, hierarquizado e, algumas vezes, autoritário, nos ambientes de trabalho. Mas, talvez, signifique algo sabermos que, pela régua do Fórum Econômico Mundial, entre os 20 países considerados os mais competitivos do mundo[8], apenas um, a Coreia, está abaixo do Brasil no ranking das nações cujas empresas preocupam-se em manter o mais horizontal possível as suas hierarquias funcionais[9].

IMPACTO DO HOME OFFICE

Devemos levar em conta que esta pesquisa foi realizada em um período anterior à eclosão da pandemia da covid. Essa é uma observação relevante, na medida em que as restrições determinadas pelas autoridades em quase todo o planeta produziram um profundo choque na dinâmica do trabalho. Centenas de milhões de trabalhadores trancaram-se em casa e passaram a exercer suas atividades a partir do home office.

Mesmo que o impacto desse novo comportamento ainda esteja dando novas formas às hierarquias corporativas, já é evidente que, cada vez mais, não haverá espaço para aquelas lideranças que ainda possam insistir naquela esgarçada

7 Idem.

8 Eles são: 1º) Estados Unidos, 2º) Cingapura, 3º) Alemanha, 4º) Suíça, 5º) Japão, 6º) Países Baixos, 7º) Hong Kong, 8º) Grã-Bretanha, 9º) Suécia, 10º) Dinamarca, 11º) Finlândia, 12º) Canadá, 13º) Taiwan, 14º) Austrália, 15º) Coreia, 16º) Noruega, 17º) França, 18º) Nova Zelândia, 19º) Luxemburgo e, 20º) Israel (o Brasil ficou na 72ª posição, entre Montenegro e a Jordânia). SCHWAB, Klaus. The Global Competitiviness Report 2018. Disponível em: https://www3.weforum.org/docs/GCR2018/05FullReport/ TheGlobalCompetitivenessReport2018.pdf.

9 As relações de trabalho na Coreia são fortemente influenciadas pelos valores confucionistas, que conclamam as pessoas a respeitarem a autoridade, zelarem pela coletividade, comportarem-se de maneira virtuosa e evitar os extremos. A hierarquia é um importante conceito no mundo corporativo coreano. Pessoas em posições superiores nas empresas devem ser tratadas com respeito, enquanto espera-se a subserviência dos mais jovens. ROELANS, Erik. Business Culture in South Korea post-Covid. Disponível em: https://www.linkedin.com/pulse/business-culture-south-korea-erik-roelans/.

atitude do "manda quem pode, obedece quem tem juízo". Insistir nessa visão de mundo é um dos maiores erros que um líder pode cometer.

Neste novo cenário que se desenha no mundo corporativo, fortemente influenciado pelos avanços proporcionados pela tecnologia, imaginar que as empresas e as pessoas ainda possam funcionar nesse esquema de dominantes e dominados é uma suposição equivocada e perigosa. Seu resultado imediato será a perda de talentos pela organização. Isso é ainda mais verdade diante daqueles que pertencem às gerações Y e Z, os nascidos entre 1980 e 1995 e após 1995, respectivamente. Estes não permanecem mais do que dois meses em um trabalho, se colocados diante de um chefe autoritário.

Ainda que no Brasil estejamos longe das primeiras posições, em relação aos países mais desenvolvidos, o espaço para empresas que funcionem com uma hierarquia especialmente verticalizada está diminuindo rapidamente. Isso ocorre, principalmente, porque o mercado vem pedindo agilidade, customização, capacidade de inovar e de se adaptar às rápidas transformações pelas quais a sociedade vem passando.

Se você, líder de uma organização, houvesse exigido, naqueles meses mais duros da pandemia, que seus colaboradores continuassem trabalhando de maneira presencial, a possibilidade de que o negócio se dissolvesse no ar seria enorme. Mesmo se a sua natureza for a de uma pessoa impositiva, dona de opiniões fortes e acostumada a ter as suas opiniões acatadas, você seria obrigado a negociar a sua autoridade e abrir espaços na maneira como as decisões do negócio passariam a ser tomadas.

PRATICAR HUMILDADE

Para aqueles que não estão ainda completamente dispostos a, como registrou o Fórum Econômico Mundial, delegar autoridade, o melhor exercício talvez seja o da prática da humildade. Substituir a velha fórmula do comando e controle pela da orientação e do monitoramento. Desenvolver uma forte abertura para ouvir, dialogar e manter uma escuta ativa com a equipe.

A velocidade com que o mercado vem se transformando e exigindo novas expertises para tocar os negócios tornou pouquíssimo provável, para dizer o mínimo, que uma única pessoa seja capaz de atender a todas as necessidades de um empreendimento. Por essa razão, se alguém deixar-se ficar amarrado a determinas crenças, o empreendimento correrá riscos.

Mais uma vez, a relação com os colaboradores é a de os orientar. Mesmo que eles sejam cada vez mais capazes de encontrar o próprio caminho com criatividade e inovação, é necessário que o bom líder reconheça e aceite essa nova dinâmica das relações de trabalho. Assim, o seu papel vai além de uma orientação meramente técnica.

Cabe a esse líder deixar claro o propósito e os valores da organização. Manter uma comunicação eficiente para que as pessoas entendam o que estão fazendo ali, naquela empresa. Isso é muito importante e essencial para o sucesso de cada um e da organização.

Podemos entender melhor o poder que tem o trabalho consciente com um exemplo. Imaginemos alguém do chão de fábrica, que tenha como função envasar e rotular vacinas. Se esta pessoa trabalha de maneira mecânica e repetitiva, ignorando o que, de fato, sua atividade produz, certamente ela terá um comportamento e comprometimento bem diferentes daquele profissional que compreende que é um importante integrante de um processo de produção de antídotos capazes de tornar as pessoas mais saudáveis e de salvar vidas.

"O meu trabalho é encher um vidrinho com um líquido transparente. Depois eu colo um rótulo, em que está escrito algo que eu não sei o que é, e ninguém nunca me explicou. É isso o que eu faço, durante todo o dia", esse empregado poderia dizer. Para alguém assim, que desconhece a essência do que faz, envasar vacinas que podem prevenir doenças degenerativas em crianças é algo tão entediante e banal quanto engarrafar refrigerantes.

Esse mesmo funcionário se engajaria profundamente na organização, ficaria orgulhoso do que faz e certamente trabalharia com muito mais produtividade e alegria se estivesse consciente do enorme significado e impacto positivo da sua função. Dar essa nova dimensão ao trabalho e explicar propósitos é a função do líder.

RELACIONAMENTO COM CLIENTES

Não é apenas a produtividade, o engajamento dos colaboradores e o clima do ambiente de trabalho que podem ser negativamente afetados pela falta de conexão com o propósito e o desconhecimento da razão de existir da organização. Se a apatia e a má vontade tomam conta das mentes em uma empresa, quase sempre, essa falta de energia e esse mau humor irão se refletir no relacionamento com os clientes, fornecedores e colegas de trabalho.

Desmotivados e correndo o risco de desenvolver um burnout, como é possível que pessoas com esse estado de espírito ofereçam produtos e serviços que encantem os clientes? Já fui testemunha em diversas ocasiões de colaboradores sob tensão que trataram mal os clientes da empresa, com consequências ruins para todos. Mesmo que não aconteça uma interação desagradável com os representantes da empresa, os próprios clientes percebem quando o clima interno de uma organização é ruim e, na primeira oportunidade, afastam-se e vão procurar outros parceiros que tenham outra energia.

Deixar que um mal-estar como esse tome conta da equipe é um erro grave dos líderes, e não só porque isso afeta os negócios, mas também para preservar a própria imagem junto ao mercado.

É cada vez mais improvável que um líder tóxico consiga manter sua negatividade sem que venha uma reação forte por parte daqueles que são afetados pelos seus atos, por meio de aumentos de pedidos de demissão e denúncias ao RH da empresa. Como já foi dito, aquela hierarquia tradicional, impositiva e arbitrária, está perdendo terreno rapidamente em todo o planeta.

O poder genuíno não está mais na nomenclatura dos cargos, mas em um comportamento alinhado e consistente, ao longo de toda uma vida, nas boas práticas de gestão. Cargos e posições corporativas vêm e vão, sem que tenhamos muito controle sobre eles. Mas o poder genuíno e o reconhecimento dos seus pares e membros de seu time de que você é um líder ético, que congrega e tem uma postura respeitosa, construtiva, que enaltece e pratica os valores empresariais, com foco em contribuir para o desenvolvimento das pessoas, é algo que nunca lhe será tomado.

O QUE FAZER?

Pressão, mas de leve – Nesta época, em que os debates e polêmicas sobre o quanto de tempo deve ser dedicado ao trabalho e à vida pessoal são cada vez mais intensos, muitas vezes, os líderes são tomados de dúvidas – e alvos de críticas – quanto à intensidade das exigências que podem imprimir no ambiente de trabalho. Constantemente, a mídia traz alertas sobre os perigos da pressão sobre as pessoas. Há o risco de burnouts, problemas mentais, desinteresse, pedidos de demissão e até mesmo de processos legais. Tudo isso é verdade.

O mundo do trabalho tem as suas exigências, muitas vezes urgentes e duras. Sendo assim, como seria possível para os líderes, algumas vezes, não colocarem pressão sobre os seus times e exigir resultados? A resposta é que não é possível evitar momentos de pressão e jornadas cansativas. O que não pode acontecer, é claro, é que essa pressão extrapole os limites do bom senso e do respeito ao próximo, levando as pessoas da equipe a adoecer, física ou mentalmente.

Defendo, portanto, que cabe a você, no papel de líder, observar o estilo de vida dos seus colaboradores. Naturalmente, isso poderá ser, quase sempre, feito apenas no ambiente de trabalho. Se notarmos, por exemplo, que alguém vem apresentando uma queda súbita de engajamento, passe a agir de maneira solitária, não encare mais as suas tarefas como um bom desafio, fique mudo nas reuniões, torne-se irritado, devemos investigar o fato. Uma conversa reservada, cara a cara, ou talvez uma consulta aos colegas dessa pessoa, possam abrir oportunidades para entender o problema e ajudá-la a superá-lo.

Essas atitudes exigem sensibilidade e um sincero desejo de dar apoio ao outro. Se aquele colega, ou colaborador do seu time, que parece estar enfrentando momentos complicados, se mantiver calado e não quiser compartilhar suas angústias, você deve respeitar o espaço da pessoa. Caso essa atitude continue indefinidamente e comprometa o desenvolvimento do trabalho da equipe, é necessário uma nova tentativa de esclarecimento. Devem ser oferecidas opções para que o outro enfrente suas dificuldades: talvez uns dias de folga, umas férias antecipadas, a mudança de cargo ou, afinal, a sugestão de busca de ajuda especializada.

É sempre muito importante você fazer uma autoavaliação de como tem liderado pessoas. Faça uma autocrítica sincera. Existe uma relação de confiança e cooperação genuína entre o seu time e você? As pessoas gostam de estar próximas de você e de dividir contigo seus problemas, erros e dificuldades enfrentados no dia a dia de trabalho, buscando seu apoio e orientação? Você incentiva e é um líder aberto a receber feedback de seus colaboradores, sobre os desafios da equipe e em relação a sua postura com eles?

Delegue!

2

Um líder empático, proativo, que dê bons exemplos e seja presente de fato nos bons e maus momentos do seu time é um dos perfis mais procurados pelo mercado.

Foi desta maneira que o nosso sonho de ser hexacampeões do futebol foi adiado por mais quatro anos: naquela sexta-feira, 9 de dezembro de 2022, a partida entre Brasil e Croácia, pela Copa do Mundo realizada no Catar, terminou em 1 x 1 na prorrogação. Foi uma injustiça. Todos os comentaristas estavam de acordo que, mesmo que o jogo tenha terminado em um 0 x 0 no tempo regulamentar, o time brasileiro havia sido muito melhor em campo [10].

Partiu-se, então, para a disputa de pênaltis. A Croácia começou chutando. Vlasic encheu o pé. O goleiro Alisson escolheu um lado e saltou. Lado errado!! A bola entrou no meio do gol. Croácia 1 x 0. Era a vez do Brasil. Rodrygo, que entrara no segundo tempo, mandou no lado direito... muito lenta... Livakovic estava lá e defendeu. A Croácia continuava à frente e o Brasil havia desperdiçado uma chance preciosa.

Era a vez de Majer, que mandou uma bomba no meio do gol. Também desta vez, Alisson saltou errado, para o lado. Croácia 2 x 0. A tensão subiu até as nuvens, mas dessa vez o volante brasileiro, Casemiro, cobrou bem. A bola entrou no lado esquerdo e diminuiu a diferença para Croácia 2 x 1 Brasil.

Agora, o mando dos pênaltis estava nos pés da Croácia. E lá veio mais um gol: Modric, no canto esquerdo. Croácia 3 x 1 Brasil. O atacante Pedro, do Brasil, veio para a cobrança sentindo milhões de olhos sobre ele. Mas isso não o intimidou e, com categoria, mudou o placar para Brasil 2 x 3 Croácia, com um chute no lado esquerdo.

A esperança brilhou, verde e amarela, no ar. Se Alisson pegasse a próxima cobrança, as chances de virarmos o jogo aumentariam substancialmente. Mas o atacante Orsic, cujo nome, em croata, deve significar "estraga-prazeres", mandou uma bala de canhão no lado esquerdo. Alisson nem viu a bola passar. O placar cresceu para um alarmante Croácia 4 x 2 Brasil.

O coração dos brasileiros parou por aqueles poucos segundos em que o zagueiro Marquinhos ajeitava a bola, para que os cérebros fizessem cálculos: se o

---

10 Na Única vez que a Croácia Acertou o Gol do Brasil, a Bola Entrou. Disponível em: https://esportes.r7.com/futebol/copa-do-mundo/na-unica-vez-em-que-a-croacia-acertou-o-gol--do-brasil-a-bola-entrou-09122022.

gol entrasse, Alisson agarrasse o próximo chute croata e Neymar, o escalado para cobrar o quinto pênalti, acertasse as redes, aí ficaria tudo igual em 4 x 4 e, no meio dos cálculos, Marquinhos olhou para o gol, correu, chutou… NA TRAVE[11]!!!

Estava tudo acabado! O Brasil não disputaria a semifinal! No seu lugar, iria a Croácia contra a nossa arquirrival Argentina, que ganharia a partida por 3 x 0, e se sagraria campeã mundial, aumentando ainda mais a humilhação dos brasileiros [12].

Em um país como o Brasil, no qual o futebol é uma instituição que desperta paixões tão fortes quanto as preferências religiosas e políticas, a derrota para a Croácia foi sentida como uma tragédia nacional. Aqui, a tristeza e o choro foram intensificados pela imagem dos jogadores da seleção, lá no outro lado do mundo, sentados, perplexos e às lágrimas, no gramado do estádio *Educacional City*, em Doha, capital do Catar[13].

MORIYASU 1 X 0 TITE

Na comoção do momento, poucos registraram uma ausência que, para mim, ocupou todo o estádio, ampliada que foi pelo seu grande significado. Tite, o técnico da seleção brasileira, não estava lá. Assim que a bola chutada por Marquinhos acertou o travessão, ele levantou-se do banco e seguiu rapidamente para o vestiário, deixando seus jogadores entregues à própria dor[14].

Tite não é uma má pessoa. Seus amigos garantem que ele é bem-humorado e um dedicado pai de família[15]. Mas considero que a sua atitude enquanto líder, naquela hora difícil, foi incorreta. Vamos compará-la com a do técnico da seleção japonesa, Hajime Moriyasu. A seleção do Japão fez uma boa campanha no Catar,

---

11 Brasil Perde Chances, Leva Gol no Fim e é Eliminado pela Croácia nos Pênaltis. Disponível em: https://placar.abril.com.br/placar/copa-do-mundo-2022/croacia-e-brasil-09122022/.

12 Classificação – Copa do Mundo 2022. Disponível em: https://www.google.com/search?-q=tabela+final+copa+do+mundo+2022.

13 FRANCO, Giullya. Copa do Mundo Catar 2022. Disponível em: https://brasilescola.uol.com.br/educacao-fisica/copa-mundo-catar-2022.htm.

14 MELO, Marques. Após Derrota, Tite dá as Costas e Não Consola Jogadores Chorando. Disponível em: https://pleno.news/esportes/futebol/apos-derrota-tite-da-as-costas-e-nao-consola-jogadores-chorando.html.

15 Tite Ciumento e Viciado em Doce: o que Você não Sabe sobre o Técnico da Seleção Brasileira. Disponível em: https://natelinha.uol.com.br/copa-2022/2022/11/26/tite-ciumento-e-viciado-em-doce-o-que-voce-nao-sabe-sobre-o-tecnico-da-selecao-brasileira-190479.php.

derrotando forças tradicionais do futebol mundial, como a Alemanha e a Espanha. Mas não passou das oitavas-de-final quando perdeu também para a Croácia, e também na disputa de pênaltis.

Assim como fariam os jogadores brasileiros quatro dias mais tarde, os atletas japoneses caíram em lágrimas, desapontados com a derrota[16]. Mas Hajime Moriyasu não correu para o vestiário. Ficou em campo compartilhando do sofrimento de seus liderados. E não só com eles. Em um tocante gesto de humildade e empatia, Moriyasu caminhou até os torcedores japoneses que estavam no estádio, parou diante deles e fez uma profunda reverência[17]. Uma atitude na qual estavam juntos um pedido de desculpas, um agradecimento pela confiança e o desejo de diminuir a dor dos seus compatriotas.

Os sentimentos no mundo corporativo giram, hoje, muito mais próximos do sistema solar Moriyasu do que do complexo planetário Tite. Líderes precisam, agora, ser flexíveis, ágeis, resilientes, estarem sempre prontos para lidar com incertezas, problemas complexos e situações inéditas e serem capazes de transmitir essas habilidades para as suas equipes. Um bom líder não é apenas aquele que delega, dá ordens, mas o que se envolve de fato nos processos, participa ativamente na busca de resultados e, se estes não acontecerem da forma esperada, acolher seus liderados com encorajamento, feedback e orientação.

RACIONALIDADE E RESILIÊNCIA

Escrevi um artigo destacando a postura que as lideranças devem ter em situações difíceis[18]. Nele, eu digo que, quando o resultado planejado para algum trabalho é frustrado, sem que as metas desejadas sejam alcançadas, esse líder deve se manter fiel à sua função e criar as condições necessárias para uma rápida

16 ALMEIDA, William. *Eliminação do Japão é Marcada por Choro e Fim de Marca Histórica*. Disponível em: https://www.sambafoot.com/br/noticias/eliminacao-do-japao-e-marcada-por-choro-e-fim-de-marca-historica.

17 MONTEIRO, Thaynara. Hajime Moriyasu, técnico do Japão, se despede da Copa do Qatar com reverência; veja o que significa. Disponível em: https://www.sambafoot.com/br/noticias/hajime-moriyasu-tecnico-do-japao-se-despede-da-copa-do-qatar-com-reverencia-veja-o-que-significa.

18 *Postura de Líderes diante de Derrotas é Determinante para Novos Avanços*. Disponível em: https://administradores.com.br/noticias/postura-de-lideres-diante-de-derrotas-e-determinante-para-novos-avancos.

recuperação dos seus liderados. Nos momentos adversos, não pode haver um vácuo de liderança, pois é neste instante que as equipes mais precisam de força, racionalidade e resiliência para corrigir o rumo do trabalho.

Uma outra qualidade correlata, que é cada vez mais valorizada pelo mercado, é a proatividade. Quando as coisas não acontecem exatamente da maneira que gostaríamos, ser proativo é não se deixar abater diante das circunstâncias imprevistas e seguir adiante.

Acidentes de percurso estão cada vez mais presentes na nossa estrada. Diferentemente do futebol, no qual o apito final do juiz interrompe os fatos, nas empresas, as surpresas se apresentam sem pausa e sem dó. Se não formos proativos, não tivermos o desejo de levantar e o impulso de seguirmos em frente, não enxergarmos o que precisa ser corrigido e melhorado e nos colocarmos em ação é provável que nos tornemos pessoas amargas, derrotadas, reclamando pelos cantos e, por fim, paralisadas diante dos eventos desfavoráveis.

Houve, no passado, momentos em que um líder era valorizado exclusivamente pelas habilidades técnicas que possuía. Tê-las era considerado suficiente. Já não é mais assim. O skill técnico tornou-se quase uma commodity, algo obrigatório, o mínimo que um profissional deve oferecer. Nos tempos atuais, o que diferencia as pessoas são as suas habilidades comportamentais e emocionais.

Por exemplo, cada vez mais se valoriza um maior equilíbrio entre a vida privada e a profissional. Isso parecia não ser uma questão sobre a qual um líder ou gestor deveria se preocupar. O colaborador terminava o seu horário de trabalho e as lideranças não gastavam um segundo sequer pensando no que ele poderia estar fazendo, o que estaria comendo, se exercícios físicos faziam parte da sua vida ou se ele mantinha relacionamentos felizes.

EXISTÊNCIA EQUILIBRADA

É claro, não estou falando aqui que devemos seguir as pessoas que lideramos 24 horas por dia ou meter a colher nos seus afazeres particulares. Mas passou a ser atribuição dos gestores estarem atentos para como está o equilíbrio na vida de seus colaboradores. Eles estão correndo o risco de um burnout por excesso de trabalho? Têm uma vida saudável? Estão bem em seus relacionamentos, no trabalho e em casa?

Checar se os profissionais de seu time levam uma existência equilibrada é algo que pode ser feito de maneira indireta. Se, por exemplo, um colaborador se alimenta mal, trabalha em excesso, fuma, abusa do álcool ou de drogas, esses comportamentos terão reflexo na qualidade de suas entregas. Caso você perceba uma queda na performance no ambiente de trabalho, talvez seja o caso de chamar essa pessoa para uma conversa e verificar se há algo que esteja interferindo negativamente na vida dela. Se mudar esse quadro estiver ao seu alcance, você pode se propor a ajudá-la. Esta é uma atitude esperada de um líder.

Manter um olhar atento sobre as equipes é, portanto, uma conduta que está alinhada aos novos tempos. Isso inclui a atenção necessária para que as relações e entregas no ambiente de trabalho se deem de maneira harmoniosa e eficiente. O líder deve saber, além de manter uma boa comunicação, ver, ouvir e manter a empatia capaz de entender como está o humor de seu time. Como os gestores estão se relacionando com suas equipes? As entregas vêm sendo feitas obedecendo aos valores e propósitos da empresa?

LIBERDADE DE ATUAÇÃO

Outra atitude, ainda relacionada à empatia, mas que não deixa de lado o compromisso em proporcionar resultados financeiros sólidos para a organização, diz respeito a incentivar e dar espaço para as pessoas tomarem decisões e conduzirem suas atividades com autonomia. Se os resultados estão sendo satisfatórios, por que fazer exigências rígidas e burocráticas ao seu time? Cada um é capaz de encontrar o caminho que melhor lhe convém para desenvolver sua função.

Sempre caberá ao líder o papel de orientar e apoiar seu liderado. Isso sempre poderá ser feito sem sufoco e pressão. A ajuda deve ser dada, preferencialmente, quando o colaborador a solicitar, ou caso fique evidente que este está enfrentando problemas em sua performance. Em outras situações, em que os resultados esperados estão surgindo, a maneira como o trabalho está sendo desenvolvido não precisa ser excessivamente normatizada, conforme já falei. Ao contrário, a liberdade é prima em primeiro grau da criatividade e da inovação.

No ambiente de trabalho, sempre haverá algum grau de pressão. Prazos serão cobrados e resultados exigidos. No final do processo, a tensão é gerada pelo próprio mercado, no qual há concorrência, guerra de preços e disputas por talentos. Não há, portanto, como fugir disso. Cabe ao líder ser a primeira barreira protetora contra estas forças, tornando menos tenso o dia a dia dos seus profissionais. Ele deverá, sim, mostrar claramente a eles a relevância das demandas e metas estabelecidas e como podem lidar com essas pressões de fora. Mas sempre transmitindo isso de uma maneira proativa, propositiva, e nunca permitindo que o propósito daquela organização seja deixado de lado.

Ambientes de trabalho harmoniosos e pacificados são mais produtivos. Um dos seus melhores impactos é o de deixar as equipes mais predispostas à inovação. Inovar só é possível quando há a liberdade para que todos façam suas sugestões e a experimentação dessas ideias, sem medo de que sejam punidos ou tratados como ridículos. Dificilmente uma proposta de inovação surgirá completa, sem que sejam necessários ajustes. Para que isso aconteça, é preciso que alguém se sinta à vontade para dar o chute inicial. Se não marcar um gol, que o líder o incentive vivamente a continuar, sem nunca deixá-lo sozinho no campo.

O QUE FAZER?

Muitas organizações oferecem ações e programas voltados para o bem-estar de seus colaboradores, e até mesmo extensivos aos seus familiares. É algo que costuma sair caro, nem sempre ao alcance da maioria das empresas. Mas protagonizei uma experiência que me mostrou que nós, líderes, somos capazes de promover o engajamento dos colaboradores sem investir nada mais do que tempo e sendo nós mesmos o exemplo. Foi quando trabalhava no Instituto Butantan. Como sempre gostei e pratiquei esportes, algumas vezes um colega ou colaborador se juntava a mim para, por exemplo, jogar tênis. Nem todo mundo pratica tênis e, no Butantan, a adesão ocorreu na corrida. Nada foi premeditado. Eu comentava com alguém que iria dar uma corrida depois do trabalho. Às vezes, me viam deixando o terno no trabalho à noite e saindo para correr até minha casa. Ficavam surpresas, pois isso dava mais de doze quilômetros. Curiosas, elas começaram a me perguntar sobre este meu hábito. Algumas passaram a correr também. Propus que fizéssemos equipes de corredores. Encomendei camisetas com o logo da Fundação Butantan e as distribui aos interessados, que eram cada vez mais numerosos. Ao mostrar para as pessoas que era possível, também no ambiente de trabalho, praticar esporte e melhorar a saúde e a disposição, elas se entusiasmaram. Se alguém dizia não ter tempo para qualquer atividade física, eu contava sobre a minha rotina, que começava acordando às cinco e meia, fazendo uma corrida, levando os filhos para a escola e chegando no trabalho às oito e meia. Se não fosse possível, por qualquer motivo que fosse, fazia meu exercício à noite, deixando meu terno no trabalho e levando-o para casa no dia seguinte. Quebrei várias resistências assim. Boas ideias podem se espalhar muito mais rápido quando são validadas pelo exemplo dos líderes.

É importante verificar como você e o seu time lidam com pressões. Como se comportam quando não alcançam as metas? O que você, na posição de líder, considera que deve mudar em sua postura em relação à sua equipe para poder apoiar mais as pessoas, desenvolvê-las e ajudá-las a trabalhar com mais autonomia?

Lidere-se!

3

O poder de influenciar é diretamente proporcional à confiança que os outros vão depositar em você

Um dos mais divertidos sucessos gravados pelo cantor e compositor pernambucano Luiz Gonzaga (1912-1989) é o baião *Dezessete e Setecentos*. Composta em 1945, em parceria com Miguel Lima[19], a música foi regravada várias vezes pelo próprio Gonzaga[20] e, mesmo passadas quase oito décadas, ainda encanta pela sua musicalidade sertaneja e a engraçada letra, que fala de um desentendimento sobre o valor correto do troco devido em uma compra[21].

Considerado pelos críticos como o melhor entre todos os cantores-compositores de alma sertaneja e o mais importante músico já surgido no nordeste brasileiro[22], Luiz Gonzaga costumava oferecer letras leves e bem-humoradas nas suas criações. Neste *Dezessete e Setecentos*, o personagem discute com um provável vendedor por acreditar que, ao pagar o valor de três e trezentos Mil réis[23] com uma nota de vinte Mil réis, deveria receber dezessete e setecentos de troco.

---

19 ALBIN, Ricardo Cravo, Luiz Gonzaga. Disponível em: https://dicionariompb.com.br/artista/luiz-gonzaga/.

20 GONZAGA, Luiz, LIMA, Miguel, Dezessete e Setecentos. LP Xamego, RCA Victor, 1958. Disponível em: https://luizluagonzaga.com.br/dezessete-e-setecentos/.

21 GONZAGA, Luiz, Dezessete e Setecentos. Disponível em: https://www.letras.mus.br/luiz-gonzaga/1002955/.

22 ALBIN, Ricardo Cravo, *Luiz Gonzaga*. Disponível em: https://dicionariompb.com.br/artista/luiz-gonzaga/.

23 Desde o início da colonização do Brasil pelos portugueses, no começo do século XVI, o Brasil já utilizou nove diferentes padrões monetários. O primeiro foi o Mil réis, nome derivado do Real, moeda portuguesa vigente na época do Descobrimento. O Mil réis perdurou até 30 de outubro de 1942, quando um decreto do presidente Getúlio Vargas criou o Cruzeiro. Nas décadas seguintes, a alta inflação exigiu medidas econômicas radicais para controlá-la e, junto com elas, mudanças nos padrões monetários. Assim, seguiram-se o Cruzeiro Novo, em fevereiro de 1967; novamente Cruzeiro, em maio de 1970; Cruzado, em fevereiro de 1986; Cruzado Novo, em janeiro de 1989; pela terceira vez, Cruzeiro, em março de 1990; Cruzeiro Real, agosto de 1993 e; a partir de julho de 1994, Real, em vigor até o momento. Síntese dos Padrões Monetários Brasileiros. Disponível em: https://www.bcb.gov.br/content/acessoinformacao/museudocs/pub/SintesePadroesMonetariosBrasileiros.pdf.

Do outro lado do balcão, o interlocutor insiste, com razão, que o valor correto é de dezesseis e setecentos[24].

A discussão fica ainda mais hilária quando o comprador decide dar uma 'carteirada', para mostrar que tem instrução suficiente para saber que vinte menos três e trezentos é, indiscutivelmente, dezessete e setecentos, como se segue:

Sou diplomado/ Frequentei academia/ Conheço Geografia/ Sei até multiplicar/ Dei vinte mangos/ Pra pagar três e trezentos/ Dezessete e setecentos/ Você tem que me voltar.[25]

Luiz Gonzaga surgiu na minha memória quando escrevia este capítulo, no qual trato de como o nosso poder em influenciar os outros tem como base a confiança que as pessoas depositam em nós. Um pensamento foi puxado pelo outro, quando me recordei de um fato ocorrido há muitos anos.

GARÇOM ENGANADO

Era alguém que eu admirava e confiava. Estávamos em um restaurante e esse meu amigo foi quem pagou a conta. Naquela época, diferente de agora, ainda se usava dinheiro vivo nas transações comerciais. O troco veio. O garçom havia se enganado e dera dinheiro além do que era o correto. Este meu amigo percebeu o erro, esperou o garçom se afastar, comentou o equívoco comigo e, com um sorriso malandro, colocou tudo na sua carteira.

"Como assim, receber um dinheiro a mais, que não lhe era devido e não dizer nada?", eu pensei. Aquela atitude certamente prejudicaria alguém: o garçom, o gerente, o responsável pelo caixa, o dono do restaurante. Talvez o garçom fosse obrigado a pagar o prejuízo do próprio bolso. Aquele meu amigo não dedicou nem um segundo pensando nas consequências do seu ato. Só se importou consigo mesmo e os outros que se danassem.

Não é preciso dizer que toda a admiração, o respeito e a confiança que eu nutria por ele foram profundamente abalados. Naquele instante ele deixou de ser um exemplo a ser seguido e passei a vê-lo apenas como alguém egoísta e que tratava os outros com desprezo. Enfim, uma pessoa comum, vulgar, sem qualquer razão para ser admirada.

---

24 GONZAGA, Luiz, *Dezessete e Setecentos*. Disponível em: https://www.letras.mus.br/luiz-gonzaga/1002955/.

25 Idem.

Entre todas as sensações desagradáveis que esse episódio gerou na minha mente, considero a quebra da confiança como a mais corrosiva para um relacionamento. Outros deslizes, ainda que negativos, são contornáveis com o tempo. Negatividades podem ser produzidas por um mau dia para alguém, ou como consequência de um erro de julgamento. Afinal, todos nós estamos sujeitos a derrapadas comportamentais.

Mas ter a confiança em alguém, em uma instituição ou no governo destruída envenena relacionamentos pessoais e institucionais, emperra o nosso desenvolvimento pessoal, gera impasses e faz nascer suspeitas entre as pessoas, nos intimidando e desanimando diante das boas possibilidades que possam surgir.

E desconfiar parece ser uma postura bem brasileira. Um mau hábito que talvez esteja na raiz de outra mazela nacional: a dificuldade dos executivos e gestores do país em delegar poderes, conforme pesquisa realizada em 2018 pelo Fórum Econômico Mundial[26] e já citada por mim neste livro.

PÉ ATRÁS

Essa desconfiança foi igualmente medida em outro levantamento, este apresentado na capital americana, Washington, em janeiro de 2022, pelo Banco Interamericano de Desenvolvimento, o BID[27]. Com o título *Confiança: a Chave para a Coesão Social e Crescimento da América Latina e do Caribe*, em português, o trabalho coloca o Brasil em uma das mais baixas posições em todo o mundo no quesito confiança.

Aqui, mantemos o pé atrás diante das instituições, dos políticos, até mesmo em relação às pessoas com as quais nos relacionamos. Apenas 4,69% dos brasileiros teriam confiança no outro, um percentual que é ínfimo, diante da média mundial, 25%, e quase dez vezes menor do que os 41% registrados nos países pertencentes à Organização para a Cooperação e Desenvolvimento Econômico (OCDE), que reúne as nações mais desenvolvidas do mundo[28].

---

26 SCHWAB, Klaus. *The Global Competitiveness Report 2018*. Disponível em: https://www3.weforum.org/docs/GCR2018/05FullReport/TheGlobalCompetitivenessReport2018.pdf.

27 KEEFER, Phillip. SCARTASCINI. Carlos, *Trust: The Key to Social Cohesion and Growth in Latin America and the Caribbean* Disponível em: https://flagships.iadb.org/en/DIA2021/Trust-The-Key-to-Social-Cohesion-and-Growth-in-Latin-America-and-the-Caribbean.

28 Idem.

Uma outra pesquisa, essa qualitativa, divulgada em março de 2023 pela Corall Consultoria, de São Paulo, trouxe um quadro um pouco mais alentador[29]. Os resultados dos questionários distribuídos a 174 respondentes, mais da metade deles CEOs e executivos C-Level, apontaram para uma alta da confiança no ambiente de trabalho, o que sempre contribui para o desenvolvimento de empresas e criação de novas oportunidades.

No entanto, quando as respostas ao questionário foram compiladas, revelou-se uma "preocupante desconfiança na sociedade, imprensa, mídias sociais e **instituições políticas**, que prevê os três Poderes, e o que é muito grave, impactando negativamente a coesão social e governabilidade"[30]. Pela data em que foi realizada, a pesquisa da Corall certamente foi capaz de captar o tenso humor que invadiu os brasileiros ao longo de todo o processo eleitoral para a Presidência da República, em 2022. Neste processo, fake news, baixarias, violência e antagonismos radicais, vindos de todos os espectros políticos, tomaram o país de assalto.

Na apresentação dos resultados, a equipe da Corall discorreu, de maneira certeira, sobre a relevância da confiança em todos os aspectos da nossa vida. Veja o que eles disseram:

"A confiança é um pilar fundamental para o sucesso das relações interpessoais e institucionais em nossa sociedade. Ela desempenha um papel crucial no estabelecimento de um ambiente favorável ao desenvolvimento pessoal e profissional, à cooperação e ao alcance de objetivos comuns. Para aumentar a confiança entre as partes envolvidas, é essencial adotar medidas que promovam a transparência, a comunicação, a ética e a competência[31]."

Relações institucionais comprometidas, radicalização política, precarização na convivência entre as pessoas, prejuízos à competitividade no cenário mundial… todas essas graves implicações têm uma relação de causa e efeito com a falta de confiança, não tenho dúvida. Mas considero que a erosão da disposição em acreditar nas pessoas e nas instituições começa com pequenos arranhões na certeza que tínhamos na sua retidão. Como quando alguém decide não devolver um troco dado incorretamente.

---

29 Sondagem da Confiança nas Empresas, Disponível em: https://corall.net/.

30 Idem.

31 Idem.

INTENÇÃO E GESTO

O lado contrário também é verdadeiro. Costumamos admirar quem se mantém coerente entre o que diz e como, de fato, age no cotidiano, principalmente quando se depara com dificuldades e tentações. Aqueles que passam por esse crivo da realidade tornam-se pessoas com capacidade de influenciar os demais, firmam-se como verdadeiros influenciadores. Eles se apoiam sobre a sua personalidade e caráter, e não apenas em uma fútil autopropaganda, algo que se vê bastante nos discursos e nas mídias sociais.

O mesmo acontece no ambiente de negócios. Se uma organização apresenta seus valores e empenha-se para que os colaboradores os sigam, a coerência entre intenção e gesto será validada pelo comportamento da sua liderança. Valores que estão apenas no papel não têm, desculpem-me a redundância, valor algum. Papel aceita tudo que lhe escrevem. O importante é o que se faz, não o que se diz. Se o líder age de acordo com o que fala, conquistará a confiança de seus liderados e, portanto, terá inegável influência sobre eles.

Mas por que a confiança gera influência? A resposta a essa questão é quase intuitiva. Se você confia em alguém, irá acreditar que ela assumirá, com responsabilidade, a execução de tarefas relevantes e complexas. Ele será *liable*, conforme tratamos em capítulos anteriores. Ou seja, terá compromisso moral no que tange às suas obrigações. Portanto, se há a certeza de que a entrega virá, e que sempre será realizada com seriedade e honestidade, você estará disposto a aceitar as sugestões dessa pessoa, a seguir suas atitudes e emular os seus comportamentos. Enfim, se deixará influenciar. Simples assim.

TIRANOS E MALUCOS

Devemos sempre levar em conta que a confiança não é algo que é depositado exclusivamente naqueles dotados de bons princípios, sentimentos positivos e intenções construtivas em relação aos outros. A História nos traz uma imensa lista de tiranos e malucos que foram contemplados com uma fé cega e até suicida por parte dos seus seguidores.

Todavia sempre é possível nos mantermos longe deles. Em primeiro lugar, porque quem sustenta e divulga agendas prejudiciais, baseadas no ódio e na intolerância, ou na irrealidade dos fatos, não vai longe. Isso a História também mostra. E, ainda, porque devemos decidir quem merece a nossa confiança, levando em conta os nossos princípios e códigos morais. Quando estes esbravejam discursos ofensivos, agem com desrespeito às pessoas e equipes, demonstram indiferença aos desafios pelos quais a humanidade passa, devemos simplesmente ignorar esses personagens e as suas mentes negativas.

Analisar cuidadosa e profundamente em quem devemos confiar e levar em consideração as suas opiniões e exemplos é uma postura de grande importância. O filtro para o "sim" ou o "não" será sempre os nossos princípios, aquilo que nos faz sentir confortáveis e satisfeitos por sermos alguém significativo para os demais. Isso não tem a ver com confiança cega, alinhamento automático, subordinação emocional. Somos seres únicos, autônomos, temos o direito ao respeito e à liberdade de ação e de pensamento. Nossa relação com os demais deve ser de cooperação, empatia e amor. Nunca de submissão ou de dominação.

O QUE FAZER?

Façamos um preâmbulo, mostrando um lado de liderança tóxica para entrar no que devemos fazer. Comecemos pela pergunta: Por que muitos gostam de pessoas ruins? Posso apostar que você, alguma vez, já se perguntou sobre o porquê de as pessoas, eventualmente, admirarem, confiarem e seguirem líderes tóxicos, que têm propostas absurdas, irrealizáveis ou francamente cruéis. Os exemplos que vêm quase imediatamente à nossa mente são de mandatários políticos. O mais lembrado deles costuma ser o ditador alemão Adolf Hitler (1889-1945), que foi cultuado por milhões de pessoas e cujas ideias provocaram destruição de grande parte da Europa e uma indescritível quantidade de sofrimento, crueldade e mortes[32].

Outro exemplo é Josef Stalin (1878-1953), que comandou a extinta União Soviética por mais de três décadas. Stalin promoveu expurgos contra minorias e adversários políticos, que culminaram com a morte de 1,5 milhão de pessoas[33] e,

32 LUKACS, John; BULLOCK, Alan; BULLOCK, Baron, KNAPP, Wilfrid. Adolf Hitler, Dictator of Germany. Disponível em: https://www.britannica.com/biography/Adolf-Hitler/World-War-II.

33 ELLMAN, Michael. Soviet Repression Statistics: Some Comments. Disponível em: https://sovietinfo.tripod.com/ELM-Repression_Statistics.pdf.

no entanto, nas suas aparições públicas, era aclamado por seus concidadãos como "líder, professor e amigo"[34].

Não são apenas os políticos que frequentam esta lista sinistra. Líderes religiosos, como o norte-americano Jim Jones (1931-1978), também protagonizaram tais espetáculos de insanidade. Chamado de "reverendo" por seus milhares de seguidores, Jones fundou uma seita, *Templo do Povo*[35], que atraiu milhares de adeptos. No entanto, denúncias de maus-tratos, encarceramentos e até mortes fizeram com que ele se transferisse para a Guiana, acompanhado por muitas centenas de pessoas. Ali, ele construiu uma comunidade, protegida por guardas armados, chamada Jonestown.

Acusações continuavam a ser feitas contra o Templo do Povo e, em novembro de 1978, uma comitiva liderada pelo deputado federal pela Califórnia, Leon Ryan, e jornalistas foi até Jonestown verificar as condições em que viviam seus integrantes. Quando o grupo se preparava para embarcar de volta, em dois aviões, para a capital da Guiana, Georgetown, a 230 quilômetros de distância, capangas abriram fogo em uma emboscada, matando o deputado e quatro outras pessoas[36].

Um dos aviões, no entanto, conseguiu escapar. Jim Jones, prevendo que as autoridades guianenses viriam até a comunidade, conclamou os seus seguidores a cometerem suicídio, ingerindo um suco misturado a cianeto. Seu discurso final foi gravado: "Não tenham medo de morrer", ele disse. "Nós não estamos cometendo suicídio, mas um ato revolucionário, em protesto às condições inumanas do mundo."[37]. Um total de 909 pessoas, 304 delas com menos de 18 anos de idade, foram encontradas mortas, entre elas o próprio Jim Jones, pelas autoridades guianenses, no dia seguinte à emboscada[38].

---

34 GILL, Graeme. The Stalin Cult as Political Religion. Disponível em: https://sovietinfo.tripod.com/ELM-Repression_Statistics.pdf.

35 Mais de 900 Vítimas: Suicídio Coletivo Liderado por Jim Jones Completa 44 Anos. Disponível em: https://aventurasnahistoria.uol.com.br/noticias/reportagem/jim-jones-massacre--jonestown.phtml.

36 LATSON, Jennifer. The Jonestown Massacre, Remembered. Disponível em: https://time.com/3583781/jonestown-massacre/.

37 *Mais de 900 Vítimas: Suicídio Coletivo Liderado por Jim Jones Completa 44 Anos*. Disponível em: https://aventurasnahistoria.uol.com.br/noticias/reportagem/jim-jones-massacre--jonestown.phtml.

38 LATSON, Jennifer. The Jonestown Massacre, Remembered. Disponível em: https://time.com/3583781/jonestown-massacre/.

O professor universitário e especialista em Psicologia Organizacional, Ronald Riggio, enumera quatro razões que fazem com que as pessoas confiem e sigam líderes ruins[39]:

- **Fazemos uma leitura equivocada das suas qualidades** – Acreditamos que aqueles que consideramos líderes têm força e confiança em si mesmos, quando, na verdade, são pessoas arrogantes e narcisistas. E a história mostra que os tiranos sempre são muito arrogantes e narcisistas. Os grandes líderes são humildes e, por conhecerem suas limitações, procuram conselhos e ouvem outras pessoas.
- **Sofremos de preguiça cognitiva** – Isso quer dizer que temos a tendência a preferir tomar atalhos mentais, no lugar de analisar cuidadosamente o que nos dizem. E, a partir disso, tomamos decisões. Essa postura faz com que os maus líderes se eternizem no poder. Por exemplo, se eles se comportam mal, rapidamente acreditamos na sua explicação de que nada fizeram de errado e que receberam críticas por suas falas terem sido tiradas do contexto ou que são vítimas de perseguições políticas. Outro sintoma dessa "preguiça" é acharmos que outras pessoas que se opõem ao nosso escolhido sempre serão piores do que ele. Se o nosso líder é pego em um flagrante escorregão ético, contemporizamos dizendo que os políticos ou chefes "são assim mesmo".
- **Se ele traz resultados, então está tudo bem** – Sempre queremos que os líderes proporcionem coisas boas para nós. Contudo, não prestamos quase nenhuma atenção à maneira como eles agiram para que aqueles resultados fossem atingidos.
- **Uma parte de nós quer se sentir poderosa** – Os líderes que proporcionam para uma parte de nós o que queremos e acreditamos, mesmo que esses desejos e crenças sejam egoístas, excludentes e prejudiciais aos outros costumam gozar, mesmo assim, da nossa simpatia, apoio e admiração. Queremos estar do lado vencedor, nos sentirmos poderosos. Ao fazermos isso, sem escrúpulos, damos um voto de confiança a esses líderes e desconversamos quando nos mostram como eles são nocivos.

---

39 RIGGIO, Ronald, Why Do People Follow Bad Leaders? Disponível em: https://www.psychologytoday.com/us/blog/cutting-edge-leadership/201910/why-do-people-follow-bad-leaders.

O professor Ronald Riggio explica o que faz de alguém um bom líder. São, também, quatro pontos: 1) bons líderes não provocam divisão, mas unem as pessoas; 2) eles atingem resultados, mas limitam ao máximo os efeitos danosos que as suas decisões podem causar, como, por exemplo, provocar estresse ou danos ao ambiente; 3) dividem sua liderança com os seus seguidores e se preocupam em desenvolvê-los como futuros líderes e; 4) Se deixam a organização em que se iniciaram como líderes, a entregam em um estado melhor do que aquele quando começaram.

Assim, como líder, você deve buscar o que pode fazer para melhorar a confiança entre o seu time e você, e a confiança entre os membros do grupo. Se você acha que tem dificuldade em mobilizar sua equipe, em conseguir sua colaboração e comprometimento para projetos importantes, o que estaria acontecendo? O que você *poderia mudar em sua postura enquanto líder?*

Dê exemplo!

4 Comunicar bem é mais do que se fazer entender, mas uma eficiente forma de engajar e encantar pessoas

A psicóloga Julie Exline nasceu em Alpena, uma pequena cidade no estado americano de Michigan, nas margens do Lago Huron, um dos cinco vastos corpos d'água que formam a região dos Grandes Lagos, na fronteira nordeste dos Estados Unidos com o Canadá. Alpena sofre com a falta de empregos. Grande parte da força de trabalho local está na folha de pagamentos de uma única empresa, uma fábrica de cimento[40].

A modesta economia da cidade é, certamente, a grande razão para que a sua população, atualmente de 10 mil habitantes, venha diminuindo sistematicamente desde a década de 1970[41]. O clima também traz seus desafios. Em janeiro, o mês mais gélido na região, a temperatura varia entre congelantes - 2º e - 10º C[42].

Julie Exline foi uma das alpenianas que deixou sua cidade natal. Estudou em uma universidade em Long Island, próximo a Nova York. Tentou uma carreira na área de TI, a qual abandonou para tornar-se psicóloga[43]. A escolha mostrou-se acertada. Julie, além de clinicar como psicóloga, tornou-se professora no Departamento de Ciências Psicológicas na Case Western Reserve University[44], em Cleveland, no estado de Ohio, também na região dos Grandes Lagos. Suas pesquisas têm como foco "conflitos espirituais e compromissos supra-humanos". Julie também coautorou um livro[45], ainda sem tradução para o português.

Não li a sua obra. Também não a sigo nas redes sociais. Julie Exline me chamou a atenção pelo que escreveu em um artigo, que caiu ao acaso nas minhas

---

40 EXLINE, Julie J.. Embracing the Shadow…but Pursuing the Light. Disponível em: https://www.apadivisions.org/division-36/publications/blog/shadow-light.

41 Decennial Census of Population and Housing. Disponível em: https://www.census.gov/programs-surveys/decennial-census.html.

42 Climate and Average Weather Year Round in Alpena. Disponível em: https://weatherspark.com/y/16645/Average-Weather-in-Alpena-Michigan-United-States-Year-Round.

43 EXLINE, Julie J.. Embracing the Shadow…but Pursuing the Light. Disponível em: https://www.apadivisions.org/division-36/publications/blog/shadow-light.

44 Case Western Reserve University. Disponível em: https://case.edu/.

45 PARGAMENT, Kenneth I., EXLINE, Julie J., Working with Spiritual Struggles in Psychotherapy: From Research to Practice. Nova York: The Gilford Press, 2021.

mãos, no qual discorre sobre o grande poder que o encorajamento é capaz de exercer sobre as pessoas[46].

AULA DE SURFE

Esse importante tema foi tratado com a habilidade de uma boa escritora, ao vincular o assunto a uma singela experiência pessoal. O fato se deu em uma viagem ao Havaí, quando Julie, talvez fugindo daquele frio dos Grandes Lagos, se dispôs a aprender a surfar. Desajeitada, sem o condicionamento físico necessário e nenhuma familiaridade com o mar, conforme ela mesma reconheceu[47], Julie imaginava que as aulas de surfe seriam uma sucessão de tombos, sentimentos de frustração e, principalmente, demonstrações de impaciência e tédio por parte do instrutor.

No entanto, embora as quedas tenham sido de fato numerosas, a experiência mostrou-se o oposto dessas previsões negativas. O instrutor, ou melhor, uma jovem instrutora, foi gentil, paciente e atenta o tempo todo para evitar que Julie corresse qualquer risco, e tomasse gosto pelo aprendizado. Diante de qualquer progresso da sua aluna, por mais modesto que este fosse, a instrutora estava sempre pronta a comemorar com efusão e palavras de incentivo.

No surfe, deitado na prancha, você precisa remar com as mãos, para equalizar sua velocidade à da onda. Na sequência, é preciso levantar o corpo com o auxílio dos braços e ficar de pé, controlando com passadas para frente e para trás, o equilíbrio e o ângulo da prancha com o fluxo da água. Não é algo fácil para principiantes.

Sem flexibilidade corporal e pouca força muscular, Julie não conseguia executar esses movimentos. “Quando minha instrutora percebeu minhas dificuldades, ela, sem dizer nada, gentilmente prendeu o seu pé na minha prancha e começou a me rebocar pelas ondas”, Julie escreveu em seu artigo.

“Aquilo poderia ter me deixado envergonhada, com meu ego ferido e, assim, tornar toda aquela experiência negativa.” Mas a atitude da jovem professora quebrou qualquer desconforto. “Quando começou a me rebocar, ela disse algo

46 EXLINE, Julie I. *The Quiet Power of Encouragement*. Disponível em: https://www.psychologytoday.com/intl/blog/light-and-shadow/201311/the-quiet-power-encouragement.

47 Idem.

parecido com: 'Ótimo, eu preciso mesmo praticar essa manobra, e, além disso, é um bom exercício para a minha perna.'"[48]

Julie concluiu seu texto garantindo que a instrutora foi movida, o tempo todo, pelo único desejo de ajudá-la e encorajá-la. Ela comemorou todas as suas conquistas no controle da prancha e, no lugar de apontar os erros cometidos, assinalava o que Julie havia feito de correto. Em seguida, explicava qual seria o próximo passo a ser dado. "O que ela fazia era esperar pela próxima boa onda, aí empurrava com suavidade a minha prancha à frente, seguia ao meu lado me instruindo sobre o que fazer e, no final, comemorava os meus acertos".

INCENTIVAR O CRESCIMENTO

Saber encorajar o próximo é uma das melhores características daqueles que exercem uma comunicação eficiente, tema deste capítulo. Estejam eles à frente de uma poderosa multinacional ou ganhando a vida como instrutoras de surfe, sempre será digno de admiração o líder que coloca a sua comunicação como instrumento para facilitar o crescimento, as conquistas e o bem-estar dos outros. No âmbito corporativo, a comunicação é igualmente essencial para que as pessoas sejam capazes de performar de maneira satisfatória e competente.

Quando há uma comunicação clara e autêntica nas empresas, o time será capaz de entender e executar eficientemente as tarefas que lhe foram explicadas. O líder terá sua competência comprovada caso seja capaz de comunicar o propósito da organização e deixar bem entendida a conexão entre este propósito e as ações a serem feitas pelos seus liderados. Estes saberão exatamente o que se espera deles e, assim, investirão com eficiência e confiança a sua energia e expertise no trabalho que executam.

A assertividade da comunicação de um líder é que tornará possível a coordenação e o ajuste entre as áreas da empresa. Como se fossem engrenagens que precisassem se encaixar na mesma velocidade para produzir o trabalho e resultado esperados. Se uma girar velozmente e outras estiverem paradas ou rodando com lentidão, o que virá será somente atrito, sem qualquer significado.

Podemos avaliar, no exemplo a seguir, os diferentes resultados que uma boa e uma má comunicação podem trazer para um empreendimento. Vamos imaginar

48 Ibidem.

que eu seja o responsável pelo departamento financeiro de uma empresa. Um belo dia, o CEO me chama à sua sala e diz que surgiu um importante pedido de um cliente para um projeto na área de TI. Trata-se de uma concorrência e outros fornecedores também estão sendo consultados pelo cliente. Por essa razão, o prazo de entrega é um fator crítico.

A missão que ele me passa é a de orçar os recursos que seriam necessários investir para fazermos o trabalho, assim poderíamos compor o custo do projeto. Ok, sei como fazer isso, eu respondo. Com os dados na mão, em dois dias, entrego o orçamento. Antes, no entanto, é preciso que a área de TI me informe o quanto irá necessitar, em horas de trabalho, para os ajustes dos softwares requeridos pelo cliente. Converso com eles menos de uma hora depois e pergunto quando me darão essa informação. Dali a quatro dias, me respondem.

Recorro, pouco tempo depois, ao líder de TI e ele me explica que depende da colaboração da área de qualidade para uma precisa mensuração dos equipamentos necessários e das horas de trabalho. Como o time de qualidade está empenhado em outro trabalho, ele só conseguirá atender ao pedido do TI em 2 dias e a equipe de TI, por sua vez, precisará de mais 2 dias para organizar as informações que comporão a proposta.

MUDAR PRIORIDADES

O CEO não pode esperar seis dias. Perderemos o prazo dessa maneira. Ainda bem que a comunicação fluiu e estamos ainda no primeiro dia. Há tempo de mudar as prioridades da área de qualidade e diminuir o prazo para um dia. O CEO faz uma reunião com a TI, consegue remanejar tarefas e, assim, eu terei a resposta deles também em um dia. No final, com todos na mesma página, entregaremos a proposta redonda em quatro dias, respeitando, com folga, o prazo solicitado pelo cliente.

Mas, sem uma comunicação afiada, o que poderia acontecer? Saio da mesma reunião com o CEO. Preciso saber com a TI sobre os recursos necessários. O líder da área não está. Deixo um recado explicando a situação e enfatizo a urgência de uma resposta. No dia seguinte, me dizem que precisariam daqueles dois dias, sendo que um já passou sem que tivéssemos avançado nem um centímetro. No final do dia, pergunto se entraram em contato com o pessoal da qualidade. "Puxa, é mesmo, vou falar com eles."

Sinto o odor desagradável de atraso no ar e vou até o CEO. Para a minha surpresa, constato que ele nada havia informado às outras áreas. No final, só resta a correria. As pessoas terão de atravessar a madrugada para não perder o prazo. Todos estarão tensos. Dois dias passaram sem que nada acontecesse. As perspectivas não são nada boas.

Situações como essas não são uma mera invenção minha. Elas existem e já as testemunhei em empresas em que trabalhavam conhecidos. A falta de comunicação é fatal. Não podemos permitir que ela seja falha, nem mesmo nas nossas relações pessoais.

Dificilmente, embora não seja impossível, alguém chegaria ao cargo de CEO com uma má comunicação, como a do exemplo que eu descrevi. No entanto, cabe ao líder não apenas ser capaz, pessoalmente, de se comunicar, como também de proporcionar condições para que a equipe desenvolva a capacidade de uma comunicação eficiente.

BONS FEEDBACKS

Uma das maneiras de garantir que o time se mantenha afiado é o seu líder dar bons feedbacks aos membros de seu time. Dar e receber feedback é um dos principais pilares da comunicação. Com eles, é possível oferecer orientações positivas, mesmo quando tratam de uma crítica ao desempenho ou ao comportamento de alguém. A análise feita com uma intenção honesta ajudará as pessoas a se aprimorarem[49].

Sempre acreditei e pratiquei essa crença, quando estive à frente de equipes, de que uma organização deve manter uma total abertura para que os seus colaboradores possam se expressar em todas as instâncias e momentos. Tal crença não impede que eu considere fundamental termos sessões formais de feedback entre líderes e liderados. Deve haver uma reunião específica para conversarmos sobre os resultados alcançados. Nela, devem ser feitas críticas visando ao treinamento e desenvolvimento do profissional, elogios e dadas orientações de como atuar.

De novo, no dia a dia, sempre é possível, e desejável, enaltecer comportamentos e resultados ou fazer sugestões de melhorias. Entretanto esses feedbacks, se forem restritos à informalidade, tenderão muito mais a festejar boas atitudes,

49 RABELLO, Guilherme. *Feedback: Saiba o que é, como Fazer e por que Ele é Importante?* Disponível em: https://www.siteware.com.br/gestao-de-equipe/feedback/.

deixando as intervenções voltadas para a correção de rumos em último plano. Agindo assim, um líder empobrecerá a sua comunicação, mesmo que esteja sempre dizendo coisas agradáveis e divertidas no trabalho.

Aliás, falar muito pode ser um desafio. A inimiga mais evidente da boa comunicação é a prolixidade. Esta se manifesta com a incapacidade de sintetizar um pensamento e transmiti-lo aos outros ou com uma fala propositadamente pomposa e exagerada pela vaidade. Pessoas prolixas tentam passar a impressão de que dominam um assunto ou que têm informações e conhecimentos que não estão ao alcance da equipe. Mas isso quase nunca é verdade. Quando expõem seus pontos de vista, esses líderes prolixos ou de linguagem rebuscada não costumam admitir apartes ou discussões, muito menos discordâncias. Não costumam estar abertos para ouvir o outro e não costumam ir muito longe em suas trajetórias.

O QUE FAZER?

O que não pode ser dito – Transparência, franqueza e dividir informações com a equipe são atitudes indispensáveis em uma comunicação competente. Ninguém irá duvidar disso. No entanto, há momentos em que você, líder, terá de guardar apenas para si dados e conhecimentos sobre o negócio que são estratégicos e, portanto, sigilosos. Nem mesmo aqueles liderados mais próximos poderão ter acesso a tudo o que você sabe.

Situações como essas não são raras no contexto empresarial. Há informações que são estratégicas, como o lançamento de um novo produto ou serviço, ou a aquisição de um concorrente. Caso cheguem ao conhecimento do mercado, poderão prejudicar ou impedir o sucesso dos negócios e mesmo causar perdas graves. Há, também, a possibilidade de a sua organização ter um compromisso com terceiros de manter sigilo sobre algum assunto, e isso deve ser respeitado.

Em muitos casos, seus profissionais vão fazer perguntas, ao perceberem que você não está divulgando algum dado. Não há porque evitar uma resposta direta e franca nesses casos. Deve-se explicar que, sim, há informações que você não irá repassar, por serem sensíveis e estratégicas. Mais adiante, é provável que algumas deles possam ser divulgadas, você poderá dizer.

O ponto central é tratar o assunto com transparência e leveza. Nem tudo pode ser dito, e isso não significa que você ou a organização não confiam nas pessoas ou não estejam sendo transparentes. Afinal, você informou, de maneira límpida, que não pode, naquele momento, divulgar toda a informação. Há processos estratégicos que devem ser mantidos em segredo, e os demais devem confiar quando você diz que tal sigilo é importante, inclusive para que a organização se mantenha competitiva, saudável e capaz de continuar a manter todos os colaboradores. No final, a confiança e a aprovação da sua atitude serão o resultado do comportamento alinhado aos valores corporativos com o qual você sempre se pautou.

Portanto, você deve se perguntar sempre como avalia a qualidade de sua comunicação. Como os colaboradores de seu time recebem os feedbacks que você fornece a eles individualmente? Ao se comunicar, o quanto de atenção e cuidado você destina à escolha das palavras, ao tom de voz e à linguagem corporal que está transmitindo? Considerando que a comunicação é uma das principais habilidades de um líder, o que você tem feito para melhorar a maneira como se comunica com diferentes stakeholders no seu dia a dia?

Comunique-se!

5

Não se nasce líder, mas é possível tornar-se um deles desenvolvendo habilidades como boa comunicação, escuta, empatia e humildade

Ao longo da minha carreira, já assisti a vários tipos de líderes em ação. Grande parte deles agia de maneira correta e respeitosa em relação aos colaboradores. Com eles, aprendi lições poderosas, que me moldaram como líder. Entretanto, houve alguns poucos que assumiram condutas lamentáveis. Gritavam, eram irônicos e sarcásticos, feriam as pessoas com a sua agressividade e desdém. Estas pessoas também me deram preciosos ensinamentos, desde que fossem aprendidos pelo lado avesso, de como eu nunca deveria exercer uma posição de liderança fundamentada na opressão e na desconsideração sobre os demais.

Um episódio desse mau comportamento ficou guardado em minha memória. Não vou revelar nomes. Era uma reunião na qual o CEO estava presente. Este perguntou ao representante do departamento comercial sobre uma taxa de custo específica, algo que o colaborador supostamente deveria saber. No entanto, ele não conseguiu responder.

O CEO foi extremamente agressivo. Na frente de todos que estavam à mesa, começou a execrar o colaborador. "Como você não consegue responder? É sua obrigação saber disso!" Aquilo soava tão errado, tão humilhante, que eu não pude me conter e tentei intervir em socorro do representante comercial. "Você fica quieto! E é ele que vai responder!", o CEO me segurou, não permitindo que eu falasse mais nada.

A reunião finalmente acabou. O clima era péssimo. Todos estavam cabisbaixos, evitando olhar uns para os outros. Nos levantamos e, assim que saímos da sala, o comercial veio até a mim. Ainda abalado, me agradeceu por eu ter tentado ajudá-lo naquela situação tão constrangedora.

Tudo aquilo me pareceu tão brutal que eu não tive ânimo de ir até o CEO para conversar sobre o que havia acontecido naquela reunião. Em outra ocasião, me sentiria à vontade para sugerir que ele fosse mais contido no trato com os colaboradores.

O que ficou desse episódio? É claro que o ambiente não se tornou mais afável, nem mais produtivo. Depois daquilo que aconteceu, e em poucos minutos, toda a empresa estava a par daquela explosão de ira do CEO, o relacionamento do time com a direção mudou para pior. Quem iria se arriscar a falar qualquer coisa, sabendo que poderia ser humilhado publicamente e ser obrigado a ouvir insultos calado?

TOLO PRAZER

Líderes que agem dessa maneira agressiva e arrogante podem ter até o tolo prazer de se sentirem poderosos e temidos pelos demais. Mas nunca conquistarão o respeito dos colaboradores. No máximo, conseguirão deixá-los amedrontados. E, como eu disse, o time não irá fluir, ninguém terá vontade de expor suas ideias ou de cooperar para o crescimento da empresa. Os que tiverem a oportunidade de mudar de emprego farão isso, rapidamente. Aqueles que não conseguirem outras oportunidades continuarão ali, tolhidos na sua criatividade, calados e infelizes.

É preciso separar muito bem o que é desenvolver uma liderança legítima do que é conquistar uma posição de mando pela força. Neste livro, quando falamos sobre liderança, sempre nos referimos àquela que é legítima, que tem como base o autoconhecimento e a determinação de orientar-se por valores. A partir do momento em que somos capazes de pensar, agir e sentir de uma maneira alinhada com os nossos valores, aí sim poderemos nos tornarmos líderes coerentes e, portanto, admirados pelos demais. Só teremos uma carreira significativa se conquistarmos a confiança do time. Isso nunca virá com o uso da força, da pancada, da intimidação.

Haverá momentos em que as circunstâncias irão exigir ações assertivas e determinadas da nossa parte. Talvez seja necessário chamar a atenção, com rigor, de alguém que não esteja correspondendo às expectativas ou até mesmo demitir. Atitudes assim não costumam trazer satisfação para ninguém. O bom mesmo é elogiar, promover as pessoas, aumentar salários. Contudo saber manejar situações tensas também é algo que um líder competente deve ser capaz de fazer. Sobre isso falarei mais adiante, neste capítulo.

LÍDER DE SI MESMO

Considero que o primeiro estágio da aprendizagem em como ser um bom líder é saber liderar a si próprio. Não estou fazendo um mero jogo de palavras. Ser o próprio líder é exercer restrições sobre si mesmo, ter uma disciplina que enfrente e supere condutas ruins, como a preguiça, a procrastinação e a dificuldade em cumprir prazos acertados. É, ainda, exigir de si mesmo um nível de excelência nas suas entregas.

Se você consegue superar essas mencionadas posturas negativas, que estão sempre a nos rondar, já terá caminhado uma grande distância na direção das virtudes e de ser um líder de pessoas. Produzi um texto sobre essa, podemos chamar, autoformação (ele está disponível no link da nota de rodapé)[50]. Usei como exemplo de alguém que tem as qualidades desejáveis a um líder, um personagem fictício: Floki, o construtor de navios no seriado *Vikings*, escrito pelo roteirista inglês Michael Hirst e exibido pela Netflix[51].

Floki, vivido na série pelo ator sueco Gustaf Skarsgård, é, nitidamente, alguém que, ao desenvolver uma carreira em "Y"[52], optou por aperfeiçoar-se continuamente no seu ofício de construtor de barcos. Deixando de lado qualquer desejo de se tornar um líder, ele não quer dar ordens para outras pessoas, nem comandar equipes. Se depender dele, jamais estará à frente de algum empreendimento.

Esse construtor de barcos torna-se um líder de si mesmo, na medida em que cumpre os prazos acertados; constrói navios com alto nível de excelência e tem amor pelo que faz. Em mais de uma ocasião, ele garante ao rei Ragnar Lodbrok, representado na série pelo ator australiano Trevis Fimmel, que iria produzir os melhores barcos capazes de navegar, explorar e guerrear, o que indica seu completo compromisso com os propósitos viking. Alinhamento com propósitos é uma qualidade indispensável a um líder.

FORÇA DO DESEJO

O seriado *Vikings* não foi produzido com o intuito de discutir como desenvolver carreiras de sucesso. No entanto podemos arriscar que Floki, embora um competente líder de si mesmo, provavelmente não viraria um grande condutor de pessoas. Digo isso, pois, embora acredite que qualquer pessoa possa se

50 BONOLDI, Uranio. Carreira em Y: por que Profissionais Dispensam Cargos de Liderança? Disponível em: https://www.uraniobonoldi.com.br/blog/carreira-em-y-por-que-profissionais-dispensam-cargos-de-lideranca/.

51 ZULIANI, André. Vikings Faz 10 Anos: Desacreditada, Série teve Vida Longa e Virou Hit. Disponível em: https://tangerina.uol.com.br/filmes-series/vikings-10-anos-serie/.

52 Carreira em Y se refere ao profissional que, em determinado ponto da carreira, pode seguir duas direções no seu desenvolvimento dentro da empresa (como uma via que se bifurca, daí a representação gráfica com um Y): ou torna-se um líder ou se aprofunda em uma especialidade. FURBINO, Isabella. O que é Carreira em Y e quais os Benefícios para a Empresa? Disponível em: https://tangerino.com.br/blog/o-que-e-carreira-em-y/.

desenvolver como um líder, a primeira exigência é que ela goste da ideia e deseje fortemente tornar-se o comandante daqueles que estão no mesmo empreendimento. Floki, com todas as suas habilidades, preferia ficar quieto em seu canto, solitário, construindo bons barcos. Os outros que dessem ordens.

Além de desejar uma posição de líder, é preciso também ir além das habilidades técnicas. Qualidades como desenvolver uma boa comunicação e dar feedbacks construtivos; ter disposição e paciência para orientar e ajudar o time no enfrentamento dos problemas no dia a dia; não procrastinar; ter disciplina; gostar de pessoas e ser empático, quando não inatas, podem ser treinadas e até mesmo aprendidas em cursos formais.

Eu não me arriscaria a dizer qual, entre essas qualidades, é a mais relevante. Todas me parecem necessárias e indispensáveis. No meu caso, o fato de ter desenvolvido a habilidade em me comunicar foi a responsável por bons momentos que vivi na condição de líder. Por exemplo: eu sempre busquei melhorar a minha escuta ativa, que é a capacidade de ouvir as pessoas com atenção e interesse, criando um diálogo em que as visões dos outros tenham espaço para serem expressas e apreciadas com respeito e atenção[53]. Sim, talvez a boa comunicação seja a característica fundamental de uma boa liderança.

Transmitir de maneira precisa as informações e o que deve ser feito à equipe possibilitará que os colaboradores deem o seu melhor. Saber escutá-los é, também, a única maneira de corrigir eventuais desvios e otimizar a performance geral, inclusive a sua própria. A combinação da responsabilidade com a solidariedade nos fará estar sempre ao lado do time quando surgirem assuntos graves, os quais devemos enfrentar de maneira rápida e firme. E, finalmente, mas não menos importante, é nossa obrigação dividir o eventual sucesso com os demais e a assumir as consequências, sejam elas quais forem, das nossas ações.

O QUE FAZER?

Decisões desagradáveis – Não há, na carreira de líder, como evitar ter de tomar, algumas vezes, resoluções que irão causar dor e desconforto aos outros. Chegará o momento em que você terá de chamar, formalmente, a atenção de

53 CAMPOS, Kiko. Escuta Ativa: O que é, Vantagens e como Aplicar na sua Empresa em Apenas 3 Passos. Disponível em: https://www.poderdaescuta.com/escuta-ativa-o-que-e--vantagens-e-3-passos-para-aplicar/.

alguém que não está agindo de acordo com as expectativas. Igualmente, passará por casos em que alguém se sentirá frustrado, e até com certo rancor, por você ter promovido um dos seus colegas, deixando-o no mesmo cargo. Demitir também será uma decisão que, em algum momento, estará sobre a sua mesa.

Se alguém se comporta de maneira desrespeitosa com os colegas ou comete alguma desonestidade, demitir essa pessoa parecerá, aos olhos de todos, como uma consequência natural de uma conduta inadequada no trabalho, algo que até mesmo aquele que infringiu as normas poderá entender. No entanto, as circunstâncias também podem nos obrigar, quando no papel de líder, a dispensar os serviços de pessoas das quais gostamos, ou contra as quais não temos qualquer dificuldade de relacionamento. Isso é algo que costuma ocorrer quando há a necessidade de cortes de salários para diminuir as despesas com pessoal.

Eu enfrentei estes dois casos e, em todos esses momentos, sempre agi de uma maneira semelhante. Em primeiro lugar, sempre advertia aquele colaborador que o seu comportamento não estava alinhado com os valores e objetivos da empresa. Explicava de maneira clara quais eram os pontos conflituosos e ouvia, com atenção, as explicações e razões da pessoa sobre o porquê de estar agindo daquela maneira ou, muitas vezes, não estar agindo de forma alguma, exigindo, com a sua inação, um esforço extra dos colegas.

Ao final da conversa, eu fazia sugestões para que novas atitudes fossem tomadas, tentava acertar com aquele colaborador um compromisso de que ele mudaria o seu comportamento e dizia que estaria observando como ele passaria a atuar a partir daquele momento. Caso houvesse uma mudança real de atitude, daria o assunto como superado e a vida voltaria ao normal. No entanto, se os conflitos e as inconformidades voltassem a acontecer, eu avaliaria se teria alguma eficácia uma nova conversa ou se a melhor decisão seria o seu desligamento.

Vou contar um fato real em que estive envolvido, para ilustrar o que está sendo dito aqui. É um fato que soa banal, mas compromete o trabalho de grande parte da equipe. Em uma das oportunidades em que fui líder em uma grande empresa, tínhamos duas advogadas na equipe. Um dia, uma delas se atrasou por várias horas. Havia uma reunião importante, na qual a sua presença era necessária, e ela não apareceu para o encontro. Quando finalmente chegou ao escritório, veio até a minha sala e me contou que tivera um problema com o seu cão, por isso não conseguira chegar a tempo. “Ah, seu cão, mas está tudo bem agora com ele?”, perguntei. Sim, estava tudo bem.

Alguns dias mais tarde, um atraso tão grande quanto o primeiro. De novo o motivo era o pobre do cão dela. “Não tenho com quem deixar o cachorrinho, mas agora coloquei uma câmera e posso vê-lo do escritório.” Fiquei surpreso com aquela informação. “Mas você deixa o cachorro o dia inteiro sozinho em casa? Não tenho nada a ver com isso, mas me parece um grande problema, pois nem você consegue focar sua mente no trabalho, nem o seu cachorro está feliz.” Foi quando ela começou a chorar. “Não estou tentando recriminá-la ou fazê-la sofrer ainda mais, mas este é um problema que precisa ser resolvido”, eu disse. Todavia a questão não foi solucionada, houve mais atrasos. Esse drama se estendeu por quase três meses. Finalmente, não houve outra saída a não ser dispensá-la da empresa.

É preciso que essa atitude seja bem compreendida. A advogada não foi demitida por causa de um cachorrinho, ou porque eu considerava que ela tratava mal os animais. Seus seguidos atrasos e a falta de concentração no trabalho sobrecarregaram não só a sua colega advogada e outros colaboradores, como também provocaram um mal-estar em todos os que conheciam aquela situação. Afinal, não havia ali quem não enfrentasse seus próprios desafios particulares e, mesmo assim, estavam pontualmente no trabalho, cumprindo suas funções. Fechar os olhos àquela má performance da dona do cachorrinho não seria algo justo com os demais colaboradores. Não tomar qualquer providência em relação àquela dificuldade seria uma grave omissão da minha parte, líder naquela empresa. Claro, não fiquei feliz em decidir dispensá-la da empresa, mas nunca tive dúvidas de que agi de maneira profissional e com compromisso com a equipe e a própria empresa.

Portanto você deve estar atento e sempre procurar avaliar a sua postura enquanto líder. Em quais pontos você precisa se desenvolver para ser um melhor líder para a sua equipe? Você dá feedbacks sempre que necessário para os membros de seu time? Como faz isso? Em situações complexas e problemas desafiadores, você atua junto com o seu time para encaminhar soluções? O quanto você tem apoiado e orientado as pessoas que trabalham com você, para serem profissionais cada dia melhores no desempenho de suas funções?

Desenvolva-se!

6 Iniciativa, engajamento, persistência e propósito são qualidades comuns às equipes extraordinárias

Muitos times de alta performance, que atingiram resultados notáveis em algum momento da História, tornaram-se objeto de estudo por parte dos especialistas em gestão de pessoas. Há vários deles, e nas mais distintas áreas de atuação. A equipe responsável pelo voo espacial norte-americano Apolo 11, que colocou, em 1969, os primeiros astronautas na Lua foi um deles. E dos maiores já organizados. Calcula-se que o seu trabalho envolveu mais de 400 mil pessoas, direta ou indiretamente[54].

Já um grupo bem menor, no máximo uma dezena de cientistas ingleses, decidiu fundar, em 1660, o que eles chamaram, à época, de a "universidade invisível"[55], um espaço de debates sobre descobertas e avanços científicos. Relevante até nos dias atuais, ao longo dos seus mais de 360 anos de existência, a *Royal Society of London* vem brilhando fortemente, iluminada pela energia de seus integrantes. Por ali, passaram estrelas como o matemático e astrônomo Isaac Newton (1642-1727), o cientista Benjamim Franklin (1706-1790), o explorador James Cook (1728-1779), o naturalista Charles Darwin (1809-1882), os físicos Albert Einstein (1879-1955) e Stephen Hawking (1942-2018)... e outros 8 mil homens e mulheres ligados à ciência[56].

Há equipes de alta performance em áreas que se estendem além das ciências e da tecnologia. O esporte traz bons exemplos disso. Um dos melhores neste quesito é o da seleção brasileira de futebol, que conquistou o tricampeonato na Copa do México, em 1970, tornando-se um ícone mundial, graças a atletas do porte de Pelé, Jairzinho, Tostão e Rivelino[57].

Entre todos, é provável que o time mais internacional já formado seja aquele que abastece com artigos, vídeos e imagens a Wikipedia, a enciclopédia online

---

54 ALLEN, Victoria. Teams that Changed the World (Team Cases Study). Disponível em: https://www.workstyle.io/top-performing-team-case-studies.

55 History of the Royal Society. Disponível em: https://royalsociety.org/about-us/history/.

56 Idem.

57 México 1970: Conheça os 22 Heróis na Conquista do Tri da Copa do Mundo. Disponível em: https://www.espn.com.br/futebol/artigo/_/id/7061703/mexico-1970-conheca-os-22-herois-na-conquista-do-tri-da-copa-do-mundo.

multilíngue, disponível gratuitamente na Internet[58]. Sua performance é extraordinária. Trata-se de uma equipe global, composta por falantes de 333 diferentes línguas. Desde 2001, quando a Wikipedia foi lançada, até maio de 2023, seus colaboradores já haviam produzido mais de 61 milhões artigos[59].

MENSAGENS ENCRIPTADAS

No entanto, um dos times que mais me fascina é o que atuou no projeto *Ultra*, uma operação secretíssima montada no final dos anos 1930. Seu objetivo era decifrar, durante a Segunda Guerra Mundial (1939-1945), as mensagens encriptadas enviadas por rádio, em código Morse, pelos alemães, italianos e japoneses, para orientar os seus exércitos nas operações de batalha[60].

Ao longo dessa guerra, esses três países, que foram conhecidos como *O Eixo*, utilizaram diferentes equipamentos para codificar suas mensagens. O que parecia mais impenetrável entre eles era o *Enigma*, um dispositivo eletromecânico, que possuía um teclado semelhante ao de um laptop atual, com 26 letras do alfabeto e três ou mais rotores internos, nos quais estavam também gravadas estas mesmas letras.

O código para gerar as mensagens era decifrável quando se conhecia a posição desses rotores internos em relação uns aos outros. Em alguns modelos, era possível produzir até 158.962.555.217.826.360.000, quase 159 quintilhões, de diferentes combinações[61]. Descobrir o código correto, no espaço de um dia, seria algo que talvez nem mesmo os mais avançados computadores atuais seriam capazes de fazer a tempo

Esta missão, que parecia impossível, foi dada a um grupo de pessoas que possuía em comum uma mente capaz de resolver enigmas e problemas que exigiam raciocínio lógico. Nele, se incluíam matemáticos e pessoas exímias em palavras cruzadas e jogos, como o xadrez.

---

58 ALLEN, Victoria. *Teams that Changed the World (Team Cases Study)*. Disponível em: https://www.workstyle.io/top-performing-team-case-studies.

59 Wikipedia Disponível em: https://www.wikipedia.org/.

60 COPELAND, B.J. Ultra Allied Intelligence Projectt. Disponível em: https://www.britannica.com/topic/Ultra-Allied-intelligence-project.

61 MANEN, Dirk-Jan Van, ROBERTSSON, Joahn O.A., Codes and Ciphers – Part I. Disponível em: https://geoexpro.com/codes-and-ciphers-part-i/.

Para instalar o Ultra e seu time, o governo britânico comprou, em 1938, o *Bletchley Park*, um grande imóvel de arquitetura vitoriana, construído a 80 quilômetros ao norte de Londres[62]. No início da guerra, havia ali cerca de 200 pessoas, mas em 1944, este número cresceu para quase 9 mil, com mais de 75% do time formado por mulheres[63].

Como um programa poderia permanecer ultrassecreto em um lugar no qual circulavam 9 mil pessoas? Certamente, entre eles, eram pouquíssimos aqueles que estavam diretamente envolvidos com o Ultra. Os participantes que se tornariam mais conhecidos não passaram de quatro: o mestre internacional de xadrez e matemático Hugh Alexander (1909-1974)[64]; o funcionário governamental John Cairncross (1913-1995)[65] o qual, descobriu-se depois, era um agente duplo soviético; a numismata e matemática Joan Clarke (1917-1996)[66], à época uma rara presença feminina em missões de relevância e; talvez o seu mais famoso integrante, o especialista em lógica e matemático Alan Turing (1912-1954)[67].

ESCOLHAS DIFÍCEIS

O papel de Turing merece o destaque, porque coube a ele desenvolver uma complexa máquina que foi capaz, depois de muitos meses de tentativas, de quebrar os códigos alemães. Havia, no entanto, um cuidado a ser tomado, que obrigou as Forças Aliadas a, muitas vezes, fazer escolhas extremamente difíceis. Isso porque, caso utilizassem as informações coletadas para evitar um ataque iminente, deveriam fazer isso de maneira a não alertar os alemães para o fato de que a comunicação deles estava sendo interceptada.

---

62 LEWIS, Robert. Bletchley Park. Disponível em: https://www.britannica.com/place/Bletchley-Park.

63 Idem.

64 Hugh Alexander. Disponível em: https://www.gchq.gov.uk/person/hugh-alexander.

65 John Cairncross. Disponível em: https://ahf.nuclearmuseum.org/ahf/profile/john-cairncross/.

66 LIMA, Alane Marie. Joan Clarke e a Voz Feminina na Quebra da Enigma. Disponível em: https://horizontes.sbc.org.br/index.php/2020/10/joan-clarke-e-a-voz-feminina-na-quebra-da-enigma/.

67 COPELAND, B.J. Alan Turing British Mathematician and Logician. Disponível em: https://www.britannica.com/biography/Alan-Turing/Computer-designer.

Com isso, muitas ações hostis, que eram conhecidas de antemão, foram permitidas pela necessidade de deixar secreta a existência do Ultra. Isso custou vidas e perdas que, em tese, poderiam ter sido evitadas para os países aliados. No entanto, especialistas garantem que a escuta e antecipação aos movimentos das forças do Eixo permitiram encurtar em até dois anos a duração da Guerra[68]

Estico por mais dois parágrafos a história do Ultra, pois a trajetória de Alan Turing é um capítulo particular nesse projeto[69]. Em março de 1952, quando o seu papel na contraespionagem ainda era desconhecido (os feitos e a existência da operação seriam mantidos secretos até 1974[70]), ele foi preso por "indecência", após ser denunciado como homossexual, à época algo considerado um crime na Grã-Bretanha[71]. Essa condenação colocaria um ponto final na sua ascensão profissional.

Talvez pelo seu prestígio enquanto matemático, Turing conseguiu escapar de ser encarcerado, mas foi obrigado a submeter-se a um processo de "castração química", no qual doses de hormônio feminino eliminavam seu desejo sexual[72]. Alan Turing morreria aos 41 anos, em 1954, por ingestão de cianeto. Embora a morte tenha sido aceita amplamente como suicídio, há quem afirme que o mais provável é que o matemático tenha se envenenado acidentalmente em uma das experiências que fazia em seu laboratório[73].

---

68 MURRAY, Williamson. Ultra Code Breakers: The Misunderstood Allied Secret Weapon. Disponível em: https://www.historynet.com/ultra-the-misunderstood-allied-secret-weapon/.

69 O papel de Alan Turing na defesa dos interesses dos países aliados viria a ser reconhecido com inúmeras homenagens, livros e filmes. Um raro pedido de desculpas por parte do governo britânico foi outorgado em 2012 e o perdão real, concedido pela soberana Elizabeth II, viria em 2014. Também em 2014, foi lançado o filme O Jogo da Imitação, inspirado na vida de Alan Turing e dirigido pelo norueguês Morten Tyldum, o que lhe valeu a indicação ao Oscar como o melhor diretor de 2015. O filme foi exibido inúmeras vezes pela Netflix.

70 COPELAND, B.J. *Ultra* Allied Intelligence Project. Disponível em: https://www.britannica.com/topic/Ultra-Allied-intelligence-project.

71 COPELAND, B.J. *Alan Turing* British Mathematician and Logician. Disponível em: https://www.britannica.com/biography/Alan-Turing/Computer-designer.

72 17 Fatos e Curiosidades sobre a Vida de Alan Turing. Disponível em: https://revistagalileu.globo.com/Cultura/noticia/2018/06/17-fatos-e-curiosidades-sobre-vida-do-alan-turing.html.

73 Idem.

CARACTERÍSTICAS COMUNS

Todas as equipes extraordinárias, tenho comprovado isso em minha carreira, têm algumas características comuns, não importa qual seja o seu objetivo final. Elas demonstram um altíssimo nível de motivação, compreendem muito bem o propósito dos projetos com os quais estão envolvidas e costumam trabalhar de forma leve e contente.

Entretanto, dificilmente, elas serão capazes de liberar todo o seu potencial sem a presença de um líder que tenha, primeiro, a capacidade de identificar e reunir as pessoas com tais características; depois, criar um ambiente em que elas possam colocar em prática as suas qualidades e, ainda, canalizar toda essa energia para alcançar os objetivos estabelecidos para os projetos nos quais estão trabalhando.

Esta minha afirmação traz de volta algo que venho destacando neste livro, que é a necessidade de o líder conhecer a si mesmo com profundidade. Quando ele identifica as suas melhores habilidades e, tão importante quanto, aquelas deficiências que precisam ser melhoradas ou superadas, este líder também irá se tornar capaz de detectar que qualidades são desejáveis para que os demais colaboradores agreguem valor ao time.

Por essa razão, a fase de recrutamento de uma equipe extraordinária é tão estratégica. Ela é relevante porque, para o time funcionar bem, é preciso que ele compartilhe certos valores, atitudes e princípios que estejam alinhados aos do próprio líder. Essas posturas em comum são, principalmente, as soft skills, as habilidades comportamentais que dizem respeito às formas pelas quais nos relacionamos com os outros e conosco próprios.

Quando entrevisto potenciais integrantes para as equipes que irei formar e liderar, procuro levantar questões capazes de trazer à tona essas características individuais: "Me conte uma situação em que você tomou a iniciativa para enfrentar um desafio? Quais são os seus hobbies? Você gosta de ler? De filmes? Ouve música? Quais livros, filmes e músicas tem consumido? Em que medida você se preocupa com o bem-estar dos outros e do planeta? Como se relaciona com a comunidade, com os vizinhos? Tem muitos amigos? Mantém um bom relacionamento com os seus familiares?" As respostas para essas questões poderão permitir que você avalie a possibilidade de um candidato ser aderente aos seus valores e aos da organização e de se relacionar de forma harmônica com a equipe.

EQUIPES JÁ FORMADAS

No entanto, podemos, como líder recém-chegados em alguma empresa, encontrar as equipes já constituídas, sem que possamos fazer mudanças de pessoal. Isso foi algo que enfrentei algumas vezes. A primeira coisa que fazia era estabelecer uma boa comunicação. Convocava todos para uma reunião, uma conversa de coração aberto. Explicava qual era a minha missão. Dizia o que havia ouvido de positivo a respeito deles, que eles formavam uma super equipe, capaz de grandes feitos.

Da minha parte, falava sobre o meu estilo de trabalho, que era o mais aberto possível. Também me comprometia a me esforçar para criar o melhor clima possível entre todos. Não deixava de dizer, o que serviria inclusive para prevenir mal-entendidos, que eu gostava de dar risadas, era bem-humorado e usaria da confiança e da leveza para resolver as dificuldades. E era este ambiente, leve e divertido, que eu gostaria que se estabelecesse ali.

Nos dias subsequentes, fazia questão de chamar os colaboradores, um a um, até a minha sala, para uma conversa individualizada. Era uma maneira de gerar uma empatia mais próxima. Falávamos de questões mais pessoais, das aspirações de cada um, de como ele ou ela se relacionava com o mundo fora do horário de trabalho.

Foi assim que agi em todas as oportunidades em que estive numa posição de líder. Em uma delas, o meu superior direto, quando soube que eu falava com cada um dos colaboradores, chegou a me criticar: "Que perda de tempo, você não precisa fazer isso, pare com essa bobagem!", ele disse.

TODOS NA MESMA SALA

Não obedeci. Sempre considerei esse contato de fundamental importância. A partir daqueles encontros, as pessoas se tornavam mais francas e dispostas a conversar e a colaborar. O que torna essas equipes em times de alta performance é justamente essa postura de criar proximidade, colaboração e confiança, que cabe ao líder estabelecer.

É de grande importância colocar todos na mesma sala; realizar a reunião de maneira disciplinada, seguindo uma pauta divulgada anteriormente; ao término do encontro produzir uma ata, registrando o que foi tratado e definir bem as tarefas que cada um ficará encarregado de cumprir, com um cronograma bem estabelecido. É dessa forma que você chama todo o time para a "guerra".

Tais reuniões com toda a equipe, quando feitas regularmente, têm o mérito de deixar claro como as diferentes áreas se relacionam. Nelas, além de os objetivos da organização tornarem-se claros para todos, também se compreende a importância e a necessidade de que as obrigações individuais sejam cumpridas. Do contrário, nada dará certo.

Este último item é especialmente importante. Equipes extraordinárias têm como uma das suas melhores características a mútua colaboração. Essa cooperação surgirá da compreensão das necessidades e metas das demais áreas da empresa e do entendimento de como todos são mutuamente dependentes do esforço individual. Se uma célula atrasar ou falhar na sua entrega, todo aquele organismo será prejudicado. Entender isso torna a equipe menos reativa e mais proativa. Não se irá esperar que algum problema paralise o funcionamento geral; ele será percebido a tempo e o rumo, corrigido, evitando desastres.

Ao contrário do que alguns costumam, erroneamente, acreditar, para se ter uma alta performance, não é necessário pisar no pescoço de ninguém, viver permanentemente estressado ou passar a maior parte do dia fritando a retina na tela de um laptop. Alta performance é fazer o que precisa ser feito. Ponto. Não é preciso se sacrificar, lutar em um vale-tudo. É possível executar muitas coisas significativas e gratificantes, mantendo o equilíbrio entre o trabalho e a vida pessoal. Absolutamente tudo pode ser feito com essa leveza.

O QUE FAZER?

Um passo à frente – Uma das qualidades comuns aos integrantes das equipes extraordinárias é a de demonstrar iniciativa, conforme mencionei anteriormente. É claro que, isoladamente, ela apenas não irá fazer diferença na convivência e nos resultados alcançados pelos colegas. No entanto, ter iniciativa sempre será uma qualidade rara. E ela costuma surgir diante de nós quando menos esperamos. Eu me lembro, quando trabalhava em uma organização do segmento de healthcare, de um processo de seleção ao qual compareceram vários candidatos. O que se queria era preencher uma posição na qual o colaborador deveria lidar com a prospecção de novos mercados para as vacinas produzidas pela empresa.

Conversei com todos eles, eram quatro ou cinco pessoas. Estudei currículos e examinei referências. Lembro que um deles me chamou a atenção, embora eu não atinasse exatamente qual a razão disso. No dia seguinte ao das entrevistas, quando ainda faltava algum tempo para definir quem gostaríamos de contratar, recebi uma mensagem no WhatsApp exatamente daquele candidato.

Para a minha surpresa, ele havia se dado ao trabalho de elaborar uma enorme lista, na qual estavam todos os equipamentos que produzíamos e seus respectivos códigos, acompanhada de uma pesquisa ampla dos países que eventualmente teriam interesse em comprar aqueles produtos. Na longa mensagem que enviou, ele explicava o porquê de cada mercado daqueles ser um potencial comprador de nossos equipamentos.

Grande parte das informações ou não era correta ou estava defasada. Mas não dei importância a isso, pois o que me chamou a atenção foi o fato de ele ter tomado essa iniciativa e o empenho com que fez aquela rápida pesquisa, algo que deve ter lhe tomado toda uma noite de sono. O relevante naquela mensagem era o seu grau de engajamento e o tamanho do seu desejo em trabalhar naquela empresa e na posição que era oferecida. Ele foi o candidato contratado e sempre sustentou uma ótima performance, mantendo inalterado o espírito de iniciativa que mostrou naquele primeiro momento.

Nunca haverá um recrutamento com 100% de garantia de sucesso. O que é prometido nos currículos, o que é dito nas entrevistas e mesmo algumas eventuais boas surpresas, como a que protagonizou aquele candidato do WhatsApp, sempre serão fatos que ocorrerão em um contexto bem diferente ao do dia a dia de trabalho. Ali, na vida real, surgirão desafios, que exigirão reações que não poderão ser antecipadas em uma conversa ao redor de uma mesa.

No entanto, a nossa missão ao formarmos uma equipe de alta performance é tentar antecipar a maneira com que os candidatos irão se comportar no futuro. Como eles reagirão, diante da pressão de prazos de entregas? Como lidarão com os colegas? Com que intensidade serão capazes de absorver a cultura e os valores da empresa e agirem de forma alinhada? Sempre acreditarei que, entre todas as qualidades, a capacidade de ter iniciativa será algo precioso e o atributo que mais se aproxima de uma garantia de que teremos alguém capaz de fazer aquela equipe merecer de ser chamada de extraordinária.

Portanto, você deve sempre se perguntar: Você tem uma interação próxima e em base constante com a sua equipe? Como está o clima de trabalho de sua equipe? O que você pode fazer para que o relacionamento entre as pessoas melhore e seja mais cooperativo? As pessoas do seu time têm clareza das metas da empresa como um todo, da área onde estão inseridas e o que exatamente é esperado delas, individualmente? Elas entendem claramente a interdependência e encadeamento de responsabilidades que existem entre cada área?

Tenha iniciativa!

DIA A DIA

PARTE VII

Medir resultados na carreira

1 Uma sugestão de como medir o quanto você está feliz com o seu trabalho atual

Na maior parte do tempo, não é difícil para alguém perceber se está feliz ou não com os rumos que a vida profissional está tomando. Quando as coisas não vão muito bem, os sintomas costumam ser aqueles já conhecidos: desânimo, queda na produtividade, irritação... Mas há momentos em que estes sinais surgem de maneira confusa. Sentimos que o entusiasmo pelo que fazemos profissionalmente está em um voo instável: ora em alta, ora balançando com turbulências que antes nem percebíamos, ora parecendo despencar em um mergulho irrecuperável em direção ao solo.

Ainda mais preocupante é quando percebemos que já não somos capazes sequer de decolar, por nos sentirmos desencorajados pela falta de perspectiva de crescimento, por termos desenvolvido relações ruins com os colegas ou estarmos entediados com um trabalho que já não nos fala ao coração. O peso desses sentimentos faz com que as jornadas passem a se arrastar em câmera lenta em dias intermináveis, angustiantes, sem qualquer cor ou sabor.

Há quem acredite ser possível encarar o trabalho exclusivamente como uma maneira de ganhar o dinheiro necessário para levar a vida, sem considerar os danos que uma vida profissional insípida costuma produzir. Essa atitude é perigosa. Passamos a maior parte das nossas horas de vigília no trabalho. Sentirmos descontentamento e frustração por tanto tempo assim é uma porta aberta para a infelicidade e para problemas graves de saúde.

Às vezes, as nossas sensações se atropelam e se misturam e, com isso, não identificamos com clareza o que está nos incomodando. Uma parte de nós tem, ainda, a tendência a responsabilizar questões externas pelos nossos problemas. O resultado disso é que perdemos a oportunidade de nos autoconhecermos em profundidade e, assim, promover as mudanças necessárias para nos tornarmos mais conscientes, seguros e fazer o nosso dia a dia mais proveitoso, pacífico e satisfatório.

MÉTODO SINGELO

Há alguns anos, uma conversa com um amigo me sugeriu uma forma de nos autoavaliarmos e fazer um check-up sobre a evolução do nosso estado mental ao longo do tempo. Este meu amigo não é um especialista em recursos humanos ou em psicologia. Por isso, o "método" que ele criou deve ser entendido assim, entre aspas. O que me encantou foi exatamente a sua singeleza. O que ele propunha era uma tabela simples, na qual registraríamos a variação do nosso humor em relação a algum tema que estivesse nos deixando desconfortáveis e perturbando a nossa mente.

Um pequeno retrospecto: este amigo desenvolveu esse termômetro emocional quando passou por um período de grande estresse. No intervalo de apenas um mês, ele se separou da esposa, foi demitido do trabalho e, por um acordo com a ex-mulher, vendeu 50% da residência em que viviam, transformando-se, ainda que temporariamente, em um sem-teto. Diante desse quadro, o desânimo e a depressão foram inevitáveis.

Para lidar com essa tempestade emocional, ele passou a medir diariamente, nessa tabela, a intensidade dos sentimentos negativos que experienciava. Na coluna da esquerda, escrevia a sensação desagradável que o torturava. Já nas colunas à direita, uma gradação de 0 a 10. No 10, o desespero e o desalento estariam presentes com força total. Já o zero significaria a libertação definitiva do sofrimento provocado por todas aquelas negatividades.

Tal "termômetro" foi criado originalmente para verificar a evolução de um mal-estar afetivo, sentimental. É perfeitamente possível, no entanto, reproduzir o mesmo método para checar incômodos na esfera profissional. Afinal, uma dor sempre será uma dor, independentemente do que a causa.

Um exemplo: o primeiro item da tabela poderia ser algo como, "Medo de não conseguir pagar as contas". O último equivaleria a algo bem dramático como: "Vou ser preso, meu nome ficará sujo, nunca vou me recuperar!" Nos momentos mais sombrios, o "x" marcaria essa opção. Já para os lados do 2, 1 e 0 estavam certezas positivas, como, respectivamente: "Conheço muitas pessoas, posso consultá-las sobre oportunidades de trabalho"; "Com o dinheiro da rescisão trabalhista, é possível buscar uma boa colocação, sem pressa" e; "Estou confiante que esse problema é passageiro e, em pouco tempo, tudo estará resolvido".

AUMENTO DA CONFIANÇA

Diariamente, meu amigo identificava, naquela escala, como andavam suas emoções. Não eram só preocupações materiais. Havia, também, dores subjetivas: "A culpa da separação foi toda minha"; "Nunca vou me recuperar emocionalmente", e outras angústias semelhantes. No começo, 10, 9 e 8 eram as opções mais sinalizadas. Mas, para a sua surpresa, com o passar dos dias, a pontuação começou a migrar para números mais baixos. Constatar que seu estado mental estava deixando as sombras para trás o animou e lhe deu a confiança necessária para movimentar-se e tentar resolver de maneira mais decidida aquelas dificuldades que, no início, haviam parecido insuperáveis.

Desafios pessoais e profissionais podem ser complexos e exigir decisões e ações mais profundas do que uma tabela que meça avanços e recuos emocionais seja capaz de sugerir. Mas, por que não? Este será um exercício que sugiro que você faça e que poderá ajudá-lo a aferir o grau de entusiasmo com o qual se envolve no seu trabalho.

Um exemplo dessa atividade está na tabela a seguir:

MAPA DO ENTUSIASMO (Marque a opção que melhor reflete os seus sentimentos, conforme a gradação sugerida de 0 a 10)											
	0	1	2	3	4	5	6	7	8	9	10
1 - Como é a minha energia ao acordar											
2 - Com qual humor chego ao trabalho											
3 - Como está a minha pontualidade											
4 - Como me sinto às sextas-feiras											
5 -... e nas noites de domingo											
6 - De que maneira interajo com o chefe											
7 -... e com os meus colegas											
8 – Quando há conquistas na empresa											
9 -... e quando há problemas											
10 – Como reajo ao receber uma tarefa											
11 – Como me comporto nas reuniões											
12 – De que maneira vislumbro o futuro											

Com qual intensidade você se relaciona com as questões acima?

1. **Como é a minha energia ao acordar**: O "zero" sempre corresponderá a uma reação bastante negativa, como: "Não tenho qualquer energia. Sinto que só um guindaste poderia me tirar da cama para ir ao trabalho, Minha vontade é ficar deitado, chorando". O "10" denota uma grande positividade: "Me levanto da cama animado, super energizado e cantando. Faço exercícios, tomo banho, me visto e saio de casa feliz com mais um dia de trabalho pela frente".

2. **Com qual humor chego ao trabalho:** Neste quesito, "zero" seria algo próximo a: "Chego com raiva, tenso ou desanimado. Não quero ver nem falar com ninguém. Entro o mais escondido possível, para não ter de ouvir nem dizer 'bom dia' para qualquer pessoa". Quem marcar "10" talvez queira dizer: "Quase sempre chego bem. Faço questão de cumprimentar a todos e abraço os mais chegados. Gosto de conversar e estou sempre pronto para contar ou rir de alguma piada."
3. **Como é a minha pontualidade:** O "zero": "Por mais que eu me esforce, e na verdade não me esforço tanto, nunca consigo ter energia ou motivação para chegar na hora certa". Para quem é "10": "Sempre estou entre os primeiros a chegar no trabalho!".
4. **Como me sinto às sextas-feiras:** O sentimento do "zero": "Só de pensar que na segunda-feira terei de voltar ao trabalho, dá vontade de pedir demissão agora." O "10": "Uau! Que ótimo que o final de semana chegou! Vou aproveitar para me divertir, sair com amigos, fazer exercícios, ir ao cinema, ler, etc. Mas estou animado pela segunda-feira, com o início daquele novo projeto!".
5. **... e nas noites de domingo**: "Este é o pior momento da semana; amanhã recomeça toda aquela tortura. Com certeza há alguma estatística mostrando que a maioria dos suicídios acontece nestas horas!", dizem aqueles que marcam o "zero". Do lado contrário, nos que assinalam "10": "Gosto da disposição que as pessoas têm no domingo à noite, todos se preparando para se movimentar de novo na semana. É como se estivessem com as baterias recarregadas, prontas para entrar em ação!"
6. **De que maneira interajo com o chefe:** O "zero": "Por mim, ficaria sozinho no meu canto, sem qualquer relacionamento com ele.". O "10": "Me sinto respeitado e feliz por ter uma boa relação com o meu chefe. Considero que temos uma colaboração mútua. Aprendo com ele, é um ótimo líder e sou apoiado e respeitado".
7. **... e com os meus colegas:** Quem escolhe o "zero" terá sentimentos como estes: "Procuro não falar com eles. São desinteressantes, intrometidos, fofoqueiros, incompetentes." O "10" pensa de outra maneira: "Formamos um time excelente. Todos são proativos, se esforçam para conquistarmos nossos objetivos. São pessoas de grande qualidade".
8. **Quando há conquistas na empresa:** "Zero": "Não sei por que tanto entusiasmo por algo que é obrigação de qualquer organização. Além disso, não vou ganhar nada com isso que estão chamando de 'conquista'".

"10": "Sensacional! Isso vai nos mostrar que formamos mesmo uma equipe especial. Todos vão ficar ainda mais envolvidos e felizes."

9. **... e quando há problemas:** "Eu sabia. Aqui, nada dá certo mesmo. Com um time desses, não sei como a empresa ainda está funcionando. Aposto que logo vai à falência!", o "zero" diz coisas assim. Mas os "10" não se deixam abater: "Todos os negócios têm os seus altos e baixos, isso é normal. Temos energia e gente boa, dá para superar essa questão com tranquilidade!"
10. **Como reajo ao receber uma tarefa:** A visão mais negativa é sempre a do "zero": "Droga! Não consegui escapar. Mas tenho certeza de que nada vai dar certo. Não vai ter recursos, ninguém vai me ajudar e vão criticar o que eu entregar!" Aquele que marcou o "10" só vê oportunidades: "Eles confiam em mim, sabem que eu vou me esforçar. Fico tranquilo em saber que, se for preciso, não faltarão pessoas com as quais eu posso contar."
11. **Como me comporto nas reuniões:** "Se não for possível escapar da reunião, vou ficar o mais no fundo possível, calado, torcendo para ninguém me notar", este é o comportamento "zero". Já o pensamento daqueles que marcam o "10" é bem outro: "É um momento de grande importância. Nesses encontros, podemos sentir o humor da empresa e desenvolver boas ideias. Tento me preparar para trazer contribuições que façam a diferença."
12. **De que maneira vislumbro o futuro:** A negatividade dos que não têm esperanças e estão no nível "zero" impede que eles desenvolvam um olhar capaz de enxergar à frente: "Não consigo acreditar que algo possa melhorar, não vejo saída, não sei o que fazer!" No "10", o que se registra é algo bem diferente: "As boas experiências que eu e os meus colegas estamos vivendo nesta empresa certamente vão ser cada vez melhores. Não há nenhuma razão para pensar o contrário disso. Vamos colher os frutos das boas sementes que plantamos!"

HUMOR E HUMANIDADE

Algumas dessas frases anteriores podem parecer caricatas, risíveis até. No entanto, eu as considero um dos charmes dessa abordagem. O mérito delas é duplo. Primeiro, emprestam algum humor e humanidade às questões abordadas. Depois, porque facilitam a escolha do grau que melhor traduz a nossa postura mental diante da problemática apresentada, algo que será mais sutil e complexo do que a mera correspondência com algum número.

Não é mais fácil pensar na gradação do seu sentimento quando você precisa se posicionar entre uma declaração como: “o sucesso da empresa não é mais que uma obrigação”, e, no lado oposto, um “sensacional!”? Ou, ao receber uma tarefa, o “droga, não consegui escapar!”, que tem na extremidade mais distante um: “eles confiam em mim”? Eu o convido, quando montar a sua tabela, a associar a gradação de 0 a 10 a frases que traduzam com precisão a sua própria dinâmica emocional.

Você irá se surpreender em como essa prática poderá ter um efeito terapêutico e, efetivamente, aumentar a energia com que você lida com o seu dia a dia. Isso irá acontecer porque, quando nos propomos a listar nossos sentimentos, obrigatoriamente nos fazemos perguntas e, como consequência, refletimos sobre as nossas motivações, receios e aspirações. Isso pode levá-lo a aprimorar o seu autoconhecimento, certo?

Tal exercício sempre irá nos encorajar e terá o potencial de deixar cristalinos os obstáculos que devemos enfrentar e em mostrar qual a melhor maneira de os superarmos. Se adquirirmos o hábito de examinar com regularidade a evolução da nossa pontuação nessa tabela, isso nos dará elementos para verificar se estamos fazendo as melhores escolhas ou se é preciso mudar o ritmo e a direção das nossas ações.

Não me recordo de alguma vez ter caído ao nível “zero” na minha disposição em enfrentar o dia a dia profissional. Porém, como qualquer outra pessoa, eu também enfrentei problemas, e houve momentos em que o meu otimismo recuou, abrindo espaço para o desânimo.

Quando passei por momentos tristes, o que fiz foi tentar me afastar daquelas mentes derrotistas, mudar de comportamento para quebrar a ação do desânimo e meditar. Eu usava a meditação antes de entrar no trabalho, buscando substituir a falta de vitalidade pela energia que esse exercício de introspecção e autoanálise me proporcionava. Além de me permitir enxergar o trabalho e o quotidiano profissional com outros olhos, este novo ânimo ainda transbordava para outras atividades, a exemplo de fazer exercícios físicos e divertir-me com a família, eventos que, quase sempre, são afetados ao nos sentirmos abatidos.

O QUE FAZER?

Rir é o melhor remédio – Sempre acreditei que, se tentarmos manter alguma dose de bom humor e até mesmo uma autoironia diante dos desafios, conseguiremos enfrentar com mais leveza as dificuldades. Olhar para os problemas com uma mente demasiadamente séria e amarga torna o caminho mais íngreme e pedregoso. Com frequência, tentei adotar uma postura mais leve e brincalhona nos meus relacionamentos profissionais e pessoais, tomando, é claro, o cuidado de não desrespeitar os sentimentos dos outros. Isso me ajudou em minha trajetória e, também é verdade, provocou algumas situações inusitadas.

Foi o que aconteceu em um dos meus trabalhos, no qual eu respondia para o CEO de uma multinacional americana. Esse chefe era exigente. Quando ele entrava em contato, lá vinha pepino, um pedido complexo e invariavelmente urgente. Parte por aflição, parte por farra, mudei o toque padrão do meu smartphone para que tocasse a introdução do tema do filme *Missão Impossível*[1] todas as vezes que este chefe me ligava. Alguns colegas sabiam dessa brincadeira e se divertiam quando ouviam a música tocando em meu celular.

Um dia, estávamos em uma reunião com toda a direção da empresa, inclusive o CEO. O encontro se estendia e, enquanto um dos participantes falava, esse chefe olhava o seu smartphone disfarçadamente por debaixo da mesa. Por alguma razão, ele se atrapalhou e inadvertidamente ligou para o meu número. Meu celular começou a tocar, a todo volume, a tal música do Missão Impossível. Da minha parte, me atrapalhei e demorei para desligar o aparelho.

Os colegas disfarçaram, engolindo o riso. O CEO ficou confuso, mas logo entendeu e fechou a cara: "Que palhaçada é esta, Uranio?" Devo ter ficado com o rosto vermelho e tentei explicar: "Chefe, deixa eu explicar..." Aí o pessoal não se segurou mais e caiu na risada. O CEO ainda protestou: "Apaga essa música, meu, isso aqui é sério!". Mas não demorou e ele também aderiu à piada. Já se passaram muito anos. Seguimos outros caminhos. Mas ainda tenho contato com esse CEO. Quando conversamos, nos lembramos do episódio e damos gargalhadas.

De tempos em tempos, é importante que você faça uma autoanálise. Você tem buscado refletir sobre como anda o seu grau de felicidade e satisfação com a sua vida profissional? Quais são os critérios que você definiu para medir como anda o seu bem-estar emocional? Ao considerar que a sua energia e satisfação com o trabalho estão baixas, o que você faz para mudar esse estado?

Aprecie-se!

---

1 Lançado em 1996 pela Paramount, dirigido por Brian de Palma, com o ator Tom Cruise no papel do agente Ethan Hunt. Disponível em: https://www.rottentomatoes.com/m/mission_impossible. A música-tema, composta por Larry Mullen e Adam Clayton, está disponível em: https://www.youtube.com/watch?v=rgPjAeQDrGY&list=PLqnnuEVGcR-QwoTVAlAgP549D2H9RL93kq.

2 A nossa caminhada profissional só nos levará ao sucesso se for monitorada com vigilância

Baixinho, gago, pobre e nascido em uma cidade perdida no interior da Irlanda, até os seus 20 anos, John Philpot Curran (1750-1817) não dava qualquer pista de que poderia tornar-se alguém relevante na história de seu país, da Inglaterra e do mundo.

Mais interessado nas amenidades da vida no que nos estudos, Curran só teria acesso a uma boa educação graças ao apoio moral e financeiro de um clérigo, amigo da família, cujo nome os historiadores registraram apenas como Mr. Boyse[2]. A ideia deste benfeitor era tornar John Curran também um religioso.

No entanto, a única contribuição do jovem aos ofícios da igreja foi ter escrito dois sermões, após os quais desviou a sua trajetória para caminhos mundanos, que o levaram para Londres. Nos anos seguintes, tornar-se-ia um advogado, superaria suas dificuldades fonoaudiólogas e se consagraria como um habilidoso orador[3].

De volta à Irlanda, Curran notabilizou-se por defender causas difíceis e politicamente sensíveis. Embora não fosse católico apostólico romano, defendeu com sucesso o direito desses fiéis, que eram então fortemente perseguidos por um governo controlado por protestantes[4]. À época dominada pela Inglaterra, a Irlanda impunha inúmeras restrições aos católicos, como a proibição de comprar terras, de votar ou de ter representantes no parlamento[5].

Para além da sua militância cívica, John Curran era admirado pelo seu jeito de ser bem-humorado, seus pendores poéticos e pela sua impetuosidade – ele chegou a duelar por cinco vezes, quase todas com rivais inconformados por terem sido derrotados por ele nos tribunais[6].

---

2 WEBB, Alfred. *John Philpot Curran.* Disponível em: https://www.libraryireland.com/biography/JohnPhilpotCurran.php.

3 Idem.

4 *John Philpot Curran* – Irish Stateman. Disponível em: https://www.britannica.com/biography/ John-Philpot-Curran.

5 *Catholic Emancipation.* Disponível em: https://www.britannica.com/event/Catholic-Emancipation.

6 *John Philpott Curran.* Disponível em: http://www.athtrasna.com/2012/06/john-philpott-curran/.

Entre todas, a habilidade que o tornou conhecido mundialmente foi a sua facilidade para cunhar frases de efeito. Muitas delas são jogos de palavras, que exploram ambiguidades de sentidos e de sonoridades da língua inglesa e, portanto, de difícil tradução. Algumas são dizeres ingenuamente divertidos, como este que, pretensamente, teria sido proferido durante uma consulta médica: *Meu caro doutor, estou surpreso que você diga que a minha tosse está ruim, depois de eu ter passado a noite toda treinando*[7]. Outras soam terrivelmente dramáticas: *Vocês talvez possam me matar, mas jamais me intimidar*[8].

Indiscutivelmente, a mais conhecida delas, repetida em quase todos os idiomas, é a famosa: *O preço da liberdade é a eterna vigilância*[9]. Mesmo já um tanto surrada por sua recorrente presença, entre outros, nos discursos de políticos[10] e nos títulos de colunas jornalísticas[11], a frase traz um chamamento à responsabilidade que, acredito, cai bem quando queremos enfatizar a importância do compromisso em manter um olho sempre vigilante sobre o nosso desempenho profissional, que é o assunto que pretendo expor a partir deste ponto.

PASSOS PROGRAMADOS

No início deste livro, falamos sobre o planejamento de carreira. Nele, eu dizia que uma das vantagens em programarmos nossos passos e termos claro os nossos objetivos é que, desta maneira, somos capazes de desenvolver foco, disciplina e perseverança. E disse mais: quando não sabemos aonde queremos chegar, o perigo de nos perdermos no caminho e sermos levados pela correnteza, sem conseguir comandar nossa própria história, será imenso.

---

7 *John Philpot Curran Quotes*. Disponível em: https://www.brainyquote.com/quotes/ john_philpot_curran_388830.

8 *John Philpot Curran Quotes*. Disponível em: https://www.brainyquote.com/ quotes/john_philpot_curran_163279.

9 No original: *The condition upon which God hath given liberty to man is eternal vigilance.* (*A Condição sob a qual Deus deu Liberdade para o Homem é a Eterna Vigilância*) em *More Quotes by John Philpot Curran*. Disponível em: https://www.forbes.com/quotes/author/john-philpot-curran/.

10 MEDEIROS, Borges. *O Preço da Liberdade é a Eterna Vigilância*. Disponível em: https://www.ihgrgs.org.br/fragmentos/Hemeroteca%20-%20DiscursoBorgesMedeiros.pdf.

11 LEITÃO, Matheus. *O Preço da Liberdade é a Eterna Vigilância*. Disponível em: https://veja.abril.com.br/coluna/matheus-leitao/o-preco-da-liberdade-e-a-eterna-vigilancia.

No entanto, se o foco e a perseverança se perdem quando o planejamento falha, a disciplina é a melhor maneira de colocar nossa carreira de volta aos trilhos. E falo aqui da disciplina de acompanhar de maneira regular a nossa evolução profissional.

A experiência me mostrou que a maneira mais eficaz de nos mantermos profissionalmente no rumo desejado é realizarmos um balanço semestral, para determinar o ponto em que estamos na nossa caminhada profissional. Este é um intervalo de tempo longo o suficiente para que as nossas decisões tomadas anteriormente amadureçam e gerem resultados, e curto o bastante para que possamos corrigir eventuais decisões incorretas a tempo de evitarmos problemas.

É claro que uma avaliação só terá eficácia se forem definidas, anteriormente, as metas que pretendemos atingir ou as deficiências que tentaremos superar. Do contrário não haverá como medir avanços ou, ainda, constatar que estamos estacionados no nosso processo de evolução.

TOLERÂNCIA E RIGOR

Sugiro que esse balanço semestral seja feito com duas ênfases distintas. No meio do ano, checamos os nossos avanços e possíveis recuos com alguma tolerância a eventuais desvios de rumo. No final do ano, nossa análise será mais profunda e rigorosa. Neste momento, podemos definir novas metas ou renunciar a objetivos que, se no passado nos tenham parecido acertados, já não fazem mais sentido para os nossos desejos atuais ou diante de uma nova realidade imposta.

Tais momentos de reflexão são, ainda, uma oportunidade de verificarmos se estamos inteirados sobre as novidades e atualizações na nossa área profissional. Essa evolução só acontecerá se formos capazes de dominar, ou pelo menos estarmos bem informados, sobre os avanços do conhecimento no nosso campo de atuação. Isso é obrigatório, pois inovações em todos os setores vêm surgindo de maneira cada vez mais rápida.

Para fazer isso, podemos colocar como nossa meta, simplesmente, "manter-me inteirado sobre as novidades da área"; ou, então, sermos mais exatos e nomearmos uma habilidade específica, um curso, um idioma, talvez o uso de uma plataforma da mídia social, ou aprendermos a lidar com fluxo de caixa... seja qual for este novo interesse, devemos medi-lo de maneira metódica, para verificar o nosso progresso nesse particular.

"Houve avanços na minha trajetória? Ótimo! E qual será o próximo passo para aprofundar ainda mais este conhecimento? Ao contrário, nada foi feito? O que me impediu de cumprir os objetivos fixados? Medo? Preguiça? Falta de tempo?" Estas são questões que surgirão quando checarmos a maneira como estivemos caminhando ultimamente.

Se, naquele espaço de seis meses, nada de novo tenha sido aprendido e constatarmos que estivemos navegando todo esse tempo no piloto automático, teremos um problema a solucionar. Não podemos mais nos dar ao luxo de ficarmos parados, enquanto todo mundo marcha para frente. É urgente desenvolver alguma estratégia para criarmos, nós também, um movimento de renovação.

Há mais coisas que podem ser medidas nessa imersão em nós mesmos. Nosso desempenho nas habilidades emocionais, por exemplo. No capítulo anterior, sugerimos uma estratégia para medir a nossa postura diante de algumas questões que pertencem a essa esfera. Entre outras, estavam ali o relacionamento com a liderança e colegas e a nossa postura diante dos bons e maus resultados empresariais. Se medirmos periodicamente o progresso na conquista de objetivos como estes, nossas chances de alcançá-lo aumentarão de maneira exponencial.

O QUE FAZER?

O que os outros dizem – Por força da nossa natureza humana, costumamos desenvolver um comportamento benevolente em relação a nós mesmos, e quase sempre temos dificuldade em ouvir feedback ao nosso comportamento ou habilidades técnicas. Se isto é o que acontece conosco, deveríamos nos esforçar para mudar essa atitude, já que a opinião dos que nos rodeiam tem relevância, inclusive nos ambientes corporativos, nos quais manter uma boa imagem e reputação são importantíssimos para garantir nossa progressão e emprego.

Tal constatação faz com que aceitar e solicitar feedback por parte de líderes e colegas seja algo fundamental para acompanharmos a evolução da nossa carreira. Devemos procurar ainda a avaliação de pessoas que, obviamente, nos conheçam, que tenham experiência em negócios e, muito importante, que gozem da nossa confiança. Conselheiros e mentores têm a vantagem de serem capazes de nos dar um feedback isento, algo que amigos e parentes talvez tenham dificuldade em fazer.

Destaco que é muito importante que você confie naqueles que lhe darão feedback, nas suas boas intenções. É melhor evitar alguém que você imagine que esteja disputando o seu cargo, desejando ocupar sua posição. Não conseguiremos aceitar críticas desfavoráveis, mesmo quando possivelmente construtivas, vindas de alguém que não temos certeza quanto às suas reais intenções.

É uma boa estratégia também mantermos olhos e ouvidos abertos a feedbacks indiretos. Eles podem vir de clientes, de pares na organização e até de amigos com relação a comportamentos ou hábitos corriqueiros de toda ordem.

Tal comportamento, eternamente vigilante e regular (a cada seis meses, por exemplo) é necessário para nos habilitarmos a uma carreira de sucesso.

Vigie-se!

PARTE VIII

Para mudar (recomeçar) a sua carreira

1

Você se sente estagnado na carreira? Este sentimento precisa ser enfrentado com urgência!

A enorme agilidade que se tem atualmente em adquirir, com poucos toques em nossos celulares, absolutamente qualquer bem – de caixas de lápis de cor a geladeiras e até itens impensáveis, como imóveis – vem nos fazendo esquecer de como ir às compras presencialmente já foi uma atividade de grande significado prático e emocional.

A facilidade crescente que nos é proporcionada pela tecnologia, somada aos anos de prisão domiciliar no período mais duro da pandemia do coronavírus, colocaram, como resultado de uma mistura de aversão e comodismo, o hábito de ir às lojas em perigo de extinção.

Ainda estamos distantes do dia em que os estabelecimentos comerciais serão apenas uma memória de um passado distante, como os bondes e os lampiões a gás. Acredito, porém, que o hábito de ir às compras com o entusiasmo e o significado do passado já entrou em contagem regressiva.

Ainda que esse distanciamento do varejo tradicional venha se acelerando de maneira exponencial, a verdade é que as inovações do setor nunca deixaram de surgir. Apesar disso, nem todos os players desse mercado botaram fé nessas mudanças. Aqueles que permaneceram estagnados, aferrados à sua forma tradicional de oferecer suas mercadorias, pagaram caro por essa inação.

Um caso exemplar foi o que ocorreu com a antiga Mesbla, uma outrora poderosa loja de departamentos, instalada no país em 1912. No seu auge, nos anos 1980, a empresa empregou mais de 28 mil funcionários em 180 pontos de venda no Brasil[1]. Com enormes dívidas e inadaptada para enfrentar a concorrência do novo modelo de negócio representado pelos shoppings e modernas redes de varejo[2], a Mesbla entraria em concordata em 1997 e, dois anos mais tarde, teria a sua falência decretada[3].

---

1 SANTIAGO, Henrique. Mesbla Voltou: Ícone dos Anos 1980 Dominou o Varejo e Ruiu após Hiperinflação. Disponível em: https://economia.uol.com.br/noticias/redacao/2022/05/13/mesbla-o-que-era-no-passado.htm.

2 MARTINS, Cláudio. O que Aprender com os Erros da Mesbla. Disponível em: https://administradores.com.br/noticias/o-que-aprender-com-os-erros-da-mesbla.

3 NASCIMENTO, Douglas. Mesbla Veículos. Disponível em: https://saopauloantiga.com.br/mesbla/.

A importância de uma empresa que por quase 70 anos foi a grande referência no varejo do país inspirou muitos estudos sobre o porquê da sua derrocada. De modo geral, todos estão de acordo que a sua pesada estrutura administrativa[4] a impediu de incorporar as mudanças surgidas no cenário econômico e as transformações do comportamento dos brasileiros quando iam às compras.

SÓ NÃO VENDE CAIXÕES

As lojas da empresa eram enormes e ofereciam uma gama gigantesca de bens. Seus funcionários se orgulhavam disso em uma frase que, nos seus anos de glória, tornou-se famosa: *A Mesbla só não vende caixões funerários, que são para os mortos; para os vivos, temos todas as mercadorias, desde botões até automóveis, lanchas e aviões.*[5]

Esta exagerada variedade de produtos, que durante décadas fascinou os seus clientes, se transformaria no calcanhar de Aquiles da empresa. Nos anos 1980, se consolidaria a presença de cadeias de lojas especializadas em comercializar bens específicos, como eletrodomésticos e eletrônicos, móveis, vestuário, calçados. Esse modelo mostrou-se mais ágil do que o das lojas de departamento, com as suas abarrotadas e confusas prateleiras. É também dessa época a popularização dos shoppings centers, que ofereciam espaços mais seguros e confortáveis para compras e deslocamentos, além de atrações extra, como praças de alimentação e áreas de lazer[6].

Algumas daquelas gigantescas lojas de departamento conseguiram se adaptar aos novos tempos, focando em segmentos específicos. Com isso, sobreviveram e até continuaram a ser players de peso no cenário brasileiro. Mas a gestão da Mesbla se recusou, ou não conseguiu, se acertar com os novos ventos do mercado, o que levou a empresa a naufragar. Duas décadas mais tarde, em 2022, o direito

---

4 A Mesbla possuía um número excessivo de diretores, o que tornava suas decisões lentas e burocráticas. PIMENTA, Marcelo. Os Riscos de não Inovar: o que Acontece com quem não Inova? Disponível em: https://marcelo.pimenta.com.br/os-riscos-de-nao-inovar-o-que-acontece-com-quem-nao-inova/.

5 Idem.

6 SANTIAGO, Henrique. Mesbla Voltou: Ícone dos Anos 1980 Dominou o Varejo e Ruiu após Hiperinflação. Disponível em: https://economia.uol.com.br/noticias/redacao/2022/05/13/mesbla-o-que-era-no-passado.htm.

de uso da marca "Mesbla" seria adquirido e a empresa passaria a operar como um marketplace, exclusivamente em operações e-commerce[7].

E como pessoas e empresas costumam se comportar de maneira parecida e, como consequência, experimentam resultados equivalentes das ações que produzem, não poderia ser de maneira diferente, posto que as organizações são formadas por pessoas, e o que produzem é resultado das atitudes de seus colaboradores.

Devemos entender o triste naufrágio da Mesbla como uma advertência a nós mesmos, e acrescentar uma pitada a mais de sabedoria a que tiveram o presidente da empresa e seus 40 diretores[8]. Estes não perceberam que o seu estilo de gestão já não era adequado para o mundo que os rodeava, ou talvez lhes tenha faltado a agilidade necessária para mudar o seu destino.

Assim, refletir sobre o triste destino que estabelecimentos como a Mesbla amargaram traz à mente uma mostra do que pode acontecer a nós, enquanto profissionais que devemos ser donos de nossas carreiras, caso não levemos em conta as novas formas com que o trabalho vem se transformando.

ATOLEIRO DA ESTAGNAÇÃO

Você só será capaz de enxergar os sinais de que está se tornando profissionalmente obsoleto e, a partir disso tomar as devidas providências, caso se mantenha aberto a novas ideias e com o desejo de aprender e entender as rápidas transformações tecnológicas e os hábitos de consumo que daí surgem. A indicação mais evidente de que a sua carreira pode, sim, ter ficado presa no atoleiro da estagnação é quando, já há algum tempo, você não faz nada de inédito, não experimenta coisas novas ou não aprende algo que até então desconhecia, tendo um dia de trabalho após o outro praticamente idêntico.

Ao se esforçar para sair dessa situação, é preciso cuidado para não cair na tentação de culpar os outros por sua paralisia. "A empresa em que estou não dá a mínima para a inovação"; ou "meu diretor é um burocrata e acredita que já aprendeu tudo o que é necessário"; ou ainda "minha liderança acredita que todas

---

7 NICOCELI, Artur. Irmãos Negociam Direito de Uso do Nome Mesbla e Loja Volta a Operar após 23 Anos. Disponível em: https://www.cnnbrasil.com.br/economia/irmaos-negociam-direito-de-uso-do-nome-mesbla-e-loja-volta-a-operar-apos-23-anos/.

8 Idem.

as novidades não passam de um modismo inútil". Será que você já ouviu, e talvez tenha até dito, frases assim?

Certamente, há empresas e líderes que se comportam dessa maneira. E se você está em uma organização que ainda não se deu conta de que a inovação não é uma questão de escolha, mas uma estratégia de sobrevivência, é o momento de começar a se movimentar à procura de companhias que estejam melhor conectadas às tendências e ao dinamismo do mercado.

É possível, ainda, que você esteja colocando as suas expectativas em locais que, afinal, não oferecem as oportunidades que você está buscando. Por exemplo, se a sua aspiração é por uma carreira internacional e a empresa para a qual você trabalha não é uma multinacional e nem tem planos de se tornar uma, a responsabilidade pela sua frustração não poderá ser imputada à organização.

Para dar tal salto à frente, deverá estar registrado em seu planejamento estratégico pessoal de carreira que, em algum momento, você irá acionar os seus contatos ou procurar um headhunter para iniciar o seu projeto de uma carreira internacional, procurando outra colocação, em uma empresa que já atue no mercado externo ou tenha o plano de começar a fazer negócios internacionais.

NÃO SOMOS ESTÁTICOS

Há outros entraves que podem contribuir para a sensação de estarmos estagnados. Um deles é nos sentirmos entediados com o que fazemos. Talvez as atividades que você desenvolvia junto àquela empresa já tenham tido um importante significado e pareciam apontar claramente o rumo que você queria seguir. No entanto, nós não somos seres estáticos, imutáveis.

Interesses e objetivos mudam o nosso foco, na medida em que acumulamos experiências ou passamos a ter outras prioridades. Consequência disso é que nossas atividades podem tornar-se sem sentido e aborrecidas. Talvez pensemos que quem mudou foi a empresa, mas, se olharmos para o lado, veremos que há colegas ali que estão satisfeitos, dizendo que não há melhor lugar para se trabalhar. Mas não é isso o que vemos. E, porque passamos a querer outras coisas, não nos sentiremos bem naquela empresa.

Quando a companhia à qual estamos vinculados não for mais capaz de nos oferecer desafios, é inevitável que o nosso dia a dia fique longo e desinteressante, o que pode ser um motivador importante a nos levar a procurar formas de sair dessa situação. É quando devemos tomar nossa vida em nossas mãos e partir à busca de outras possibilidades.

Não devemos nos intimidar com os obstáculos, reais ou imaginários, que poderão se interpor no nosso caminho, quando decidirmos deixar o nosso emprego. Mas também é preciso agir com sabedoria e planejamento. É possível promovermos reviravoltas em qualquer momento da nossa vida, desde que ajamos com juízo.

Recomendo cuidado, porque talvez estejamos em uma fase da vida com muitos compromissos – filhos pequenos, dívidas da casa própria, pais idosos –, o que exigirá que as nossas decisões sejam tomadas de maneira responsável e planejada. Outra cautela diz respeito a refrearmos o excesso de paixão. O mercado busca as mesmas coisas nas quais quero me engajar? Há mais gente com objetivos idênticos aos meus? E se o que eu desejo de fazer estiver à frente do nosso tempo?

Estas são reflexões a serem feitas. Ao acreditarmos que detectamos uma mudança no mundo do trabalho, com sensacionais possibilidades, precisamos discernir se estamos, de fato, diante de uma transformação em curso ou enfeitiçados por um pensamento apaixonado e fora da realidade da nossa parte.

É necessário olhar para o sentimento de estagnação na carreira com atenção e prontidão. Se percebermos que os nossos movimentos têm sido cada vez menores e que estamos afundando na apatia e no descuido, é urgente tomarmos providências para afastar tal estado de espírito. Ficar indiferente ao que acontece à nossa volta aumenta em muito o risco de sermos demitidos ou perdermos nossos clientes. O sentimento de estagnação é um alerta claro de que estamos entrando em uma zona de acomodação perigosa, na qual podemos nos tornar irrelevantes para o mercado de trabalho.

O QUE FAZER?

Raio X – Não é sempre que conseguimos diagnosticar com clareza os sintomas de uma crise que possa estar levando a nossa carreira à estagnação. Algumas vezes, os sinais podem surgir de maneira difusa e sobrepondo-se a outras sensações. Costumo sugerir uma estratégia para tornar essa situação mais compreensível: escrever sobre os momentos em nossa carreira que foram significativos e tiveram um impacto duradouro sobre o nosso desenvolvimento[9].

Tais instantes de relevância não são, exclusivamente, aqueles que nos deram prazer, mas sim os que determinaram a direção que a nossa trajetória profissional passou a seguir. Depois de elaborar uma lista com esses fatos, faça-se perguntas como estas: As decisões tomadas naquele momento foram, de fato, minhas? O que me motivou a escolher aquelas direções? Alguém me influenciou sobre essas opções? Eu estava com medo ou tentando agradar a alguém? Qual é a distância entre onde estou hoje do que considerava que era o meu sonho precioso de vida? Eu me sinto desconectado das minhas paixões? Se estivesse hoje diante da mesma situação, iria me comportar de maneira similar ao que fiz no passado?

As respostas a essas questões, e a outras que façam sentido com a sua história, podem trazer para você um importante material para reflexão. É possível que, após meditar sobre o assunto, você ouça novamente aquela voz interior que o deixava energizado e confiante na sua capacidade.

Também neste momento, quando nos sentimos determinados a fazer mudanças na nossa vida profissional, há questões que podem nos ajudar nessa transição. Seguem-se algumas delas: Este é o momento de mudar de emprego ou de carreira? O que está me deixando desconfortável é o lugar em que trabalho ou algo maior, como o rumo que estou dando à minha vida? Eu poderia ser feliz em outra empresa, executando o mesmo que faço agora? Ou, no trabalho que faço, sempre me sentirei sobrecarregado, subvalorizado e deprimido?[10]

Como foi dito neste capítulo, deixar-se mergulhar em um estado de estagnação é algo perigoso. Além da possibilidade de perder a sua posição ou emprego, se você está começando a duvidar de si e do trabalho que faz, sempre irá se sentir mal consigo mesmo. Não há salários e vantagens que compensem tal mal-estar. Sentir-se incomodado com algo que somos obrigados a fazer em grande parte do nosso dia poderá afetar seriamente a nossa saúde emocional. Uma carreira gratificante deve dar um impulso à sua confiança e autoestima, e não o oposto disso.

Portanto, faça o exercício a seguir. Primeiro, tire um tempo para pensar e responda às seguintes perguntas: Qual é o seu trabalho dos sonhos? Com o que

---

9 BONOLDI, Uranio. Estagnação na carreira: será que estou no meu ambiente dos sonhos? Disponível em: https://www.uraniobonoldi.com.br/blog/estagnacao-na-carreira-sera-que--estou-no-meu-ambiente-dos-sonhos/.

10 BONOLDI, Uranio. Quando é hora de mudar de carreira. Disponível em: https://www.uraniobonoldi.com.br/blog/quando-e-hora-de-mudar-de-carreira/.

você gostaria de trabalhar e, se pudesse, até pagaria para poder fazer esse trabalho? Imagine como gostaria que a sua rotina profissional fosse, no dia a dia. Segundo: depois de respondidas tais questões por escrito, confronte suas respostas com sua vida profissional atual. Elas são próximas? Ou o seu trabalho ideal está longe de sua realidade de hoje? Caso esteja distante, sugiro que se antecipe, não espere o desconforto com a sua carreira chegar, e busque desde hoje iniciar uma caminhada de mudanças para construir a vida profissional que você sonha. Vale muito a pena fazer isso. Afinal, esta vida é muito curta e preciosa para não nos realizarmos plenamente!

Recomece!

2

O risco de errar sempre irá existir, mas deixar de agir para evitar falhas nunca será uma boa opção.

É bastante provável que você já tenha assistido ao filme *De Volta ao Futuro*[11]. Caso não, recomendo que o faça. A obra, divertidíssima, evolui de maneira ainda mais fascinante pela atuação de três impressionantes personagens: os atores americanos Michael J. Fox e Christopher Lloyd e o carro esportivo, fabricado na Irlanda entre 1981 e 1983, o DMC DeLorean-12[12].

A trama, para quem não se lembra, tem como tema central a angústia vivida pelo adolescente de classe média americana, Marty McFly, vivido por Michael J. Fox, em transformar-se, ele também, um adulto frustrado, submisso e covarde, como o seu pai, interpretado pelo ator Crispin Glover. Marty tem um amigo mais velho, o doutor Emmet L. Brown, que é representado por Christopher Lloyd.

Estereótipo do cientista amalucado, Brown havia acabado de inventar uma máquina do tempo, capaz de viajar entre o presente, o passado e o futuro. Exatamente quando a mostrava para Marty, terroristas árabes, dos quais Brown havia roubado uma carga de plutônio, surgem com metralhadoras. Marty é empurrado para dentro da máquina do tempo e viaja, sem saber, para 30 anos no passado.

E onde a máquina do tempo estava montada? No DMC DeLorean que, equipado com o mecanismo desenvolvido pelo doutor Brown, era capaz de literalmente transportar seus passageiros pelo presente, passado e futuro[13]. Para encurtar a história, o DeLorean leva Marty até o ano de 1955, quando seus futuros pais ainda não eram namorados e, ao que tudo indicava, não pareciam propensos a iniciar qualquer relacionamento.

A partir de então, com todas as reviravoltas e tensões de um bom filme de aventura, Marty se empenha em enfrentar os obstáculos ao romance dos seus

---

11 Lançado em 1985 e dirigido por Robert Zemeckis, o filme foi um sucesso mundial de público, recebeu cinco indicações ao Oscar e se estendeu por duas sequências: De Volta ao Futuro II (1989) e De Volta ao Futuro III (1990). MERTEN, Luiz Carlos. *De Volta para o Futuro* se Consolidou como Referência da Cultura Pop. Disponível em: https://www.estadao.com.br/cultura/cinema/de-volta-para-o-futuro-se-consolidou-como-referencia--da-cultura-pop/.

12 CARELLOS, Laura. DeLorean DMC-12, o Carro de 'De Volta Para o Futuro' Está à Venda 0km. Disponível em: https://www.vrum.com.br/aceleradas/delorean-dmc-12-armazenado-desde-1986-sera-vendido-na-florida/.

13 OLIVEIRA, Rodrigo. De Volta para o Futuro. Disponível em: https://www.papodecinema.com.br/filmes/de-volta-para-o-futuro/.

pais. Esta era uma missão vital, pois se seus pais não se casassem, Marty e seus irmãos nunca viriam a este mundo.

Não considero que estou dando um spoiler estraga-prazeres aqui se contar que, no final, tudo vai acabar bem. Todos sabem que são bastante raros os filmes de Hollywood, principalmente aqueles voltados para um público jovem, nos quais o fecho das histórias seja algo diferente de uma mensagem positiva, um "viveram felizes para sempre".

HISTÓRIA SOMBRIA

No entanto, passa de raspão pelo enredo bem-humorado deste *De Volta para o Futuro* uma história sombria. E esta, real, tem como protagonista o DMC DeLorean. Ou melhor, o seu criador, o engenheiro americano John DeLorean (1925-2005).

Criativo, de personalidade forte e determinado, John DeLorean nasceu em Detroit, no estado de Michigan, em uma família de imigrantes pobres. Superando as adversidades, ele conseguiria sobressair-se e formar-se como engenheiro industrial. Logo, iniciaria uma trajetória que passaria por bons empregos e uma sólida ascensão profissional na indústria automobilística[14].

Aos 40 anos, John DeLorean sagrou-se o então mais jovem diretor de divisão da história na gigantesca General Motors, o que lhe proporcionou prestígio e reconhecimento não apenas nos Estados Unidos, mas em todo o planeta[15]. Encorajado pelo seu sucesso e movido por uma grande vaidade e ambição, DeLorean renunciou aos salários e bônus milionários (seu salário inicial, de US$ 20 mil anuais, havia sido multiplicado para US$ 650 mil, em valores de 1964[16]) e pediu demissão para abrir seu próprio negócio, a DeLorean Motor Company[17].

---

14 RAMOS, Durval. Conheça a Curiosa e Bizarra História do Criador do Icônico DeLorean. Disponível em: https://canaltech.com.br/amp/carros/conheca-a-curiosa-e-bizarra-historia-do-criador-do-iconico-delorean-51283/.

15 COOPER, Joshua. John DeLorean: The Rise and Fall of an Auto Legend. Disponível em: https://scottcoopermiami.org/john-delorean-rise-and-fall-of-an-auto-legend/.

16 RAMOS, Durval. Conheça a Curiosa e Bizarra História do Criador do Icônico DeLorean. Disponível em: https://canaltech.com.br/amp/carros/conheca-a-curiosa-e-bizarra-historia-do-criador-do-iconico-delorean-51283/.

17 ALBUQUERQUE, Vinícius. Morre John DeLorean, Criador do Carro "De Volta para o Futuro". Disponível em: https://www1.folha.uol.com.br/folha/dinheiro/ult91u94568.shtml.

O mundo corporativo passara a festejar John DeLorean como um fenômeno, um mago do lucro. A sua passagem pela General Motors foi coroada por um grande êxito comercial, com o lançamento do Pontiac GTO, um carro potente, equipado com um até então inédito e poderoso motor V8, que passou a ser uma mania entre os jovens americanos[18].

Com a sua autoconfiança turbinada, DeLorean se propunha agora a oferecer ao mercado um carro esportivo diferenciado. Carroceria em aço inoxidável, sem pintura; um design que acentuava ângulos, surpreendente para a época; portas no estilo asa de gaivota, que se abriam para o alto[19]; e, sobretudo, a sua assinatura "DeLorean". Não havia como dar errado. Investidores de todo o mundo vieram, correndo, capitalizar a empresa.

Foi quando a boa estrela de John DeLorean começou a perder o seu brilho. Erros estratégicos foram cometidos. Por uma questão tributária, a fábrica da DeLorean foi instalada na Irlanda. Ali, não havia mão de obra qualificada e muitos carros vendidos para os Estados Unidos precisavam ser refeitos, para atender às exigências locais.

Por detrás da sua carinha bonita, o carro não entregava potência, era pesado demais para o motor de 130 cavalos que o aparelhava. Outros desafios fizeram com que o primeiro DMC DeLorean só fosse produzido oito anos depois da abertura da fábrica, torrando quase todo o capital inicial. Um desastre[20].

Havia outras más notícias. O preço final do carro ficou acima do que era praticado no mercado de carros esportivos, empurrando as vendas ainda mais para baixo. Até o destino parecia conspirar contra: naquele início da década de 1980, uma crise econômica abalou o poder de compra dos americanos. Com isso, a produção e as vendas do DMC DeLorean alcançaram apenas 30% do previsto[21].

---

18 Idem.

19 RAMOS, Durval. Conheça a Curiosa e Bizarra História do Criador do Icônico DeLorean. Disponível em: https://canaltech.com.br/amp/carros/conheca-a-curiosa-e-bizarra-historia-do-criador-do-iconico-delorean-51283/.

20 Idem.

21 Ibidem.

A PIOR DECISÃO

Sem clientes, dinheiro e perspectivas, a empresa foi à falência em 1982, apenas um ano após o lançamento de seu primeiro veículo[22]. Para tentar desembaraçar todo esse emaranhado, John DeLorean tomou a pior decisão da sua vida: tentou adquirir 100 quilos de cocaína. Com o dinheiro da distribuição da droga, que poderia alcançar US$ 24 milhões[23], ele imaginava que cobriria as dívidas da empresa, escapando de um constrangedor fracasso, enquanto empreendedor.

Esse inacreditável mau passo trouxe consequências. Em 1982, o empresário foi preso em Los Angeles acusado de tráfico de drogas. A sua credibilidade e o respeito público evaporaram da noite para o dia. A partir daquele momento, as notícias sobre John DeLorean migraram dos cadernos econômicos e das colunas sociais dos jornais, que ele tanto apreciava, para as páginas policiais.

Finalmente, ele conseguiria escapar de um longo período na penitenciária. Como a droga lhe havia sido oferecida por um informante do FBI, seus advogados conseguiriam reverter a condenação, argumentando que fora montada uma armadilha para o seu cliente, induzindo-o propositadamente a tornar-se um infrator. Afinal, um desfecho tão hollywoodiano quanto o que sagraria, mais tarde, o carro que ele criara.

Em 1984, o júri o absolveu da acusação. Mesmo assim, John DeLoren estava definitivamente riscado da lista de pessoas com quem alguém se aventuraria a estabelecer qualquer tipo de sociedade. Ele próprio reconhecia que a sua carreira havia chegado ao fim. Ao término do julgamento, quando perguntado por jornalistas como vislumbrava o seu futuro, respondeu: “Eu não sei [como será meu futuro], mas você se arriscaria a comprar um carro usado da minha mão?”[24].

---

22 MORA, Rodrigo. Por que a História da DeLorean é Inigualável. Disponível em: https://forbes.com.br/forbeslife/forbes-motors/2022/11/por-que-a-historia-da-delorean-e-inigualavel/.

23 Idem.

24 CUMMINGS, Judith. DeLorean is Freed of Cocaine Charge by a Federal Jury. Disponível em: https://www.nytimes.com/1984/08/17/us/delorean-is-freed-of-cocaine-charge-by-a-federal-jury.html.

PENSAMENTO MÁGICO

Se o júri reconheceu que a "armadilha" na qual John DeLorean caíra fora montada maliciosamente por agentes do FBI, eu acredito que houve um outro culpado pelas atribulações pelas quais passou este empresário: a sua enorme vaidade. O que mais, se não a presunção, explicaria a certeza de que bastariam o seu desejo e uma meia dúzia de ordens para que todo o negócio desse certo? Era um pensamento mágico, uma miragem criada pela presunção.

As evidências de que a DeLorean Motor Company havia sido mal planejada, gerenciada de maneira temerária e produzido um bem desconectado dos desejos dos consumidores sempre estiveram ali, representadas por algarismos vermelhos, nos balanços financeiros.

Na verdade, a empresa já havia nascido agonizante. Mas John DeLorean, que apreciava os holofotes, garotas sensuais, festas e mansões e não se privava da companhia de astros de Hollywood e presidentes[25], nunca quis reconhecer os seus erros. O resultado dessa postura, ditada pelo seu ego, foi o pior possível.

Não haveria como voltar ao passado a bordo do DMC DeLorean do Dr. Brown para saber se admitir o fracasso e aceitar a falência da DeLorean seriam suficientes para dar uma segunda chance ao empresário. Mas este não é o único exemplo de como relutar em reconhecer um erro por medo de ser julgado ou de perder a sua imaginada aura de super-homem pode tornar-se uma postura prejudicial.

O medo de errar é passível de alguma racionalização que, se praticada com sucesso, permite reduzi-lo à sua devida dimensão. Todas as ações nas quais nos envolvemos, desde ir até a padaria da esquina comprar um pãozinho até decidir abrir uma fábrica de automóveis, podem não trazer o resultado desejado em virtude de algum engano que viermos a cometer. Ninguém escapa dessa possibilidade.

Mas costumo levar em conta uma variável, que me permite lidar bem com um eventual fracasso: a intenção com a qual decidi fazer aquela ação. Eu diria: "OK, eu errei, meu projeto não deu certo, perdi tempo e dinheiro. Mas decidi que ia fazê-lo com a intenção de beneficiar o maior número possível de pessoas e nunca deixando os meus valores de lado". Sim, eu me sentiria frustrado com o fracasso, mas nunca culpado.

---

25 COOPER, Joshua. John DeLorean: The Rise and Fall of an Auto Legend. Disponível em: https://scottcoopermiami.org/john-delorean-rise-and-fall-of-an-auto-legend/.

Ter esta certeza de que fizemos o que era possível, obedecendo aos nossos melhores princípios, é um antídoto contra o medo de ser julgado pelos outros por termos errado. Tenho uma especial aversão por quem se acha no direito de condenar os outros pelos seus atos. Como será que esses críticos, tão seguros de si, agiriam diante daquela mesma situação? Fariam o que consideram certo ou, como é mais provável, cometeriam equívocos parecidos, ou talvez piores aos nossos? Nada é mais fácil, e tolo, do que sentenciar as pessoas depois que os fatos se deram e os resultados já foram conhecidos.

O erro, no entanto, sempre mostrará um lado iluminado. Aquele no qual aprendemos como não errar mais, ou pelo menos não repetir os mesmos tropeços anteriores. As condições que surgirem hoje ou amanhã nunca serão as mesmas que estavam postas quando você tomou aquelas decisões que não trouxeram os resultados esperados. Mas, se no passado você atuou com base na ética e movido por boas intenções, não há por que se arrepender de ter agido. Você pode controlar as suas premissas, os seus propósitos, mas o desenrolar das suas ações inevitavelmente estará subordinado a inúmeras variáveis, algumas delas absolutamente fora da sua possibilidade de controlá-las.

O QUE FAZER?

Vou agora ou depois? – Em grande parte das vezes em que você for obrigado a tomar uma decisão, nunca terá em mãos 100% dos elementos que irão garantir uma possibilidade zero de erro. Em outras palavras, nunca estaremos seguros quanto ao resultado do que fazemos. Nestes momentos, a melhor avaliação do que fazer é a de visualizar quais as possíveis consequências dos atos que você está prestes a executar, isso significa avaliar os riscos de um projeto, de lançar um produto, de ingressar numa empresa etc. Se o cenário e indicadores guardarem o potencial de provocar situações desconfortáveis, ou até um desastre irremediável, a exemplo do que aconteceu a John DeLorean, fuja desse caminho!

Contudo, se você avaliar os possíveis riscos e decidir que é possível conviver com eles e que não irão prejudicar outras pessoas ou gerar qualquer outro prejuízo sério, talvez isso seja suficiente para seguir em frente. Como eu sempre digo, não há como nos movimentarmos neste mundo sem correr riscos. Mas, se decidirmos enfrentá-los, isso deve se dar da forma mais confortável possível.

O que não se pode fazer é ficar imóvel, escondido atrás da rotina e do imobilismo, para não ter de enfrentar a possibilidade de errar. A única maneira de aprendermos e sermos pessoas e profissionais cada vez mais qualificados é fazendo coisas, tomando decisões, destacando-nos da mesmice. Ao longo da vida, quanto mais nos lançamos em empreendimentos, mais qualificados nos tornamos para tomar decisões sempre melhores e errarmos cada vez menos.

Os erros são a mola propulsora do sucesso dos melhores empreendedores e executivos! Quem não está cometendo erros em sua vida profissional, não está se movimentando, inovando e se desenvolvendo. Pelo contrário, está vivendo na zona de conforto e isso, sim, é muito arriscado.

Decida-se!

Conclusão

Não feche este livro! Mais algumas pouquíssimas páginas viradas e você terá chegado ao final desta obra. A tradição recomenda que, neste capítulo, o autor agradeça a atenção do seu leitor, faça votos de que o conteúdo tenha se mostrado útil e, mais raramente, peça desculpas por alguma possível omissão ou pela dificuldade em esclarecer um ou outro conceito.

Isto é o que se espera deste texto. No entanto, gostaria de encerrar este volume com um forte pedido: **Não feche este livro!** Não na sua mente. Não o deixe jogado em algum lugar inglório, ou abandonado em uma prateleira, como se faz com uma revista qualquer, da qual nos esquecemos imediatamente, assim que encerramos a leitura.

O conteúdo deste livro pode mudar a sua vida profissional de maneira decisiva. Mas isso só acontecerá caso você o enxergue como um manual de direção, que irá tirá-lo do piloto automático. Sim, é dessa maneira distraída, automatizada, que costumamos nos conduzir, mesmo se consideramos que as ideias que chegam até nós são boas. Por não tomarmos a decisão de executá-las, perderemos a oportunidade de seguir caminhos mais felizes e iluminados na nossa trajetória.

A simples leitura desta obra não será, claro, capaz de mudar a sua vida. Sim, ela traz exemplos e reflexões que poderão se transformar em insights poderosos. Entretanto, você precisará fazer mais. É necessário saltar o muro que separa a teoria da prática. Não há mágica que traga o sucesso para aqueles que se conformam em passar os seus dias entorpecidos pelo desânimo e pela sonolência.

Teremos que investir suor, disciplina, resistência e, muito importante, planejar a nossa carreira, tema central de toda esta obra, aliado a te preparar para agarrar aquelas oportunidades que SIM, valem a pena para você, que fazem sentido para você e que te conferem enorme propósito!

Nos capítulos que você acaba de ler, eu trouxe vários exemplos de pessoas e situações nos quais o talento e a ousadia foram responsáveis por conquistas importantes e, até mesmo, por dar a eles um lugar de destaque na história. Mas, acredito, o que aqueles campeões tinham de melhor tenha sido a disciplina, o esforço consciente e a determinação quase obstinada em alcançar seus objetivos.

Tenho um bom exemplo de alguém assim. Ele é o do nadador norte-americano Michael Phelps, o recordista em medalhas nas quatro Olimpíadas das quais participou. Nelas, Phelps conquistou 28 medalhas, 23 delas, de ouro[1]. É um resultado assombroso! Ouro à parte, o que esse atleta traz de mais precioso é uma inspiração. Falo da pertinácia com que perseguiu os seus objetivos. Ao longo de cinco anos, ele não falhou nenhum único dia nos seus treinos na piscina ou se exercitando em um ginásio[2]! Foram 1.825 dias em que não houve final de semana, Natal ou festa de aniversário que lhe afastasse dos treinos.

Não estou recomendando que sigamos uma jornada tão radical como a deste fenômeno olímpico. Ao contrário, devemos respeitar os nossos limites físicos e mentais e administrar o nosso tempo, no trabalho e na vida pessoal, com sabedoria. Lazer, relações familiares, divertir-se com os amigos, tempo para o ócio, para o amor e para a reflexão são instrumentos preciosos e insubstituíveis para alcançarmos a felicidade. Mas Phelps, e é nesta condição que ele participa desta conclusão, nos mostra a potência da disciplina e da determinação como motores para atingirmos aquilo que nos propusemos.

Persiga suas metas de uma maneira mais leve e mais feliz do que a de um atleta de elite, pois eles têm muito pouco tempo para realizar suas façanhas, comparado a nós, que temos a possibilidade de construir uma carreira ao longo de trinta a quarenta, ou mais anos. Faça isso considerando este livro como um pacote de inspirações. Seja quantas e quais forem as medalhas que você ambiciona, ter

---

1 *Michael Phelps - American Swimmer.* Disponível em: https://www.britannica.com/biography/Michael-Phelps.

2 MOHAN, Vishnu. *"I wanted to be the Greatest" – When Michael Phelps Opened Up about not Missing a Single Day of Training for Five Years.* Disponível em: https://www.sportskeeda.com/swimming/michael-phelps-opened-missing-single-day-training-five-years.

o foco voltado para o planejamento da sua carreira é o caminho mais largo para alcançar as boas realizações pessoais e profissionais que você almeja.

De novo, não deixe o que você leu neste livro jogado em um canto qualquer da sua mente. Faça dele o degrau que o levará ao lugar mais alto do pódio do seu sucesso. E lembre-se, você tem muito, muito mais tempo do que um atleta de elite.

Índice

A

B

C

D

E

F

G

H

I

J

Q

R

S

T

U

V

W

Y

Z